# 許永中独占インタビュー「血と闇と私」

大下英治
許永中

宝島
SUGOI
文庫

許永中独占インタビュー「血と闇と私」　目次

／野中広務は虫唾が走るくらい嫌い／幻に終わった大阪国技館

# プロローグ　大下英治

## 生き抜く知恵

本書は、戦後最大のフィクサーと呼ばれた許永中と、私、大下英治の昭和、平成の戦慄経済事件の真実を掘り下げた共著である。

筆者＝大下英治は、許永中から、なんとしても本音を引き出したいと思いつづけてきた。

実は、筆者は、彼の人脈のかなりの部分の大物たちと会い、取材し、それぞれを本としてまとめている。ただ、不思議なことに、その大物たちは、彼らの人生を時にざっくばらんに語りながらも、なぜか許永中のこととなると、重く口を閉ざして語ろうとはしなかった。それゆえに、その大物たちの全貌を捕まえるためには、なんとしても許永中本人から直接に真相を聞き出すしかあるまいと思いつづけていた。

しかし、許永中と繋がりのある何人かに話を持ちかけ、韓国にいる許永中に連絡を取って取材に応じてもらえないか、と頼んだが、うまくいかなかった。

〈やはり、許永中は自分の過去を語らないまま墓場にまで持っていくのか〉

ところが、二〇一五年に、ひょっこり、日本の元国会議員のひとりが、「大下さんなら話を繋いでやるよ」と許永中との対面に漕ぎつけてくれた。

筆者は、ようやく念願がかない、韓国のソウルに飛んだ。

許永中の行きつけのホテルで、カンヅメ状態のなかで一週間にわたって取材することができた。さらにのちに一回、韓国に渡り、話を聞くことができた。

筆者が許永中人脈の中でもっとも親しかったのは、実は、許永中といっしょに石橋産業事件で逮捕された「政界のフィクサー」として名高い「フジ・アート」社長の福本邦雄であった。

筆者は、政界の大物政治家だった竹下登、金丸信、渡辺美智雄、宮沢喜一、小沢一郎らの半生記を上梓しているが、その取材を始める時には、まず福本に前もって取材して、それから取材を広げていったものだ。

福本は、コメントとして使っていいものだけでなく、オフレコ部分についても深く語ってくれた。「政界のフィクサー」と呼ばれるだけあって、政界の裏話、魑魅魍魎《ちみもうりょう》たちについても細かく語ってくれた。

許永中の話の中に、同じ僑胞《きょうほう》であった「ゴッド・ハンド」と呼ばれた大山倍達総裁との深い関わりが出てくる。筆者は大山総裁の遺言的作品として『風の拳・大山倍達伝』を上梓している。

その大山倍達の愛弟子で現在、国際空手道連盟極真会館館長の松井章圭は、実は大山総裁から紹介されたのではなく、福本から紹介されたのだ。

ところが、福本は、許永中については、筆者にひとことも漏らさなかった。

福本は、許永中の勧めで、竹下登の次女まる子の婿である内藤武宣を京都のKBS（株式会社京都放送）の幹部に送りこんでいる。福本は許永中との関係については筆者に隠していたが、内藤には会わせてくれて、ともに飲んだこともあった。

本書でも登場する亀井静香元衆院議員についても、『政界大迷走・亀井静香奔る』をはじめ、彼の半生記『永田町ビッグバンの仕掛人　亀井静香』、『亀井静香天馬空を行く』と三冊も上梓しているが、彼は許との問題については筆者にいっさい隠し続けていた。

筆者は、許永中が「神様」「恩人」とまで仰いでいる東邦生命の太田清蔵社長から許永中について聞いたことがある。許永中がイトマン事件と石橋産業事件で逮捕されたあとであったが、太田社長は、許永中のことを、むしろかわいいヤンチャな息子について語るように高く評価していた。太田社長のような紳士をそれほど惚れこませるとは、許永中はずいぶんな人たらしだな、と思ったものだ。

私は、許永中の話の中で出てくる稲川会の稲川聖城総裁や、その幹部たちとは、東映の『修羅の群れ』という映画の原作で描いているので、許永中の話を聞きながら、彼らとのやり取りが眼に浮かぶようであった。

またイトマン事件に興味を抱き、伊藤《いとう》寿永光《すえみつ》をモデルとして『銀行喰い』という小説も描いている。

ただし、伊藤の周辺の人物の取材こそ出来たが、伊藤本人にはついに会えなかった。

今回、許永中の話から、伊藤をはじめイトマン事件の謎が次々と明らかになった。

許永中の話は、バブル時代の知られざる日本の闇についての歴史そのものであった。

　いっぽう、許永中は、百鬼夜行《ひゃっきやこう》の経済界だけでなく、ヤクザの世界でも、周辺でなく、中心部に食い込み、時には主役を張った。

　柳川次郎、中野太郎、宅見勝、古川雅章、五代目山口組渡辺芳則、四代目会津小鉄会高山登久太郎、生島久次らヤクザ史に刻まれる錚々たる親分たちと親密になり、あるいは激しく渡り合っている。

　生々しい彼らの世界でも、命を取られることなく泳ぎきったといえよう。

　在日として戦後日本の修羅場を闘いきった男の告白に筆者は深く耳を傾け続け、その凄まじい闘争劇は、初めて知ることが多かった。

　もし、許永中の人生が明らかにされなかったら、戦後日本の闇の経済史、特にバブル期は謎のままであったろう。その意味では、許永中は毀誉褒貶《きよほうへん》激しい人物ではあるが、闇の主役たちについての実に貴重な告白である。

　許のインタビューの前に、彼の生まれからフィクサーとして修羅の道へ踏み込んでいくまでの人生をまず描いておく。

　その背景には、常に闘い続けなければならなかった許永中の、熱い血をめぐるアイデンティティが存在していた。

許永中の父親の許正樅（ホ・センジョン）は、昭和十年（一九三五年）に朝鮮の釜山から妻を残し、単身で大阪へ渡ってきたという。

昭和十五年に「天皇の臣民」の名のもとでおこなわれた創氏改名の際には、湖山姓を名乗ることに決めた。許の韓国読みの「ホ」に日本語の「さん」で、日本人からは「ホさん」と呼ばれていたことをとって、韓国語読みで「ホサン」と読める湖山にしたのだ。日本名を湖山正夫（こやま・まさお）と名乗った。

父親の最初の妻との子が、長男の百中。その長男の下にもう一人姉がいたが、昭和二十五年六月二十五日に勃発した朝鮮動乱のときに韓国で亡くなっている。

昭和二十年三月十三日。一回目の大阪大空襲が繰り広げられた。米軍による空襲は、その後、六月、七月、八月と続き市民一万人以上が犠牲となった。

大阪の三国にあった家には日本で妻となった裵外生（ペ・ウェヤン）と許永中より八つ上の長姉、長姉より二つ下の次姉、昭和十八年生まれの兄の四人が暮らしていた。父親は徴用で九州の炭鉱にいた。

母や姉、兄たちは木造の長屋に住んでいたそうだが、そこに焼夷弾が落ちてきた。長屋の天井を抜けて、焼夷弾に含まれている重油にいっせいに火がついたのだ。

　当時一番下の子供である二歳の兄を、母は咄嗟にパンツの中に押し込んだ。女の子二人にまでは手が回らない。

長姉は、炎に包まれる家を自力で何とか這い出し、戦火の中を逃げまわった。文字通り必死の状態だったという。

次姉は、焼夷弾による炎を全身に浴びて死んだ。真っ黒の状態で発見された。重油の煤《すす》もあっただろうが、長姉によれば「黒焦げで炭のような状態」だったという。母は、このとき負った心の傷を生涯背負い続ける。

のちに、父親が九州の炭鉱から帰って来ると、やけどでくっついてしまった長姉の指の間を切り離した。一応、指の形にはなったが、いまも、子供みたいな小さな手で不自由なままだ。

　長姉は、顔の右側にもやけどが残ってしまった。やけどのない左側がすごく綺麗なので、そのやけどは目立ってしまう。

　許永中は長姉が女性として苦労するのをずっと子供心に見て育った。忙しい母親に代わりずっと彼の面倒を見てくれた姉が苦しむのを見るたびに、戦争について考えさせられた。許永中が戦争に対して、拒否感や忌避感を持つのは、長姉の影響だという。

許永中は昭和二十二年二月二十四日に生まれた。生家であった大阪市大淀区（現北区）中津の十六軒棟割り長屋は、狭苦しい借家の二階建てだった。一階は、炊事場と三畳間、四畳半の二間。二階は三畳間と四畳半。

この古い長屋は、「ここから先は入ったらあかん」と言われた在日韓国人地区との境目にあった。

壁一枚を隔てて隣は別の家。家の前は幅二メートルの通路で日差しが入らない。父親は、痩身のインテリで恰好いい人だったという。家に「湖山堂」という木札の看板を掲げ、一階の三畳半で難しい本ばかりを読んで、漢方薬を調合していた。漢方薬は、少なくとも十種類以上の色んな薬効成分を混ぜてつくる。参考にする文献は朝鮮から持ってきたようで、漢字ばかりの書物だった。

求めてくる人に売っていたが、売価が決まっているわけでもない。相手が置いていく金額次第の商いだった。

よく怒る恐い父親だったという。許永中が腕白で、いわゆる「ごんたくれ」だったせいもあったが、しょっちゅう折檻された。それも兄弟のなかで許永中だけ。殴る蹴るなんていうものではなく、完全な懲罰だ。足をくくられ、太い木綿針で刺されたりしたこともあった。母が助けに来るまで、やめてくれなかった。板を脚の間に挟んだまま正座をさせられることもある。三十秒と座っていられるものではない。数秒がいいところだ。痛くて痛くて、ひっくり返る。それを、二、三回繰り返したところで、母親がようやく助けに来る。それでもまだ終わらない。その板でふくらはぎをバシバシどつく。ミミズ腫れどころか、血が吹き出すぐらいまで続くのだ。

兄は、真面目なタイプで、弟はちょっと体が弱かったから、怒られるのはいつも彼一人。

父親にはさんざん折檻されたが、父親のことを恐れこそすれ、一度として恨んだことはない。ずっと尊敬し続けていたという。周りからは「先生」なんて敬称で呼ばれることもあり、そういうところは彼にも誇らしかった。

ただ、母親が一人で仕事をしていたことには、反発を覚えた。

母親はドブロクを作って売ることで生計を立て、子供たちを育ててくれた。

ドブロク作りは、母親が朝の六時頃から一階の四畳半の寝室で布団を上げて、そこにゴザを引くことから始まる。蒸した米をそこへ広げて冷ます。それを一メートル二〇～三〇センチメートルぐらいの大きい瓶に入れて、麹屋が売ってくれる麹と混ぜる。

夏場なら、二日もするとボコボコと発酵しだす。そこに、イースト菌を入れ、水を足す。そうやって瓶三本分を毎日のように作っていた。

彼が育った中津の駅は、大阪のターミナル駅である梅田から阪急電車で一つ次の駅にある。戦後まもない頃には阪急神戸線の高架工事があって、そこらじゅうに飯場があった。飯場を仕切るのは在日が多く、飯場で働く作業員も在日が多かった。彼らがみんな許の母親の作ったドブロクを飲みに許の家にやって来る。長屋の突き当たりの小さい土間で、畳二枚も無いようなスペースに、椅子も置いていない。仕事が終わり、立ち飲みで丼鉢一杯飲んでいくわけだ。小売りだけでなく、一升瓶で買いに来る客もいた。

当然ながら密造酒だから、時折、税務署が調査にやって来る。密造酒を仕込んでいる瓶を発見するや、玄関先に引っ張り出して割ってしまう。そうして中のドブロクを抜き、瓶の口だけを証拠として持っていく。

年に二度ぐらい、母親は密造酒の製造でしょっぴかれていく。どちらかといえば、義務的に連行されていくような感じだった。許が学校から帰って来ると、ちょうど母親がしょっぴかれていく場面に出くわすこともある。義務的とはいえ、母親が連れて行かれるというのは子供心に頭に来たのをよく憶えているという。ドブロクのおかげで、許は保育園にも通わせてもらい、中学まで育ててもらった。だから、成人してからよく冗談で口にしていた。

「ワシ、造り酒屋の息子や」

いつの頃か、自分が暮らしていた中津の朝鮮人部落を煉瓦塀が取り囲んでいることに気がついた。

煉瓦塀は厚さ四〇センチほど。高さはちょうど二階の屋根と繋がっているくらい。三メートル近くはあったのではないか。飛び越えて外に出るのはちょっと難しい。許の生まれ育った長屋は、集落の突き当たりにあり、煉瓦塀がそのまま我が家の塀でもあるような塩梅だった。煉瓦塀はところどころで燃えたり潰れたりして、途絶えている箇所もあるが、ずっと続いていた。途中、工場が建っている区画もあったが、最終的には許が通っていた中津小学校の正門近くに至る。

子供の頃から「何でこんなもんがあんねや」と煉瓦塀の存在を不思議に思って

いたが、小学校の正門近くに塀の残骸を発見して、ますます首を傾げた。

〈あれ?!　これ、うちの家の横塀と同じ塀やないか。なんでこれ、こんなとこにまたあんねん〉

中津小学校の運動場は阪急の神戸本線が開通するまでは、今よりももっと広かった。許たち地域の子供にとっては格好の遊び場である。運動場と道路を区切っていた塀も、また煉瓦塀であった。

子供心に許はこう推理していた。

〈この辺には以前、大きな工場でもあったに違いない。それが戦争で焼けて、煉瓦塀だけが残ったんやろう。工場の跡に家が建ち、道路が広がっていったに違いない〉

その頃、許はまだ「差別」を知らなかった。実は、日韓併合以降、大阪へと渡ってきた在日一世たちは煉瓦塀に囲われた一帯に住まわされたのだ。事実上のゲットーである。現在であれば考えられないほどの露骨な差別であった。

大阪の在日の中心地は、生野区と言われる。

だが、終戦後に日本に残った半島出身者が北朝鮮の総連（朝鮮総連）と、韓国の民団（在日本大韓民国民団）とに分かれていくなかで、民団と総連の双方ともに本部を北区の中崎町に置いていた。その後、総連は生野区に本部を移す。

民団と総連は、仲が悪い。友達同士でも、皆、南北で分かれる。というのは、学校も違ったのだ。総連系の子供は、朝鮮学校に通い、民団系の子供は、白頭学院の運営する建国小学校や建国中学校、建国高等学校に通う。

総連系の朝鮮学校では、金日成国家主席の写真を黒板の上に掲げ、朝鮮語による民族教育をする。民団系の学校は、日本語での授業がメインで、民族についての勉強もそこまでやらない。

服装も、朝鮮学校は民族衣装だが、民団系の学校は日本の学校と同じ格好だ。

総連の人でも、いま北朝鮮がある半島北部の出身の人は、ほぼいない。大部分は半島南部や済州島の出身だ。

解放後に北の宣伝に乗せられて総連に所属した人が多かっただけだ。

みんなが平等である、という共産主義の考えが魅力的に感じられたのであろう。日本に渡ってきた人は朝鮮でも生活に困窮していた人が多く、徴用された人を別にすれば、新天地を求めて日本に来たわけであった。差別のない社会への憧れがあったはずだ。

父親は日本や日本人を恨んでいたのだろうか。許は、これも直接は聞いたことがない。ただ、父親にいつもこう言われてきた。

「日本人に、負けるな」

「反日」というわけではない。恐らく幼い許を見るにつけ、心配でならなかったのだろう。「日本人に負けるな」という短い一句に込められた含意は、実に幅広い。許はこう解釈している。

「生き残れ。勝ち残っていけ！」

許自身は完全に日本語の中で育った。韓国語を正式に学んだことは一度もない。教育も日本の学校で受けた。韓国語を使う機会がそもそも少なかった。実をいえば、許はまだ韓国語を使いこなせてはいない。韓国で生活している今でもだ。聞くことはできるので、何とかなっているに過ぎないという。

君が代と日の丸。許は、この二つには、子供のころから疑問を抱き続けてきたという。

小学校一年生のころの話だ。一月一日の朝、学校の校庭に全校児童が集まる。

紅白の饅頭を配る恒例行事。許も饅頭欲しさに五年生の兄に連れられて校庭へと向かった。

全校児童が整列し、ここで君が代斉唱というのがお決まりだった。校長が朝礼台に立ち、前奏が流れる。続いて教員と子供たちがそろって「君が代」を歌う。

小学校一年の許は、これを疑問に思った。

〈何でや。ワシら朝鮮人やのに。お父ちゃんも、お母ちゃんも、朝鮮人や。それなのに日の丸揚げて、こんな歌を歌うなんて。うちの旗はこれとちゃうし〉

この行事は、小学校の在学中、六年生まで続いた。だが、許は一度も君が代を歌わないまま、卒業している。

当時、家族で暮らしていた家に韓国の国旗である太極旗はなかった。太極旗は、李氏朝鮮時代の明治十六年（一八八三年）旧暦一月二十七日に朝鮮国旗として初めて公布され、朝鮮独立運動を通じて朝鮮氏族を象徴する旗として認知された。

ただ、その代わりというか、紙に印刷されたカレンダーのようなものが壁に貼ってあり、そこには太極旗が載っていた。

恐らく民団から支給されたのだろう。

〈これがワシらの旗や〉

許は、小学生ながら民族意識のようなものが芽生えていた。

## 怒涛の青春

許が大阪府立東淀川高校に入学したときのことだ。クラス編成が発表され、第一回目のホームルームで、クラスメートが順に自己紹介をしていくことになった。自己紹介といっても、これといってテーマがあるわけがない。気負っているつもりはなかったが、このとき彼はいきなり自分の出自に触れた。

「僕は、韓国人です」

わざわざ公言した。陰でいろいろ言われるのが嫌だったからだ。同じ地域で育った者も中にはいる。隠し通すことは難しい。どこかで誰かにばらされて、「向こう側」の目で見られるより、自分ではっきり口にしておきたかった。

一瞬、教室が静寂に包まれた。そんな自己紹介をした級友は、他に一人もいない。もちろん、彼は「出身中学」や「好きなもの」や「得意なこと」も付け加えた。ただ、在日であることを外す気にはなれなかった。

このとき、あくまで日本名の「湖山」で、韓国名の「許」は名乗っていない。

だけである。

愛国心うんぬんはあまり関係なかった。高校生活で余計な気を使いたくなかった

一年目は比較的まじめに通っていた許の高校生活は、二年目に入った頃から一挙に荒れ始める。実は許には入学早々電撃的な恋心を抱いた女子がいた。第一回目のホームルームで出自に触れたのも、同じクラスになったその彼女に向かって告白したようなものであった。しかし二年になった時のクラス替えで彼女とは別になってしまう。それでまったく勉学意欲を無くしてしまったのである。

毎朝十時前には高校に近いパチンコ屋に必ず足を運んだ。開店に合わせて顔を出す。時間つぶしといいながら、ずいぶんと律儀なものだ。

パチンコ屋での悪さの中身を、軽く紹介しておく。当時のパチンコ台は上方が斜めに傾いて向こうに沈むようになっていた。釘は先が広がっているものの、根元は皆同じサイズだ。玉を穴に入りやすくする一番簡単な方法は、台の底を足で蹴ってへこませることだ。こうすることで、台がこちらに浮き上がってくる。玉はガラスに当たるようになる。勢いを止められてしまうわけだ。玉は跳ねずに真下に落ちる。結果として穴に入る。パチンコの穴はセンター、右、左に空いてい

る。右の釘が緩く、他は締まっているとしよう。右に玉を集中させれば、その分当たる確率が高くなる。

許もツレもガタイは良かった。台を蹴るのはお手の物。そのおかげで面白いほどよく入った。店員に見つかると、当然のことながら揉めたものだ。

高校二、三年生にとって当時の四千円、五千円はかなり大きかった。昭和三十二年に、フランク永井が「１３８００円」という歌を歌っている。当時の平均月給はそれに近かったのだろう。その三分の一から半分近い金額を数時間で稼ぎ出す。子供にとっては十分な上がりだ。

とはいえ、パチンコで儲けても、その頃の彼にとっては小遣いの足しにもならなかった。彼は「こんなことを明かすのもみっともないが」と前置きし、当時すでにシノギの中心が恐喝だったと語った。

ただし、恐喝の標的は、大学生と決めていたという。沿線の私大に通うお洒落《しゃれ》なファッションに身を包んだ兄ちゃんたち。どれくらい腕に自信があるのか知らないが、意気がっている奴らが大勢いた。ちょうど自己顕示欲に目覚める年頃ではある。

電車に乗り込むと、ギラギラした目と視線が交わることがたびたびあった。

「この沿線で一番強いんは、ワシや」

無言のうちにそう語りかけてくる。「喧嘩で決着つけようや」と言いたげな輩が大勢うろうろしていた。

許が「お客さん」としていたのは、一番かっこつけていて一番強そうで一番金を持っていそうな奴。これ以上のカモはない。

いざ開戦となれば、短期で決着。瞬間に一発入れて、バチバチッと片付ければおしまいだ。

もっとも、最初から金目当てだったわけではない。当初は金を取っていなかった。

「女の子、連れて来い。紹介せえ」

金の代わりにそんな注文をつける。

私立の女子校に通う生徒たちは同じく私立の男子校とつるむのがお決まりだった。何かとご縁があるらしい。その点、彼の通う高校は共学で府立。女子校の子たちがそんなダサい学校を相手にしてくれるはずがない。

喧嘩で負かした大学生たちは、女子高生を紹介してくれた。約束は果たしてくれた。だが、あくまで「紹介する」だけ。

女の子は一度は会いに来てくれるものの、後が続くことはなかったという。無理もない。なにしろ許はおっさんのような風体。札付きの不良である。許の晩稲《おくて》ぶりはここでも変わらない。女の子がいてくれるだけで嬉しかった。指一本触れてもいない。

許は、昭和四十年四月、大阪工業大学工学部機械科に入学した。クラブ活動は、柔道部に入部した。だが、まともに通学したのは、入学式直後の一週間ほどだった。

入学した途端、大学に幻滅を感じた。落第続きで、むさ苦しい七年生、八年生たちがたむろしている。女子大生など、影も形も見当たらない。理工系の大学だから、当たり前ともいえる。後で聞いた話だと、わずかながら二〜三人ほど女子学生もいたらしい。

梅田から大工大までは市電で通える。大阪市旭区大宮にある大学の最寄駅は大宮といった。駅前にはパチンコ屋が店を構えていた。隣は雀荘。その二階は、玉突き屋だった。三軒とも大工大の学生を当て込んで日々の商いを営んでいた。そこには、かろうじて女の子がいる。腹を減らした野良犬の前に肉塊を置くようなものだ。

朝からそうした店にたむろする。

授業には、一切出ていない。前期試験も受けるには受けたが、答えの書きようがなかった。後期の試験も同様だ。これでは単位など取れるはずもない。

応援部や空手部のかっこつけた大学生たちを相手に、高校二年のときから彼は喧嘩を売り、恐喝を仕掛けてきた。女子学生もいないような田舎の大学の空手部や応援部といった連中では許の相手にはならない。

彼は高校時代から学生の喧嘩、子供の喧嘩はしてきていない。この大学では相手はどこまでいっても、所詮は学生。学生の喧嘩では彼に太刀打ちできない。

「殴ってこいや」

何度か挑発したことがある。だが、学生はまず手を出さない。

「お前、先輩に対してなんちゅう態度や」

「その口の利き方は、なんや」

せいぜいそんなことを遠くから言い返すだけだった。

「お前、何が言いたいんや」

一発もらうぐらいでちょうどいい。しめたものだ。瞬く間にバチバチにシメてしまう。

二人以上が相手なら、まず頭をいわせてしまう。踏んできた場数が違う。手馴れたものである。

大宮駅前にある店でもめると、少々ややこしい。常連は学生ばかり。彼がそいつらをシメてしまうと、店は商売上がったりになる。店の側としては、営業政策上、何としても彼を手なずける必要があった。頭を撫でておかないと、いつ暴発するかわかったものではない。学生の客足が止まることだけは避けなければならない。

「もう、出入りせんといて」

「大人しゅうしといて」

「ここ、来んといて」

いつの日からか、許はそう懇願される存在になっていた。「出入り禁止」にしてくれたのはパチンコ屋、雀荘、玉突き屋の三軒ともそうである。

ただし、ただの「出禁」とは訳が違う。大宮駅に降りると、パチンコ屋の前で仲間と待ち合わせる。頭数が揃うと、入店。店員は何も言わず、パチンコ玉を一箱渡してくれる。そのまま換金するだけで、二千円か三千円くらいにはなった。

金を摑むと、隣の雀荘に向かう。時間潰しに来ているとしか思えない四年生や五年生、六年生といった学生を相手に卓を囲んだ。先輩とはいえ、大学に通っているようには見えない。どう見ても外見はおっさんだった。

昼時になると、飯を食いに近所の食堂に入る。午後からは玉突き屋に入り浸り、玉突きで決着をつける。玉突き屋の経営者は雀荘と同じおばちゃんだった。玉突き屋で許は金を払った記憶がない。顔パスである。

パチンコ屋、雀荘、玉突き屋、食堂の四軒を回遊するだけでどういうわけか財布はパンパンになっていった。ヤクザのみかじめ料ではないが、ちょっとしたシノギである。

そうした「定期収入」の道が開けてからというもの、彼は電車で大学に通うのをやめた。タクシー通学に切り替えたのだ。

当時の彼は麻雀で負け知らずだった。

堂々と打っている彼の手を見て、悪い先輩がこうささやいた。「ここではええけど、繁華街に出て行ったら、そんな中途半端な手ではあかんで。イカサマ教えたるわ」

涙ぐましい努力の甲斐あって、許は麻雀で負け知らずであった。

当初は学生のいない場では打たないことに決めていたが、イカサマの技術をしっかり身につけてからは、プロも出入りする雀荘にも出ていった。盛り場で他流試合を繰り広げたのである。

繁華街の雀荘に出入りしているような連中は、所詮半グレ。皆が皆それで生計を立てている。どこから来たとも知れない新顔は招かれざる客に違いない。シマ内への侵入者は「勝負する気」があるのかどうか、試される。ここからが睨み合いだ。

一勝負終えて雀荘を出る。外には必ず待ちかねている奴がいた。女の子ではない。野郎である。

「ちょっとおいで」

よそ者に大きな顔をされては、地場を仕切っていたり、その道で飯を食っている者は立つ瀬がない。街があり、不良がいる。

そんな共同体に、突然子供みたいな若い男が入り込んでくるのだ。揉め事にならないほうが不思議である。

実際、他の街に行けば、一週間から十日でたちどころにトラブルになった。いわば敵地で喧嘩を買うわけだ。一回でも負けていれば、そこで終わっていただろう。連戦連勝だったからこそ、何とか続いていた。

そういうことがあると、雀荘の側も気を使ってくれるようになる。プロやおっさんばかりを相手にしている店にしてみれば、彼のような学生は物珍しかったのかもしれない。

なお、許が大学に入学して二カ月後の昭和四十年六月二十二日、日本政府と韓国の朴正熙政権との間で、日韓基本条約が調印された。この条約に基づき、在日韓国人の日本での永住権が認められた。許ら在日韓国人にとって、新たな時代がやってきたのである。

## 修羅の入口

許は、パチンコ屋や雀荘、玉突き屋を回る一方で、競馬のノミ屋を手掛けていた。といっても、彼自身は関わっていない。メンバーにやらせていた。

ノミ屋を開くには、競馬中継が入るテレビを置ける店舗が必要だ。

従って、メンバーは喫茶店や雀荘を経営するようになっていく。許はそれらの店を束ねる「センター」的な存在になった。店が吸い上げた金は、彼の元に集まってくる。

ゲーム機のビジネスもやった。「スペースインベーダー」がブームとなる前だ。すでに賭博のゲーム機があったし、スロットも出回っていた。

こういう商売はヤクザが仕切るものと相場が決まっている。許は「中津の親方」と組んでいた。中津駅前に一家を構える親分の中川猪三郎の直参若衆、巌明臣である。山口組三代目組長の田岡一雄の舎弟として有名な侠客だった。

店にはスロットの機械を入れていた。はっきりいえば、賭博であり、御法度である。見つかれば、確実に御用。お縄である。

実のところ、何の商売であろうが、許にはあまり関係がない。実際にやるのはメンバーであり、彼は金を受け取るだけである。

彼を一番稼がせてくれたのは、競馬のノミ屋だった。ノミ屋は勝手に始めるわけにはいかない。

許の場合、なし崩しに始めた。やがて地回りのヤクザが知るところとなる。だが、特にけちがつくこともなく、追認とでもいうような形に落ち着いた。

地回りのヤクザも本音では、「いやいや、もう、しゃあない」というところだったのではないか。彼らにしても、金と鉛を取り替えるような喧嘩をするわけにはいかない。

向こうは仮にも金筋のヤクザだ。許は半分学生。チンピラ以下の存在である。

もっとも、理由は他にもあったのかもしれない。そこの組の若い衆や兵隊は皆、許たちが昔シメたことのある連中であった。


出会い頭の事故のような事件が起きたのは、昭和四十一年五月、大学二年生の春だった。

場所は、北新地の裏通りにある地元でも有数の〝魔窟〟だ。多くの飲食店や事務所がひしめき合って並んでいる通りのはずれで、街灯はろくになく、夜になると先導されなければどこに何があるのかわからないようなところだった。

当時は、毎晩のように親しくしていたツレと飲み歩いていた。

そのツレは兵庫県西宮市に本家がある老舗組織の二次団体の組員で、一回り年上の気のおけない男だった。彼の事務所はすぐ傍にあり、売春と覚醒剤を主に収入源とする小さな組織だった。彼と落ち合うのはいつも深夜で、その日、人通りが少なくなった深夜、彼の誘いで知り合いの店へ向かっていた。

暗がりから声がかかった。

「コラ！　ようもオレをコケにしくさったなっ！」

　怒号を上げるなり、男はツレに体当たりをしてきた。声を上げて、ツレはその場に倒れ込んだ。腹を刺されたのだ。

　許はすぐに反応して、男に頭突きを入れて倒し、もみ合いになった。が、すぐに相手の髪をつかんで頭を石畳の地面に打ちつけた。「ツレが刺された」その一念で頭に血が上っていた。許は、執拗に相手の頭を地面に打ちつけた。やがて男はグッタリして、動かなくなった。

　薄明かりの中、ダランとした男の手からキラリと光った刃物が落ちた。血の臭いが立ち込めていた。

　許は、刺されて倒れたままのツレに声をかけた。

「どこを刺されたんや」

「オレは大丈夫や、永ちゃんは？」

　その一言で我に返った。冷静になってきた。男の頭部から血が流れ出ているではないか。許はこのヤマがきっかけとなって、実は後に妻となる藤田紀子には可哀想な人生を選ばせてしまう。一人の女性としてみれば、これほど気の毒なことはないという。

当時、藤田紀子は大阪樟蔭女子大学短期大学部に通っていた。高校時代までを過ごした郷里鹿児島から上阪。同じ学校に通学する友人の実家に下宿していた。

許と紀子は同い歳。当時十八歳。ただ、許は二月で早生まれだが、彼女の誕生日は七月。学年では許より一つ下になる。

当時の大阪で大工大は近畿大学の次に格付けされていた。許が通うくらいだから、もちろん、「硬派度」においてである。ヤンチャな学生がやたらとたくさん闊歩《かっぽ》していた。

空手部の許のツレが樟蔭の女の子と付き合っていた。その男と彼女が会う場に許も呼ばれた。その彼女が頭数をそろえるために「もう一人、友達を連れてくるから」と連れてきてくれたのが紀子だった。

昭和も四十年代の話。もう大昔のことである。当節のように「合コン」などというお洒落な場などあろうはずがない。若い男女は喫茶店で落ち合って、ただお茶を飲むだけ。気性もいい。それが楽しみだった。一言でいえば、紀子は可愛い女の子だったという。許は一発で気に入ってしまった。「惚れた」というのとは少し違う。

もっとも、向こうは明らかに彼を嫌がっていた。紀子はごく普通の短大生だ。

その時分に流行したアイビールックが似合うボーイフレンドでも見つけて、楽しく学生生活を送りたかったのだろう。しかしながら、彼はアイビーなぞとは無縁だった。学ランこそ羽織ってはいなかったが、なんとも垢抜けない。

背広といえば、まず、「自分を大きく見せたい」という意識が先に立つ。ダブルのスーツで決めてはいるが、一皮むくと、ダボシャツに腹巻が露わになる。繁華街でデートするのはさすがにはばかられるコーディネート。だが、当時の不良にとっては標準装備である。きちんとした身なりやスタイリッシュな格好をしている友達は、許の周囲にいなかった。スマートさなどかけらもなく、おっさんそのものだった。

だが、どういうわけか、当時の彼には、それが「粋」に映っていた。

彼女が敬遠するのも無理はない。今の言葉でいえば、「引いて」いた。

ところが、そんなことでめげる許ではない。しぶとく、紀子に「次、また会おう」と約束を取り付けた。半ば強引に。

出会い頭の事故のような事件の次の日の夕方六時。紀子と待ち合わせた時刻だ。場所は馴染みの喫茶店、トリオ。

学校が引けて、トリオに向かう。紀子と会うのが楽しみなあまり、約束の十分前には店の周りをウロウロしていた。

〈もう時間やな〉

腕時計の針を確認したのは、何度目かわからない。ようやくトリオの扉を開ける。席に着くと、程なくして紀子が入ってきた。彼女が彼の前に座るか座らないかというその時のことだ。

許のツレが、店に飛び込んできた。尋常ではない勢いである。

「あかん！　デカや」

そう叫んだ。警察が来たのだ。

「おい、どうすんねん」

許も叫んでいた。例のヤマの件に違いない。知人であるトリオの店長を呼ぶ。

「デカが、追ってくるらしい」

とにかく、二階に上げてもらった。

二階は、同伴喫茶だ。ベンチ式の席が並んでいる。まばらだが、客が入っていた。適当な席を選んで、階下を見下ろした。曽根崎警察の私服刑事と警察官が前と後ろを固めて店内に入ってきたではないか。一階の入口近くにいる客から順に、声をかけている。許は、隣の紀子にささやいた。

「おまわり、上がって来よるで。しゃあない。バタバタできへん」

参った。紀子とはまだ手も握っていない。何しろ二回目のデートだ。

デカが、いよいよ階段を上がってきた。ベンチを順番に当たっていく。

許は、すかさず紀子の胸元に顔を埋めるように隠した。無理やりの行動。条件反射のようなものだ。

〈このアベックの艶っぽい状況で「ちょっと顔を見せてくれませんか」とはデカもよう言わんやろう〉

緊急時だったが、彼なりの読みがあった。デカは許たち不良があたりにたむろしていると睨んでいる。まるで東映か日活のアクション映画の世界。まさか、そのリーダー格が逢引の途中だとは夢にも思うまい。とにかく顔さえ隠しておけば、ばれるはずもない。

何とかやり過ごした。警察御一行は階下に降りていく。

店長が、駆け上がってきて、そこから許たちを逃がしてくれた。

「すぐ降りて」

新御堂筋のガードができる前の時代。トリオを出ると、許たちは曽根崎警察と反対の方向へ走った。そこでタクシーを止める。飛び乗るやいなや、紀子に話しかけた。

「ちょっと悪いけど、自分とこへおらせてくれるか」

トリオで何が起きたのか。恐らく彼女も訳がわかっていない。

「……いや、ええけど……」

「事情は、行ってから説明する。とにかく、頼むわ」

そのまま彼女の下宿になだれ込んだ。

当時彼女は同じ短大に通う友人の東大阪市の実家の離れに下宿していた。三畳一間の別棟は、どちらかというと物置きに近い造りであった。昭和四十八年に流行ったかぐや姫のフォークソングの曲中で「赤い手拭いマフラーにして二人で行った横丁の風呂屋」と歌われた、まさに『神田川』の世界そのものだった。

## 藤田永中として

許と藤田紀子は、やがて住む部屋を借りた。大工大からも少し距離はあるが、そう遠くない場所の中津のはずれの文化住宅と呼ばれていた木造のアパートを新居とした。

六畳一間で新しい暮らしが始まり、それから一カ月ほどは楽しい日々が続いた。思い返しても頬が緩むことがある。

新婚気分。そのころの気分を一言で言い表せば、こうなるか。毎晩のように酒宴が繰り広げられた。何しろややこしい人間ばかりが集まってくる。酒量も相当なものだった。よくあれだけ飲めたものだ。

そのうち、「家でばかり飲むのもなんやな」ということで、外で飲み歩いては酔っ払って帰宅するようになる。

帰り着けばついたで、またそこから酒盛りが始まるのが常だった。鹿児島に住む紀子の両親は、許との交際を心配していた。一人娘の紀子には地元のまともな男のところに嫁がせるか、婿を取るか、いずれかの腹づもりだった。

いっぽう許の親は、藤田家とは一八〇度異なるものであった。両親が許すも何もあったものではない。

「永中みたいなもんのところに、よう来てくれた」

口々にそう言う。歓迎ムード一色だった。

長女は大阪万博のさなかの昭和四十五年八月に生まれた。その時になって許は紀子との婚姻届を旧大淀区役所に提出した。ともに二十三歳の夏であった。

許は、これを機に、妻の姓の「藤田永中」を名乗ることにした。
これからのナマナマしい修羅の半生は本人の告白で紹介していく。

# 第一章　威光「部落解放同盟」

## 二十八歳、大淀建設のオーナーに

まず実業界でのビジネスをスタートさせるきっかけを作った大淀建設の話から始めよう。

私は昭和五十年三月、大淀建設の経営権を手に入れた。二十八歳のときだ。これも「仕事らしい仕事」といえるかどうかはわからない。

大淀建設はもともと長屋で家族ぐるみで親しくしていたおじさんが所有する休眠会社だった。

「大淀」は旧大淀区から来ている。今は北区と合併してしまったが、淀川の北岸と神崎川南岸に挟まれた一帯にあった。

おじさんは、京山組という解体業を生業とする会社を経営していた。

ある日、その叔父が私に持ち掛けた。

「大淀建設いう寝てる会社があんねん。まあ、活用できてるとはいえへん。どや、お前、やってみるか？」

そのおじさんがやっていた京山組は、あてがい扶持の仕事がもっぱらで、仕事をつかんでくる営業部隊がいなかった。

〈解体業を足場に、総合建設業をやっていきたい〉

叔父にはそんな腹積りがあったようだが、営業はもちろん、技術者も皆無という陣容では所詮絵に描いた餅に過ぎない。

おじさんには息子がいた。私より二つ年下だが、年齢よりもずっと子供だった。社会経験が決定的に不足している。

いずれは息子に会社を継がせるにしても、時期尚早。大淀建設を私に譲っている間に息子を経営者として鍛えていきたい。そう考えていたのかもしれない。

大淀建設の買値は、いくらだっただろうか。三十万円か、五十万円。その程度のものだった。当時の金ではある。会社一つを買うに当たって、大きい額か、小さい額か。その判断はお読みになる側にお任せしたい。

おじさんの仲介で大淀建設の名義上の代表取締役と会った。

彼と契約を交わし、晴れて大淀建設は私の会社となった。大阪市内の司法書士事務所で手続きをおこなったことを覚えている。

会社を買ったのは私だ。だが、代表取締役には就任しなかった。前の代表取締役をそのままにしたわけでもないし、叔父に頼んだりもしなかった。

私が新社長に据えたのは木下四郎という大学時代からの友人の実弟だ。彼は一級建築士の免許を持っていた。

木下の周囲には営業のできる人間を配していった。

新しく入社してきたのはすべて中津時代から親しくしていた後輩たちだった。彼らがまともな仕事に就いていくための入れ物として大淀建設を使う。私自身のことよりも、まずは仲間の身の上のことを考えた。

大淀建設のオーナーになったからといって、別に大きく儲かるものでもない。儲けようとも思ってはいなかった。

全社員数は十人。女性社員も採用し、受付を担当してもらった。

社屋は小さいながらも自社ビル。ままごとみたいなものだった。

私の経歴の中では初めての「まともな仕事」に当たる。パチンコ屋や雀荘の用心棒、競馬のノミ屋の元締めとは訳が違う。

まずは仕事を取ってこなければならない。営業である。私は役所の仕事を狙っていた。大阪市役所で名刺を配り歩く。

最初に取った仕事は、今でも覚えている。大阪市港湾局のブラインド付け替え工事。予算は、十八万円だった。

役所の仕事を請け負う上で、何よりものをいうのは実績である。小さい仕事であっても、まずは取る。一つ一つ完成工事高、契約高を上げ、積み増ししていく。こうして会社のランクを上げていけば、それに応じて仕事の規模も大きくなっていくわけだ。

役所は一件の工事につき、七、八社から十社程度の企業を指名して入札をおこなう。これは建築であろうが、水道、下水であろうが、何の事業であっても変わらない。指名をもらえなければ、どうしようもない。その十社に入らないことには、どうあがいても仕事はもらえない仕組みになっている。

だから、私は営業部隊をけしかけ、役所の担当者を訪ねさせた。毎日のように通い詰め、名刺を配って歩く。

窓口の担当者の手元には、日に日に名刺が溜まっていったことだろう。多くの役人は暇を持てあましている。一番熱心に毎日営業に来ている会社がどこか。一応は目にかけているものの、ごく基本的には営業努力に見合ったランク付けをしたうえで、仕事を振り分けていく。

大淀建設は地道な努力を積み重ねていた。だが、大阪の建設業者は星の数ほど存在している。何千何百という建設業者がひしめくなか、一般の事業で指名入札を受けようと思っても、おいそれとうまくいくはずがない。

私には一つのひらめきがあった。それは「同和対策特別措置法」である。私が建設業界に入ったとき、すでに「同対事業」は下火だった。同対法を利用して造るべきインフラは、すでにあらかたできてしまった後である。

さはさりながら、同対事業は一般的な公共工事とは違う面があった。地域ごとの同対事業を受けるには「大阪府同和建設協会」の正会員にならなければならない。

言い替えると、協会の正会員でさえあれば、大阪府内の同対事業の指名入札を受ける資格を持つことができる。

しかも、事業が施工される地域に登記がなければならない決まりはない。正会員であれば、大阪府内のあらゆる地域の工事で入札を受けられる。

協会は単なる任意団体に過ぎない。正会員になるには、被差別部落出身者である必要はなかった。所属したい支部の地区内にある安アパートでも借りて、住民登録をしさえすればよい。後は支部長が判断することだ。

協会が本部を置く会館は大阪市が所有していた。会館長は市職員である。協会運営の実務は、支部の幹部職員が準公務員として取り仕切っていた。

〈正会員にならない手はない〉

私は考えを固めた。

大淀建設の事務所は、大阪の地下鉄谷町線中崎町駅の近くにある大淀ビルに入っていた。民団本部のすぐ傍である。

仲間の一人に、大淀ビルの住所で住民登録をさせた。

そこから先は、踏むべき段取りを踏み、押さえるべき要点を押さえていった。看板はきちんと掲げ、営業行為もまともにおこなわせる。

協会員には、まだ利点があった。「大阪府同和建設協会の協会員は同対事業だけでなく、一般工事においても指名の中に積極的に加えなければならない」

そんな不文律が大阪の建設業界には隠然たる影響力を持っていたのだ。すべては「差別解消」の美名の下《もと》に習慣化してきたことである。

いかなる理由があるにせよ、業者を指名入札から閉め出す行為は排除につながる。排除とは、言い換えれば差別でしかない。

「ワシたちにも機会均等に工事を受けさせてもらう権利がある」

私は、そんな主張を繰り広げていた。無理といえば、無理な話である。

「何で、この仕事にうちらの会員が入らんのや。一般の業者ばかりで入札の指名を組むのは、何でや。なんぼ実績があるからいうて、ちょっとおかしいんやないか。お前さん、何か偏見があるんと違うんか」

そんな理屈を並べては、運動を展開してきた。こうなると、協会側も渋々大淀建設を傘下に加えるしかない。この際、「取れる」「取れない」は、まったく別次元の話だ。

一般工事の指名競争入札に参加し、仮に仕事が取れなかったとしよう。中規模程度の工事を落札するのは、ゼネコンや下請けをしている名義人といったクラスがほとんどである。

予算の額が数億から数十億円以上の大規模工事は、A級の企業が落札する。こうした入札では、指名企業に入ることすらままならない。だが、どの企業が落札しようと、この分野の下請けをくれと要請することはできる。この要請を「あかん」と言下に断るのはなかなか難しい。土木や下水などの分野の「雑仕事」を、優先的かつ積極的に取りにいくことは十分可能だ。

結果的に、協会には加盟できた。むしろ、協会としては大淀建設を入れざるを得なかったと表現すべきか。

当時は、日本社会党がまだまだ健在だった。その社会党をバックにかなり苛烈な運動を展開して勝ち取った加盟だった。大阪府同和建設協会は、部落解放同盟系の団体である。社会党の強い影響下にあった。共産党シンパもいるにはいた。だが、共産党のシマは本来、解放同盟ではない。全国部落解放運動連合会（全解連）である。ほぼ九対一の比率で社会党系が優位を占めていた。

なぜ大淀建設は協会員となり、同対事業を取りにいけたのか。これは極めて現実的な話である。率直にいう。私が生まれ育ったあたりの朝鮮人の集落は、被差別集落の中にあった。在日朝鮮人一世たちは、そうした環境の中でなければこの国で生き抜いてはこられなかった。差別されている地域だからこそ、一世も入っていくことができた。そもそも、集落を一歩出れば、朝鮮人は住まいを借りることすらままならない。

歴史を振り返ってみれば、朝鮮人集落の多くは被差別集落の内部に形成されている。大阪市北区から大阪府下にかけてのさまざまな被差別集落に一世たちは入り込んでいった。そうした地域に建てられたアパートや長屋に域外から好んで入る日本人は多くない。だが、一世たちは積極的に住まおうとした。そうした物件は、朝鮮人に対しても開かれていたからだ。

部落解放同盟大阪府連の初代会長を務めた卒田正直も、その地域とは深い縁があった。

中川組と組んで私は中津駅前で非合法ゲーム賭博やノミ屋をやっていた時期がある。この賭場が入っているビルの所有者が卒田である。この近辺のアパートは大部分を彼が所有していた。

中川組は、淀川の旧大淀区側と東淀川区側の両方で凌《しの》いでいた。どっちでやるにせよ、地元で元気のいい者を集めてくることにはなる。中川組は同和や在日の若者をリクルートして手勢に加えていった。

部落人脈の中で、突出した力を持ったのが、小西邦彦である。

小西は、解放同盟飛鳥支部支部長として長らく権勢を振るった。「殺しの軍団」と恐れられた柳川組の流れを汲む金田組に身を置いていたこともある。

私は、小西とはもともと仲が良かった。単に仲が良いというよりも、いっしょにいろいろなことをした間柄といったほうがいいだろう。

その小西の上で解放同盟大阪府連行動隊長を務めたのが岡田繁次である。松田組元組員で解放同盟西成支部長でもあった。行動隊の主な役割は、行政や大企業を相手に「実力行使」に当たること。むしろ旗を立てての座り込みなどをよくやっていた。

そもそも私が大淀建設などという土建屋の仕事を始めたのも、小西や岡田との人間関係があったからだ。彼らとはちょっとした因縁があった。

小西の兄貴分のような存在だった岡田の母親は、運動家として広く名を知られた人物である。滅多にいないくらい激烈な熱を持っていた女性だ。部落解放運動史の中では大正十一年、全国水平社設立の中心人物で、水平社旗の意匠の考案、および水平社宣言の起草者として知られる奈良の西光万吉に匹敵する人だったのではないだろうか。

母親があまりに偉大過ぎたせいだろうか。岡田は押しも押されもせぬトップだった割に、ちょっと変わった性格の持ち主だった。

西成は日本有数の寄せ場・釜ヶ崎（あいりん地区）を抱える。大阪市をすり鉢に例えるなら、ちょうど底に当たる。

当然のことながら、ここには私たち在日の父親世代に当たる一世たちも多く入り込んでいた。西成に比べれば、私のホームの中津などものの数にも入らない。西成や浪速の広さはスケールが違う。

なお、岡田が一時席を置いていた酒梅組《さかうめ》だが、神戸から山口組の侵入を受けるまで、大阪市内は酒梅組の天下であった。終戦後の大変なときに、時の警察トップから特命を受けている。

「博奕《ばくち》については、ある程度大目に見る。だが、その分、しっかりと警察に協力し、治安維持の一翼を担ってもらいたい」

酒梅は本来博徒であり、博奕を本業としている。往時には西成・浪速両区に大幹部七人衆直営の何カ所も息のかかった博奕場が軒を構えていた。いずれも二十四時間営業を売りとしていた。しかしこの博奕場の繁盛ぶりがこの大組織の衰退を招くことになったのは皮肉であった。

酒梅組の大親分といえば、三代目を襲名した松山庄次郎。この人が大したものだったのだろう。

## 差別をテコに座り込み

大手銀行をはじめとする大企業や行政を相手取っての「実力行使」も、部落ではよく見かける光景だった。一番簡単なのが大阪市役所や大阪府庁での座り込みである。

最前列には威勢のいい若い衆を座らせる。だが、本当に重要なのは二列目以降である。

部落に住むおじいちゃん、おばあちゃんに動員をかけるのだ。何百人という数はすぐに集められる。

大挙連れ出し、庁舎の前に座らせる。高齢者が玄関に集団で座り込んでいる。役所の側としては排除のしようがない。

お年寄りはみな、ガードマンや職員に体を触られるだけで泣き叫ぶ。

「痛い、痛い、痛い！」

まるで往年の吉本新喜劇である。

お年寄りには「日当」として各自に一万円ずつ握らせていた。こう言っては何だが、結構な収入源になったはずだ。座り込むだけで一万円もらえれば、孫にも充分な小遣いをやれる。年寄りは嬉々として参加した。

こちらとしては否《いや》も応《おう》もなしである。理不尽なことを言っているようにも思えるかもしれない。

だが、こちらの主張は至って簡潔だ。同和地区出身者も、在日も同等に扱ってくれというだけである。

時限立法とはいえ、昭和五十三年十一月、国会は同和対策事業特別措置法を確かに定めた。霞が関の中央省庁の大臣室をはじめ、都道府県知事室、市区町村長室に同和対策室が設置された。すべてトップの直轄である。

その同対室を経ないことには話は始まらない。知事や市長につなぐにせよ、中央に上るにせよ、同対室はかならず押さえておかなければならない。裏返していえば、同対室を経験することは、出世への近道でもあった。同和対策をきちんとこなせれば、役所の中で地位を得られる。そこにキャリア、ノンキャリアの別はない。そんな時代があった。

意外なところでは、大阪府警察本部にも同和対策室はあった。警察も被差別部落出身者の話を熱心に聞いていたものだった。

警察は容疑があれば、誰の身柄であれ引っ張れる。そういう組織だった。同対室ができてからというもの、府警本部に出かけては突っかかっていく機会が増えた。

「不法滞在で引っ張った人間を、なぜ帰してくれないのか」

「何で、あの男を検察に送るのか」

いってしまえば、在日問題を差別に結びつけられないことはない。私たちは実際、何につけ「差別やないか」と府警本部に言いがかりをつけていた。恐らく行政側もたまったものではなかっただろう。

ちょうど私が岡田や小西と知り合った頃、部落解放同盟は組織としての転換点を迎えていた。これまでの部落差別反対一辺倒から裾野を広げ、在日に対する民族差別や女性への性差別にも声を挙げ始めた。運動の形は明らかに変わりつつあった。

解放同盟の運動方針の中に「なぜ韓国・朝鮮人を差別すんねや」というお題目が正式に加えられた。

この歴史的転換は私にとっても福音だった。解放同盟の傘の下に堂々と入っていくことができたからだ。被差別部落の住民にならずとも、準会員として支部員の身分が取れた。

やがて私は解放同盟の中で、二つの肩書きを手に入れる。「西成支部長付」「行動隊長付」である。西成と飛鳥はそれぞれ大阪のミナミとキタにほど近い地域でもある。両支部長は、岡田繁次と小西邦彦。二人は解放同盟大阪府連行動隊の隊長・副隊長コンビでもあった。

支部長付の役割は何か。言い換えれば、支部長秘書のような役回りだ。もっと平たく言えば、「ガードマン」である。

解放同盟は私の名刺を作ってくれた。事務所もある。事務所開き当日には、「上司」である岡田に臨席を頼んだ。

事務所の看板には荊冠旗《けいかんき》が大きく描かれていた。この旗は解放同盟の団体旗だ。さらに歴史をさかのぼると、全国水平社の旗だったことで知られている。荊冠とは、ナザレのイエス・キリストが十字架の上で被せられた荊の冠であり、受難と殉教の象徴とされる。

水平社時代の荊冠旗は、差別が続く暗黒社会の象徴として黒地の中に、殉教の象徴として血の色の荊冠が描かれていた。

戦後は全面黒地を赤地に変え、水平社時代のデザインが左上に縮められた形で左肩に「希望」を表す白い星が挿入された。荊冠旗が入った看板には、「部落解放同盟大阪府連藤田事務所」という黒々とした文字が躍っている。確かにそう書いてある。私にとって事務所らしい事務所を構えるのは初めての経験である。

いろいろな流れはあるものの、私たち在日二世と、同和地区で差別を受けてきた同世代の日本人の中から元気のいい者が寄り集まって膨張していく。そんな時代だった。日本経済が飛躍的に成長を遂げていた時代だ。

## 「竹中の下請け」の金看板

こうした懸命な「営業努力」の甲斐あってか、大淀建設にも同和地区対策事業の割り当てが来るようになった。だが、一難去ってまた一難。今度はまた別の問題に直面することになる。同和建設業協会内部での力関係である。

〈参加する限りは、勝たなしゃあないやろ〉

われながら、私の行動原理は常に明快である。業界の慣習とは当然相容れない。建設業界には地域ごとにボスが存在している。現場に一度でも出てみれば、すぐにわかることだ。そのボスを頂点に業界の秩序が形成されていた。仕事もその中で回される。これが常識である。この秩序を乱す者は弾かれるはずだった。だが、私は公然と慣習に挑んだ。

本来、協会の事務局長の仕切りで工事を請け負う業者には「順番」が決められている。「A社の次はB社、その次はC社」という按配である。

「参加させてくれ」

その一言で割り込んだのが大淀建設である。私たちにルールは無用。ひとまず脇に置かせてもらった。

「今まで仕事してないんやから。先にくれ」

「こういう工事もええな。これもくれ。あれもくれ」

西成支部長付、飛鳥支部長付という二つの肩書きの威光は、行政機関に対しては並大抵のものではなかった。

「西成の仕事については、大淀建設が優先的に取る」

そんな不文律が生まれるのに、それほど時間はかからなかった。

施工実績が増えるほどにランクは上がっていく。大淀建設が飛躍のきっかけをつかんだのは、西成での道路の舗装の補修工事からだ。打ち替え、打ち直しというやつである。

季節は冬。車の通行量が減る時間帯になってから、交通を遮断して工事を始める。ローラーを回して、アスファルトに圧をかけていく。

この工事の元請けは、竹中土木という企業。天下の竹中工務店の関連会社である。大淀建設はその竹中土木の下請けでこの工事を請けおうが、実際の現場は竹中土木が仕切っていた。

予算の規模は二、三億円。かなり大きな仕事だった。本来なら大淀建設のような零細企業がおいそれと加われるような工事ではない。ただ、解放同盟西成支部関連の工事であった。

こういうときの対応は決まっている。ゼネコンが受注した時点で、「下請けの仕事をくれ」と交渉する。

その頃、大淀建設が「くれ」といえば、西成支部関連なら自動的に下請けの仕事が回ってくる状態になっていた。

竹中土木はその工事で二割をはねて、大淀建設も二割をはねて、施工会社に回すことになる。二割はねるだけでも十分儲けがあった。これにはからくりがある。入札の価格を私たちはあらかじめ知っていた。業者間で叩き合いはまったくない。従って、予算いっぱい、ギリギリの価格で落札できる。元請け、下請けが二割ずつはねても利益が確保できるのは、こうした構図があるからだ。

話を補修工事に戻す。施工会社は竹中土木指定の出入り業者だった。親がハネ、大淀建設がハネ、施工会社に行く。

一つややこしい点があった。この仕事はもともと竹中土木から孫請けの会社に直で下ろすはずだった。そこに大淀建設が割り込んだ形である。孫請けになった会社にしてみれば、当初はもっと金が入るはずだったのに、大淀建設が介入したばかりに身入りが減ってしまう。面白いはずがなかった。

この工事現場で事故が起きた。真夜中に連絡が入る。

事の顛末はこうである。その日は深夜作業でアスファルトに転圧をかけていた。アスファルトは熱々にして柔らかくなったものに圧をかけなくてはならない。その工程が終わったところで、休憩に入った。

「寒いから、ちょっと休憩や」

一時間ほど、作業を中断。ブリキの缶で火を焚いて暖を取る。夜食が出された。寒い夜だったので、コップ酒をあおる者もいた。

腹も膨れ、一杯入った。夜中のことでもあり、人夫の中には眠気を感じる者もいた。アスファルトにはまだ余熱が残っている。ローラーの陰に隠れてちょっと横になったという。

現場は暗かった。電灯で隅々まで十分に照らされていたわけではない。人夫が寝転んでいると、そこに「さあ、ほんならぼちぼち仕事しようかい」と、エンジンを入れ、敷き直しをしようとバックをかけた。横になっている人夫は、一たまりもない。

轢かれた人夫が死亡した。即死に近い状態である。すぐに救急車を呼んだ。当然のことながら事故の経緯は仕事の発注元である大阪市役所に報告しなくてはならない。

市役所の担当者は、竹中土木にこう言い放った。

「八時間以内に死亡したら、『即死』扱いです。保障の額が違ってくる。事故の被害者は『八時間経ってから死亡した』ことにしてくれませんか」

日本を代表するゼネコン・竹中工務店を親会社に持つだけあって、竹中土木も普通の会社ではない。この要請を呑み、あっさりと実現させた。

作業員は現場で轢死《れきし》した。救急車は呼んだものの、病院に着く以前に息はなかった。だが、行政への届け出上は病院で死亡したことになっている。

医療の上では死には三つの徴候があるとしている。①自発呼吸の停止②心停止③瞳孔の拡大である。役所と竹中がどこをどうごまかしたのかは知らない。カンフル剤や人工呼吸器をうまく「活用」したのかもしれない。だが、人の生き死にをこうまで弄《もてあそ》んでいいものだろうか。

現場に立ち会った人間は、吐き捨てるように言った。

「ほんまにええかげんや。あんなことが許されるんか」

竹中土木は、大淀建設に「口封じ」を命じてきた。それも表立ってではない。やんわりと裏から手を回してきた。

すでに話した通り、大淀建設はこの工事で「親」と「孫請け」の間に入っただけである。それでも、当然のことながら責任は生じる。

事故からまだ日が浅いある日。中川組の若衆が一人、私を訪ねてきた。

中川組は地元の組として協力会の面倒を見ていたのだろう。この若い衆とは初対面ではない。同じ地域で育った仲で、小さい頃からよく知っていた。私より一つ年上だったはずだ。生まれついてのやんちゃくれで、そのまま中川の元に馳せ参じていた。

「お見舞いや」

男は一言言い残し、二千万円の包みを差し出した。

「誰からの言付けや」

そう問うと、こんな答えが返ってきた。

「竹中」

この場合の「竹中」は、竹中土木ではない。竹中工務店を指す。つまり、竹中工務店からすれば、自分のところの子会社の、さらにその下請けである大淀建設が請け負った工事だ。事故が起きたのはその現場。本来なら、大淀建設が被害者遺族への補償に当たるべきだが、死亡したのはいずれも日雇いの作業員たち。身元はおろか、住所や氏名すら怪しい。ましてやこの工事は部落解放同盟西成支部の案件だ。処理を誤って「運動」など起こされては、一流企業である竹中の看板に傷がつく。

〈とにかく、これで収めてくれ〉

男の包みにはそんな言外の意味が込められていた。だが、私も黙って金を受け取るわけにはいかない。

「こんなんで、金取るなんて。そら、とんでもない話や。持って帰り」

「まあ、そない言わんと。とにかく取っといてくれ。ワシにも、立場いうもんがあるさかい」

「そんなこと言わんといてくれ。とにかく、これは受け取れんから。持って帰ってくれ」

半《なか》ば強引ではあったが、その場は持ち帰ってもらう形で収めた。

結果として、私の真意は伝わっていなかった。中川組の側では、どうも金額に不足があったと受け取ったらしい。

後日、竹中工務店の建築部門を統括する幹部と土木の分野を統《す》べる幹部の両名からこんな申し入れがあった。

「直接、お会いできませんか」

建設部門を統括するその幹部は、押しも押されもせぬ大黒柱。専務級であり、事業の最終的な責任者でもあった。

私は竹中工務店の本社に出向いた。

二人の所作は、大企業の経営幹部そのものでテキパキと応対してくれた。

「率直なお話を聞かせていただきたい。どうさせてもろうたらいいんでしょうか」

「いやいや、そんなに気を使うていただくんやったら、もうそれやったらお願いしたいことがあります。うちはまだ出来たての会社や。何の実績もあらしません。役所の仕事というても限りがある。竹中さんの土木のほうの下請け名義人にしていただけませんか。下請けの仕事を回してほしいんです。そら、土木いうても、難しいことは出来しまへん。せいぜい下水の始末くらいのもんですけども」

子会社の竹中土木は当時、大阪市下水道局から年間を通して整備や点検で受けている仕事があった。年平均で二億五千万円から三億円ほどの規模である。

「大阪市下水道局の仕事を、そっくりそのまま回させてもらいます」

幹部は私の提案を二つ返事で引き受けたではないか。

こうして、竹中からの仕事が毎年回ってくることになった。一割五分から二割は落ちる。それだけでも、額面三千万から四千万円になる。

怪我の功名と言っていいのだろうか。大淀建設の先行きだけを見れば、大いに得るものがあった。人夫が一人死んでいる。諸手を挙げてよろこぶわけにもいかない。

とはいえ、大淀建設の経営はそれだけで安定するようになったのも事実である。竹中から年間を通じて仕事を受けているだけで、工事高は上がっていく。役所の仕事を下請けでこなしていくわけだから、公共事業受注元としての格付けも上昇する。

竹中からの下請けは、孫請けに丸投げした。ただし、現場監督は出さなければならない。現場では技術者養成もできる。さまざまな波及効果が現れてきた。「竹中の下請け」という事実は、建設・土木の世界で大きな信用につながる。この効果はプライスレスだった。

大阪発祥のゼネコンといえば、大林組や銭高組が有名だ。だが、竹中の看板は別格である。

自分でいうのも何だが、この頃の私は運気に恵まれていた。

昭和五十一年二月、大阪府池田市旭丘に自宅を入手した。

この後も節目節目でいくつかの決定的な出会いが私を待ち受けていた。そうした人々に導かれながら、私は自分の信じた道を真っすぐに歩んでいくのだった。

# 第二章　フィクサー大谷貴義

## 大谷貴義のナゾ

大阪市下水道局の仕事が竹中土木の下請けで定期的に入るようになり、大淀建設の経営はみるみる軌道に乗っていった。大淀建設は確かに私の会社で、オーナーといってもいい。だが、経営には直接関わっていなかった。極端なことをいえば、私がいなくても回っていく会社である。

この大淀建設の経営権を手に入れる前、実は勉強の機会を窺《うかが》っていた。それが大谷貴義《おおたにたかよし》さんとの出会いに繋がる。

大谷さんのことを話してみよう。

私と、戦後最大のフィクサーと呼ばれた大谷貴義さんを引き合わせたのが昭和四十三年に私の大学時代の仲間の木下和政から紹介されていた西村嘉一郎だ。西村は、どうも最近、方々で「許を大谷と結びつけたのは俺だ」と吹聴して回っているらしい。

西村嘉一郎は昭和十三年生まれ。産経新聞の記者から独立し、その後、裏社会に足を踏み入れた。

和歌山を中心に活動し、右翼や同和団体など幅広い人脈を築いていた。表向き「東洋通信社」というミニコミ紙を発行する出版社を経営していた。

その西村は、大谷さんと同じ和歌山県出身の自民党衆議院議員・坊秀男の私設秘書黒川（仮名）と縁があった。

坊は佐藤栄作内閣で厚生大臣、福田赳夫内閣で大蔵大臣を歴任した。その私設秘書の黒川もまた得体の知れない人物だった。ただし、陽性である。よく雀卓を囲んだ。負けてやるのも嫌なので、いつもこてんぱんにやっつけていた。彼は、負けると本気で怒った。

かって陸軍憲兵であったというだけあって、体格は人並み外れていた。年嵩《としかさ》でもある。そんな彼を相手に本気で勝ちに行く人間は珍しかったのだろう。悔しがることしきりだった。

それでも、しばらく間があって、お誘いがかかる。そんなことの繰り返し。麻雀が終わった後、彼の家まで送って行ったことも何度かある。

彼は坊の秘書として使い出のある男だった。陳情事があっても、だいたい一人で間に合ってしまう。

坊秀男は自民党内では岸信介派から福田赳夫派と、清和会の系譜に籍を置いていた。福田とは東京日日新聞の大蔵省詰めの記者時代に知り合っている。政界に身を転じてからは盟友といってもいい間柄だった。

この私設秘書の下働きをしていたのが、西村である。私は、西村を通じて黒川と知り合った。やがて麻雀仲間となっていく。

黒川はその後、ある信用組合の営業担当者を呼びつけ、私に融資を取り付けている。私にとっては小さい借りだが、これだけではない。

他にも何くれとなく世話を焼いてくれた。大谷さんの秘書として私を推薦してくれたのも彼だ。

当初、黒川が東京にある大谷邸へ私を案内する予定だった。ところが、多忙の余り、彼の体が空かず、代役を名乗り出たのが西村である。

大谷さんは東京の渋谷区の高級住宅街の代々木上原に豪邸を構えていた。「豪邸」と称される邸宅は世に多い。だが、これは数少ない本物である。当初千坪だった。隣にあった千坪の土地をさらに買い足し、二千坪の敷地とした。建坪にして千坪。使用人の数は、十数人にも上っている。地下一階、地上は一部二階建。庭一つ取っても、そんじょそこらの構えとはまったく違う。庭石の価格は時価総額で数十億円ともいわれる。応接間だけで三つあった。一般人用、国会議員用、そして福田赳夫用である。昭和四十五年始めに、私は南青山に小さい部屋を借り、大谷さんの運転手兼ボディガードとして大谷邸に通うことになった。

豪邸で初めて大谷貴義さんと会ったときの印象は、今でも鮮明に脳裏に焼き付いている。身体は小さい。上品というのも違う。因業爺《いんごうじじい》といっては何だが、ある種の年寄り独特の深い何かを持ったナゾの男であった。

## 福田赳夫の影に大谷あり

《(大下・注) 大谷貴義は、明治三十八年五月三十一日に和歌山県橋本市で生まれた。父親は和歌山県警に勤めていた。ノンキャリアだったようである。最終的な職制は警部だったのか、警部補だったのか定かではない。

大谷は郷里を離れ、大阪で事業を始めた。大阪産業大学の実質的オーナーを務めていた。

元総理・福田赳夫との結びつきの強さで大谷は知られた。「福田の影に大谷あり」といわれるほどだ。

福田とは、戦後、大谷夫人のいとこといわれる正示啓次郎を通じて知り合った。彼を通じて福田を筆頭とする多くの大蔵官僚や政治家と知り合う。

終戦直後、国内のダイヤモンドの価格はすべて大谷が決めていた。そんな時代がある。大谷は日美やキフクを創業。「日本の宝石王」の異名を取り、宝石商として業界に君臨し、日本宝石クラブ会長でもあった。現在は皇室にまつわる金貨を発行する権益を持っている。

代々木上原の豪邸には福田をもてなすためだけに使う茶室が設えてあった。その名も「福貴庵」。「福田の福」と「(大谷)貴義の貴」を取って名付けた。五月三十一日の大谷の誕生日前後、この部屋に政財界の要人千人余りを招き、大茶会が開かれている。

大谷は関西人でありながら、東京進出後に強固な地盤を築いている。肩書きの質・量ともに並大抵のものではない。「裏千家最高顧問」「そごう最高顧問」「サンケイ新聞社顧問」「毎日新聞社筆頭社友」「松下電器産業特別客員」「大阪産業大学名誉総長」など一説には五十を超えるという。

交友関係はとどまるところを知らない。旧三和銀行で頭取を務めた渡辺滉とも姻戚関係にあった。そごうが経営危機に陥った際には、大谷の一声で三和銀行からそごうへ多額の資金が出されている。

大谷の長女の享子は、昭和三十二年度第六回のミス・ユニバースに出場し、「トップ15」に入選。享子にミス・ユニバースへの出場をすすめたのは、ジャニーズ事務所を経営するメリー喜多川である。大谷は裏千家を通じて茶道の世界にも縁があった。このつながりは享子が『宮本武蔵』などの作家の吉川英治のすすめにより、十四代目家元・千宗室の長男・玄室（後の十五代目家元）の弟、巳津彦と結婚したことに始まる。

結婚の媒酌人は、吉川夫妻と福田赳夫夫妻がつとめた。

大谷は、この婚姻を機に、巳津彦の母方の親戚である旧三和銀行元会長の渡辺忠雄や、裏千家と懇意であった松下幸之助と親交を深めた。

享子は巳津彦との間に男の子をもうけた。これが日美の社長・大谷裕巳。巳津彦の死後、享子は裕巳を連れて実家に戻っている。大谷貴義直系の孫は、裕巳一人しかいない。

十六代目・玄宗室の妻は、三笠宮崇仁親王の次女・容子内親王である。裕巳は皇室と縁戚関係にあるということだ。

十六代目の子供は二男一女がいる。このままいけば、裕巳が裏千家の系譜を継ぐことになるかもしれない。裕巳自身もそれを意識している。

いっぽう大谷は、「小佐野賢治とか田中角栄も親友や」と公言。その他にも児玉誉士夫、元東声会会長の町井久之《まちいひさゆき》、三代目山口組組長の田岡一雄、山口組系佐々木組組長の佐々木道雄、柳川組組長の柳川次郎など、裏社会の紳士たちとも昵懇《じっこん》の間柄だった。》

これも伝聞に過ぎない話。坊の私設秘書の黒川や西村嘉一朗ら、大谷さんに近い人たちから聞いた。

終戦直後のことだ。大谷さんはダイヤモンドを国内に持ち帰ったらしい。「カマス」と呼ばれる袋に七杯。その出処は政府の接収品だったのではないか。大谷さんはそれを横流しし、巨万の富を得たようだ。

坊の私設秘書の黒川や西村らは口をそろえてそう言っていた。後の「宝石王」はそうして地歩《ちほ》を築いてきたのだろうか。

今や真相を知る者は誰一人現存していない。

地下の大金庫にはとてつもない財宝がたくさん眠っていた。新撰組沖田総司も愛刀とした菊一文字則宗に始まる名刀をはじめ、いずれも国宝級だった。

南洋真珠と呼ばれる天然真珠も目にしたことがある。これなど、旧帝国陸軍が南方へ進出した際、現地の酋長から巻き上げてきたものに違いない。美しいビロードが敷かれた宝石箱に、南洋珠が何個も並んでいた。その箱がいくつもある。

大谷さんはときどき、取り出しては眺めて楽しんでいた。これらの宝物は今も大谷邸の大金庫の中で夢を見ていることだろう。

## 政界、財界、ヤクザまでの人脈

大谷さんは、なぜそこまでの人脈を築き上げることが可能だったのか。この絵解きはすぐにできた。

神戸の山口組系佐々木組の佐々木道雄組長。この人物が大谷さんの元へ初めて挨拶に出向いたときの話だ。

「手土産です」

そう嘯《うそぶ》きながら、大谷邸に四トントラックを二台横付けした。二台にはぎっしり当時〝ダルマ〟の愛称で呼ばれていたサントリーオールドが山と積まれている。

「どうせ、先生とこは、ようけ使いもんいるでしょうから」

もちろん、これは佐々木組長一流のブラフである。大谷さんは山口組や、その系列の佐々木組以外にも住吉会、松葉会とも付き合いがあった。

大谷さんはどこの組とも特に親しい関係にはなかった。言い換えれば、関東の組織から狙われていたのである。フィクサーとしてやることなすことがいちいちあざとい。いってみれば、「総会屋の親方」みたいなものだった。関西出身の大谷さんが狙われない筈がなかった。

佐々木組長は、東京では地場の総会屋として総会屋雑誌『旋風トピックス』の岩井忠芳を使っていた。

実のところ、岩井は佐々木組長の手下である。

実は大谷さんもこの男も使っていた。佐々木組長と大谷さんをつないだのも、この岩井である。

私が株主総会に同行させられた企業は、大谷さんが「最高顧問」であった百貨店そごうである。大谷さんに「ワシの代理や」と命じられた。日本興業銀行からそごうの経営陣に加わった水島廣雄も、大谷さんの元を訪ねていた。もちろん、株主総会の前にも先方を訪れた。大谷さんが総会屋を務める場合、多くは「守る側」。「与党」である。

私は、旧三和銀行の株主総会にも出席した経験がある。

三和銀行やそごう、旧松下電器産業といった企業は、いずれも大阪に本社を置いている。関西で「別格の総会屋」として君臨する大谷さんにとっては、いずれも大事な企業といえる。

私が聞いた話では、大谷さんは、もともとは京阪、そして出身地である和歌山というエリアで活動してきた。だからといって、在阪の企業ばかりに力を入れているわけではない。福田赳夫との関係もあってか、東京の企業もずいぶん押し上げてきた。

旧松下電器の主要取引行は旧住友銀行だった。住友側の事情で松下にまとまった融資ができない時期があったという。困り果てた松下幸之助が頼ったのは、大谷貴義さんだった。

大谷さんは、三和銀行を通じて頼まれた以上の金額を松下のために用立てた。松下が大いによろこんだのはいうまでもない。こうした経緯もあって、大谷は後年、「松下電器産業特別客員」を名乗っている。

松下電器の本社には、私も行ったことがある。何といえばいいのか。とにかく別格の扱いだった。

聞くところによれば、松下幸之助は大谷貴義さんに全幅の信頼を寄せていた。もともと松下は非常に被害者意識の強い人物だったという。

「私のところにやってくる人間は、全部金目当てや。みな、金を取りに来てんのや」

松下は、日頃から周囲にこう漏らしていた。何かトラウマのような深い経験があったのだろう。同じ和歌山県人で自分以上に金を持っている大谷さんとは、共鳴する部分は多かったようだ。

氏の長女・享子はミス・ユニバースに選ばれているだけあり、確かにちょっと派手で目鼻立ちの整った顔をしている。美人ではあった。容姿が立派で立ち姿もいい。

享子の母親は、誰なのか。私は知らない。そもそも大谷貴義さんが住む邸宅に

「妻」はいたのか。私が出入りする間、一度も会うことはなかった。いるにはいたが、表には一切出てこなかったのかもしれない。私の勘では同居している「妻」は恐らくいなかった。

長女の享子が嫁ぎ先の裏千家から出戻ってきたとき、私はまだボディガード兼秘書として仕えていた。大谷家の当代である裕巳は、まだほんの子供で庭をちょこちょこ歩いていた。

「怪我せんように」

「危ない、危ない」

「こっち行き」

「あっち行き」

そんなことを言いながら、私は側《そば》につきっきりだった。

それから間もなくして神戸の山口組系佐々木組が神戸市中央区加納町に移転して、事務所開きをおこなった。

大谷さんは自分から「行く」と言い出した。

「いっしょに、付いてきてくれ」

そう言われ、私も神戸に同行した。

佐々木組の佐々木道雄組長は、東京にも進出し、まさに売り出し中というところ。

「『西』の力は借りん」

大谷さんの姿勢にはそんな文言がにじんで見えた。大阪勢の力を借りるのは簡単や。だが、そこから引き出される威力はあまりにも小さすぎる。〈組織としての暴力を背景に、仕事をしていこう〉

大谷さんはそんなことを考え始めていたようだった。

佐々木組長の事務所開きには風呂敷包を一つ抱えていった。中身は札束。五百万円入っていた。風呂敷は私が持ち、大谷さんについていった。

私が大谷さんに仕えている間、佐々木組長が大谷さんを訪ねてくることは二度しかなかった。

他は使者として岩井が顔を出すのが常だった。

岩井忠芳は、あくまで総会屋である。「別格の親方」である大谷さんが岩井を使う。そんな関係が成立していた。

岩井は、使い勝手のいい存在である。企業を脅したり、弱みを握って何か書かせたりしていたのだろう。

岩井忠芳。私はこの人物をまったく評価していない。人の粗探しをしては、『旋風トピックス』で暴き立てる。

〈この人、何屋さんやねん。総会屋かなんか知らんけど、単なる脅し、恐喝やないか〉

私は憤慨していた。

佐々木組長の事務所を訪れた際にも、軽い幻滅を覚えた。

〈こんなところ、私の先生が直接足を運ぶ先とは違うやろ〉

大谷さんは小口の案件には食指を動かさなかった。あくまで大型、超大口の企業に的を絞る。

場合によっては、福田赳夫の政治力を借りることも厭《いと》わなかった。

私が大谷貴義さんに仕えているうちに気づいたことがいくつかある。その一つが大谷さんの奇妙な習性である。飛行機に乗らない。いや、乗れない。どれほど長距離の移動であっても、である。大谷さんは終生飛行機を怖がっていた。移動手段といえば、もっぱら鉄道と自動車。海外旅行など、とんでもない話である。国内でも、例えば、鹿児島県や北海道に出掛けるとなれば、大変なことだ。

そういう習性のせいもあり、私が大谷さんの側にいる間、めったに遠出をしなかった。せいぜい関西と近場を行ったり来たりするくらいのものだ。

大谷貴義さんは、怖がりだった。それも病的な。事業でリスクを取りにいくことは厭わない。総会屋の岩井忠芳を使い、山口組で売り出し中の佐々木道雄組長ともつながっている。方々で危ない橋は渡っている。にもかかわらず、何をそんなに恐れるのかというほど、怖がりだったのである。

大谷さんは地方に出張しない限り、外泊はしない人だった。帰宅後、いつものように丹前に着替える。頑丈な欅《けやき》の卓袱台の前にどんと座る。そこに熱いお茶が運ばれてくる。それを一口すすって、「はい、ご苦労さん」とお付きの者たちに声を掛ける。その後、解散。これがお決まりの流れであった。

それから私たち使用人はそれぞれの寝ぐらへ帰っていく。私は大谷邸で横になったことは一度もない。

ある夜のことだ。大谷さんはいつものように丹前姿で卓袱台の前に座った。熱いお茶が運ばれてくるその直前、大谷さんが飼っていた秋田犬をはじめとする大型の日本犬三頭が、いっせいにけたたましい鳴き声を上げた。

大谷さんは脚が達者である。すぐに立ち上がった。

「誰か！　誰かぁ！」

大声でそう呼んだ。大谷さんは部屋の窓に駆け寄った。サーチライトが庭中を舐めるように照らしている。光が蠢《うごめ》くさまはまるで大蛇が這い回る姿を連想させた。

大谷さんの豪邸はさながら要塞だった。その間も犬はけたたましく吠えるのを止める気配がない。こうなったら、お付きの者である私の他にいた七人の部屋住みが、屋敷の中と庭を総点検せざるを得ない。

「異常なし」

「異常なし」

次々と点検の報告がされるが大谷さんはうろたえるばかり。

部屋住みが確認作業を終え、犬が鳴き止むまで、大谷さんは畳に座ることができなかった。

〈この人、何してるんや。何を怯えている。政財界をはじめ、あらゆる世界に顔が利く人やのに〉

私は自分の中で大谷貴義さんへの熱が急激に冷めていくのを感じていた。

今では私も当時の大谷さんとそう変わらない年齢である。それでも、このときの感覚をまざまざと思い出せる。

〈あらゆる意味でこれだけの力を持った人が、たかが犬が鳴いただけのことでなぜこれほど無様なうろたえた姿を晒《さら》すのやろう。よっぽど怯えなくてはならないことがあるんやろうな〉

## もはや大谷の下で学ぶことは何もない

私と大谷貴義さんの蜜月は、それほど長くは続かなかった。ガードマンとして側に仕えた期間は七カ月ほどだっただろうか。大谷さんの下で働くうちに、フィクサーの世界の表と裏がわかり始めた。

私の目指す終着駅はここにない。私は悟った。この男がゴールであってはたまったものではない。

大谷さんの下へ身を寄せたのは修行のためだった。金が目当てではない。本当のことだ。

だが、もはや大谷さんの下で学ぶことは何もない。ならば、この場を立ち去るのみだ。

大谷さんから人脈を引き継いだわけでもない。その頃、氏の周囲にいたのは山口組系佐々木組佐々木道雄組長や総会屋・岩井忠芳。後の平和相互銀行巨額不正融資事件で逮捕される稲井田隆社長、滝田文雄常務、鶴岡隆二非常勤取締役、それと事件をリードした同行監査役の伊坂重雄弁護士らの名前が挙がる「四天王」の幾人か、日刊観光新聞を主宰する橋本嘉夫というわけのわからないおっさんといったところだった。

これらの来客を取り次ぎ、捌《さば》くのも私の仕事だった。日々接していればわかるが、どの人間もろくなものではなかった。金の亡者か、事件屋の親方。小遣いをせびりに来る連中ばかりである。

ただ、まだ二十代の頃に世の中の表と裏を見せてもらったことは大きかった。私の財産といってもいい。大谷貴義はフィクサーの世界で頂点を極めた人物だ。大谷さんは私にとって「反面教師」とも言える存在だったが、良くも悪くも身近で彼に接した経験は勉強にはなったのだろう。確かに世話にはなった。

「どうしても大阪で自分のやりたいことがあるんで。ここにはずっと詰められませんけど。何かあったら、またいつでも呼んでください」

そう挨拶して、私は大谷貴義さんの下を去った。別れ際に大谷さんは五百万円の餞別をくれた。昭和四十五年の暮れのことだ。

ここで大谷さんとの関係が終われば、かっこいいのだが、実はさらに後日談がある。

後年、私が少々仕事にかまけていた日のことや忙しさで手が回らず、銀行窓口が閉まる午後三時を過ぎてしまった。

この日、どうしてもまとまった現金が必要だった。考えあぐねた揚げ句、私は旧知のダイヤルを回した。

「ちょっと先生」

電話口に出た相手は、大谷貴義さんである。

「ちょっと、三千万円いるんです」

そう告げると、ものの五分で返事が来た。

「○○銀行の××支店に、行け」

行ってみると、帯封のついた一千万円の札束が三つ手渡された。受け取りも手形も一切なし。これが大谷さんの底力である。

午後三時を過ぎると、大手銀行の各支店は現金運搬車で余分な金を運び出す。だから、支店には金が残っていないことが多い。大谷貴義さんは私の電話を受けて、縁の深い旧三和銀行の本店に連絡したはずだ。

「どこの支店にいったら、金があんねや」

「××支店に行けば、ございます」

そんな会話が大谷さんと本店の担当者の間で交わされたことだろう。縁戚関係がものをいったのは間違いない。だが、もう一つ、大谷貴義さんの与信も決してばかにはならない。

その後、さらに大谷さんに五千万円を用立ててもらったこともあった。合計すると、七、八回は大谷さんの世話になったのではないか。もちろん、借りた金は耳をそろえて返済している。

それにしても、大谷さんはあまりにも多くのものを持ちすぎたのかもしれない。恐らくはその重みに耐えかねたのだ。使い切れないほどの金は手にしただろう。だが、幸福といえる生涯だったのだろうか。定かではない。

# 第三章　実業の世界へ

## 宅見勝若頭と怪人野村周史

《(大下・注) 大淀建設の経営をなんとかやりながら、さらに何か社会的な事業をしたいと許は考えていた。その頃、出会ったのが野村周史《のむらちかし》。当時、東邦産商社長の任にあった人物である。

野村周史は、戦前、日本が占領した中国の南満州鉄道に勤務していた。そのため日本の旧運輸省とのコネクションを強く持つことが出来た。

昭和三十七年三月に、大阪市東淀川区にタクシー会社「淀川交通」を興す。この会社には、旧社会党系の労働組合を基盤とした国会議員達が顧問として名前を連ねている。

一説によると、かって税務署員でもあったと言われる。その戦後の焼跡闇市時代に財を成し、同和、韓国、警察との太いパイプを作ったといわれている。》

野村周史会長との出会いのきっかけを作ってくれたのは、他ならぬ彼の息子だった。野村周史会長の長男の雄作は、私より一歳下でもともと私のツレだった。雄作と出会ったのは、例によって大阪北区の歓楽街北新地。人気店だったクラブ「城」のオーナーだった木下功ともともとつるんでいたのが野村雄作だった。木下を通じて野村と知り合う。

雄作は、なかなか頭の切れる男だった。せっかく優秀な頭脳を持っているのだから、もっと生産的な目的に使えばいいのではないかといつも思っていた。頭が切れすぎるのも考えものである。

その父の野村周史会長は私を「息子の友達としてはよろしくない男」と決めつけていた。私には何かと辛く当たってくる。

雄作は私と人間関係ができた後、父親に「藤田永中という友人がいる」と話したようだ。

雄作にしてみれば、関西有数のフィクサーである父と同じ道を私に歩ませたいという気持ちがあったのかもしれない。

だが、野村会長はそう簡単に私を認めようとはしなかった。当時の野村会長は大阪府警察本部も完全に掌握していた。藤田永中という人間について洗いざらい調べさせたようだった。

「どっから見たって、この男はあかん」

それが野村会長の出した結論だ。

以来、事あるごとに私を潰そうと、さまざまな仕掛けを弄してきた。

野村会長の事務所に私がいた時のことだ。目の前で、野村会長が電話を掛け始めた。

「今、時間あるんやったら、ちょっと飯食いに来られるか？」

会長の事務所に馳せ参じたのは、大阪府警本部の四課長。暴力団取り締まりの大ボスである。

会長はすぐにその四課長を私に紹介した。もちろん、私にプレッシャーを掛けているつもりだ。

「雄作と仲良くするのはええ。けど、おかしなことしたら、いつでもしまいにしたるで」

野村会長は自らの力を誇示し、私を押さえつけようとした。

私も子供でもないのだから、野村会長が自分の周囲を嗅ぎ回り圧力をかけようとしているくらいのことはわかる。

氏のホットラインの向かう先は、大阪府警のマル暴だけではない。それとは対極にある人物ともしっかり繫がっていた。なんと、後に五代目山口組若頭となる宅見勝さんであった。

山口組の進出以前、大阪府内で一、二の勢力を誇っていたのは南一家、南道会である。宅見勝さんは、この南道会から身を起こしてきた。

《(大下・注) 宅見勝は、昭和十一年六月二十二日、兵庫県神戸市生田区で出生。幼少の頃に三重県伊勢市に移住し、少年期のほとんどを当地で過ごした。中学時代は学力優秀で大阪府立高津高等学校に進学。しかし、両親が相次いで亡くなった事情から昭和二十八年に高校を中退。知り合いのツテを頼って、二十歳前後の頃は和歌山県に居住し、那智勝浦漁港の周辺や和歌山市の飲食街でバーのマネージャーをしていた。この頃に同い年の女性と結婚している。

結婚と前後して大阪へ居を移し、大阪ではミナミの不良グループの仲間入りをする。

昭和三十四年頃博徒でもある土井組系川北組の若衆となる。翌年には早くも若頭に就任。

しかし、昭和三十七年に所属する土井組は抗争などによる警察の集中取り締まりを受け解散。

その後、当時ミナミで大きな勢力を持っていた藤村唯夫を会長とする南道会系の福井英夫を組長とする福井組の若衆となった。

昭和四十一年には、その実力を認められ福井組の若頭補佐となる。翌四十二年、三重県鳥羽市を本拠に宅見組を創設した。

昭和四十五年に福井組若頭に昇格したのを機に、大阪に本拠を移す。

宅見は福井英夫が組長を務めた福井組の若頭を経験したあたりから頭角を現し始めた。道頓堀の南東に位置する繁華街である千日前界隈の流しや浪曲歌い（浪曲師）の仕切りを任されていた。》

宅見さんは野村周史会長から呼び出しがあれば、それに応じて事務所に顔を出していた。警察権力と極道。両方に通じているあたりにフィクサー・野村会長の力の源泉があるのだろう。

なぜ宅見さんは野村周史会長の呼び出しに応じるのか。種明かしは簡単である。その頃、和歌山県内でちょっとした事件が起こった。人が一人殺されている。容疑者として宅見組の若い衆が捜査線上に浮かんだ。

「殺人教唆で、組長の宅見勝まで身柄を取れる」

色めき立ったのは、大阪府警本部である。

追い込まれた宅見さんは、ある運送会社の社長に相談した。私も会ったことがあるが、得体の知れない妖怪の鵺《ぬえ》のような男だった。この社長は、大阪府知事・岸昌の後援会員だった縁で野村会長を知っていた。野村会長は岸昌の有力後援者だったのだ。

そもそも地方警察はあくまで自治体の兵隊。本省から来るキャリアは別にしても、末端の警官にとっては首長が親分である。大阪府警察本部は岸知事の配下だ。

運送会社社長を介して、宅見さんは野村会長に問題の解決を依頼した。野村会長はどんな手を使ったのか、宅見さん自身の殺人教唆の容疑をきれいにもみ消した。

それ以来、宅見さんは事あるごとに野村周史会長を「会長」「会長」と持ち上げるようになった。

電話一本で駆けつけるくらいのことは何でもなかった。

私は野村会長の事務所で初めて宅見さんと向き合った。

野村会長は持てる人脈のすべてを動員して、私にプレッシャーを掛けてきた。

〈藤田永中さんよ、お前さんの背後に何があるのか知らんけど、違うんやで。息子の雄作を大事にせんと、えらい目に遭うことになるよ〉

野村会長は無言のままに、そうしたメッセージを私に四六時中送り続けてきた。

そんなとき、私の対応は決まっている。別に反発するわけでもないし、ことを荒立てるつもりもない。

「そうですか。よろしくお願いします」――

そう答えるだけ。私は元来そういう人間なのだ。どこに行こうと、誰と会おうと、特別なことなど何もない。

宅見さんは事務所の空気を察して、自分がなぜここに呼ばれたかをすぐに察知したようだった。頭の切れは生来のものなのだろう。その場では当たり障りのない会話に終始して、席を立った。野村会長の圧力にめげず泰然と受け流そうとしている私を見て、宅見さんは何を思ったのだろうか。

野村会長からの有形無形の強圧は、その後も続いた。だが、私も並大抵の人間とは違う。へこたれず、ケツもまくらず、姿勢を変えずにいた。

変わらぬ態度を見て、野村会長もだんだんと藤田永中という人間がわかってきたのだろう。

〈この男は、ここで潰すよりも、取り込んでしまうほうがええ。雄作の「兄貴」になってもらおう〉

野村会長は、ある時点で一八〇度、私への方針を改めた。

「永中、ワシの養子になってくれへんか。雄作をよろしく頼む。実の兄貴のつもりで、かわいがってやってくれ。雄作のことが心配で心配で。このままじゃ、ワシは死ぬに死ねんのや」

あまりにも突然の申し出である。

野村会長には彼なりの差し迫った事情もあった。末期の肝臓がんで、すでに余命も宣告されていた。死期が迫っていたのだ。

確かに私から見ても、息子の野村雄作は危なっかしい男だった。何をするやらまったく予想がつかない。そんな雄作の面倒を本当の兄弟同様に見てやってくれ。

野村会長が私を養子にしたのは、恐らくそんな思いがあってのことだろう。

「わかりました」

即答した。野村会長の提案を気持ちよく引き受けたことになる。「養子にならないか」との申し出は、間もなく今生の別れとなる人からの遺言のようなものだ。無下《むげ》に断る訳にもいかない。

書類も受け取っている。そこには野村会長の署名・捺印がある。

とはいえ、この話を受けたものの、私のような妻帯者の場合は妻や子供もいっしょに養子縁組に入らなければいけない。私だけ籍を抜くことは不可能である。それがわかってからというもの、私は考え直すようになった。

「これ、家族ごとは無理やな……」

こんなとき、私の判断は早い。

「もう、気持ちだけでええやないですか」

野村会長は、自分の家督を譲ろうという気持ちさえあったのかもしれない。衣《い》鉢《はつ》を継ぐにしても、継ぐべきものは大してなかった。唯一、私がいただいたのは、東邦生命の代理店をしていた東邦産商という会社である。「藤田永中」と名乗っていた私は、それから「野村永中」と名乗るようになる。

## CMトラブル

昭和五十四年四月、東邦生命大阪ビルや東京の馬喰町にあった立派なビルのワンフロアを私は借り切った。「東邦エンタープライズ」のお披露目である。レジャー会員券を扱う会社であった。

「レジャーコラボ」に乗り出すつもりだった。

資本金は八千万円で開発を手掛ける。ビルを借りるに当たって、内装だけでも破格の費用をかけた。とにかく構えだけはきちんとしなければならない。

社長は、野村雄作、社長室長は、私、野村永中、専務に大谷貴義さんを紹介してくれた元産経新聞の西村嘉一郎が就いた。東邦生命の代理店である東邦産商を経営していた野村周史会長に後ろ盾になってもらった。

野村雄作が一計を案じた。東邦生命の保険契約者を集めて、「かんがるうくらぶ」という団体をつくった。名称は東邦生命の社章にあしらわれたカンガルーから取った。ロゴには、カンガルーの横顔を使っている。自分でいうのも何だが、なかなかかわいい。

パンフレットには謳いあげた。

『二十万円で別荘の所有権を持てるうえ、ゴルフ場の会員権もついている』

私はプラスアルファを用意した。中村錦之助のコマーシャルへの起用である。

錦之助は、『一心太助』『宮本武蔵』シリーズなどの当たり役を持つ東映時代劇の大スターであった。昭和四十七年からは萬屋錦之助の芸名に変えていた。

錦之助に力のある住吉一家小林会初代会長、日本青年社初代会長の小林楠扶さんに、私は頼み込んだ。このときまで、私と小林会長の間に接点は何もない。直談判で交渉するしかなかった。ギャラは三千万円を積んだ。

「錦之助を、使わせてもらえませんか」

昭和五十四年といえば、錦之助の仕事がちょうど減っている時期であった。

京都の東山区高台寺枡屋町にある老舗料亭の京大和。稀代の名優担ぎ出し交渉の舞台にはふさわしい。

錦之助は当時の妻の淡路恵子を伴って姿を現した。ただし、小林会長は同席していない。

私は、錦之助夫妻と飯を食う。この場ではギャラの話は一切しない。金目の交渉はすでに小林会長と折り合っている。ギャラは三千万円。あとの実務は制作会社に頼んでやってもらうことになっていた。

コマーシャルの構成は、こんな感じである。まず、錦之助が能書きを垂れる。「これからはこういうクラブが必要です」とかいうセリフだ。そこに歌が入る。歌ってもらったのは当時親しくしていた韓国の若手の歌手。「カンガル～ク～ラブ♪」とメロディーをつけた。このパートだけでも何十回リハーサルをやり直したかわからない。私なりのこだわりがあった。それを生かすにはなかなか骨が折れたのを覚えている。ようやく完成したときには、ほっとしたものだ。

錦之助出演のコマーシャルは関西テレビで放映するはずだった。だが、この計画は急転直下、頓挫した。いったい何が起こったのか。

関西テレビを設立した前田久吉の息子に富夫がいる。このときは専務だった。ところが、東邦エンタープライズの専務に据えた西村嘉一郎が過去に広告代理店を経営していたときに、この前田富夫専務にとんでもない迷惑をかけていた。

私には一切関係のないことだが、西村が過去にかけたという「迷惑」を前田専務はどうやらいつまでも恨みに思っていたようだ。西村の不手際でＣＭが打てなくなった。

## 竹刀で滅多打ち

放映が飛んだことで、さまざまな影響があった。販売促進費は、すべて吹っ飛んだ。

追い打ちをかけるように、「かんがるうくらぶ」に、東邦生命からこんな通知があった。

「会社も閉めてほしい」

「正しい保険募集をおこなわせることを目的とした保険募集取締に関する法律」(募取法《ぼとりほう》)に引っかかるからということだった。

募取法とは、新しい保険の契約を募集する際、遵守しなければならない法律である。保険という商品を売っていくため、勧誘をする上での制約などを定めている。「余計な宣伝をしてはいけない」など「これをしてはいけない」「あれをしてはいけない」といった規定がある。

今回は東邦生命の社章にあるカンガルーから取って「かんがるうくらぶ」という名称にしたこと。「東邦エンタープライズ」という社名が「東邦生命」と混同されやすいこと。この二点が募取法上、問題とされたのだ。

私には、東邦生命の名を騙《かた》ろうなどというつもりはさらさらなかった。起業したばかりの会社にどう信用をつけていくか。頭にあったのは、それだけである。だが、どこかからチンコロ（密告）が入ったのか、旧大蔵省（現財務省）に誰かが刺したのか。

「おかしいじゃないか」

そんな声が入ったのだろう。所管官庁からの働き掛けとあっては、東邦生命側も無下にはできない。

「とにかく、会社を閉めてくれ。事務所も出てくれ」

そんな要請があったのも無理のない話である。

そこで、私は東邦生命ビルにまで確認に出向いた。

東邦生命の専務は絞り出すように告げた。

「何の問題もないんやけど。できることならば……」

東邦生命に迷惑を掛けるようなことがあってはならない。仕方がない。私は会社を閉めざるを得なかった。条件は一切つけていない。何の注文もない。

私はこのときまで、募取法の存在すら知らなかった。知りもしない法律に反していると追い込まれるなどとは夢にも思わなかった。

とにかく私は、この件では潔く身を引いた。いずれにせよ、失敗は失敗。認めてやり直すしかない。

この顛末の後、西村はとんでもないことをしでかす。私が貸し付けていた一千万円を持ち逃げしたのだ。

それぱかりか、山健組傘下の太田興業「本部長」の肩書きを持った人物をバックに、しょうもないことで私に追い込みをかけてきた。

西村が言ってきた。

「本町駅近くのホテルで会いたい」

出向いてみると、その「本部長」がヌッと顔を出す。

こういうとき、私の対応はいつも決まっている。

「お前、何や!」

かんからかんに怒り飛ばすのみだ。

「お前、何しについてきたんや。何が言いたいんや」

私はよく分かっていた。私を脅すためだ。当時、山健組の看板には絶大な威光があった。

どこに出しても通用する。まさに「天下の山健」。太田興業はその山健組の傘下だ。

西村と別れた後、私は周りの人間に命じた。

「西村を、連れてこい！」

間もなく、西村は身体ごと私の前にさらわれてきた。

「裸にして、犬小屋に放り込んどけ！」

私の事務所のガレージ横にはグレートデン犬用の犬舎が三つあった。そのときはもう犬は飼っていない。空き家だった。

西村には、まる二日間、水とドッグフードだけしか与えなかった。

「お前は、犬以下や。ドッグフードでもやっておく。悔しかったら、死ね！」

西村は、さめざめと泣いていた。

私は、それでも足りないと思った。

西村を家に上げて素裸にして、裸のまま天井からぶら下げた。鬱血するほど長時間ではない。ものの十分ほどの間だ。

私は竹刀を手にすると、西村を滅多打ちにした。

気がつくと、ボロボロになった竹刀が二本床に転がっていた。

西村の身体のあちこちから赤黒い血が噴き出している。気のせいか、あたりには血の匂いが立ち込めていた。

私はさすがに自分のおこないを悔いた。人にやらせるべきことを自分でしてしまった。

それも仕方ないか。極道の世界では幹部にあたる男に脅される。西村はそんな舞台に私を引っ張り出したのだ。黙っているわけにはいかない。

「同じような目を、味おうてわかったろう。堪忍したるから、詫び入れて、二度とワシの前に顔を出すな。出て行け！」

西村を帰らせた。

〈下手したら、そのまま電車の線路に飛び込むかもしれんな〉

そんな危惧もあった。だが、現実のものとはならずに済んだ。

その後、西村とは三回ほど会うことがあった。京都駅の在来線ホームで二度、新幹線ホームで一度。

私は京都・大津方面に行く際、いったん新幹線で京都駅まで行く。自動車は先乗りさせておき京都で乗り換えるのだ。

あるとき、京都駅で電車を降りた。ふと脇に目をやると、見覚えのある顔があった。誰あろう、西村嘉一郎その人である。

電車を乗り継ぐところだったのだろうか。ホームにぼんやりと立っていた。そうしているうちに、向こうも気づいた。まともに視線がぶつかった。

西村にしてみれば、さすがにバツが悪すぎるに違いない。何とも言えない複雑な表情を浮かべていた。頭だけは一応下げて見せる。こちらから何がしかのものを言う気にはとてもなれなかった。

## ボクシング興行も手掛ける

東邦エンタープライズを閉めてから数カ月後のことだ。野村周史会長が連絡を寄越し、ある人を引き合わせたいという。

場所は大阪・ミナミの料亭。現れたのは東邦生命社長の太田清蔵さんだった。

《(大下・注) 太田清蔵は、大正十四年十二月二十日に福岡県に生まれる。代々、「清蔵」の名を継ぐ太田家の長男で六代目。東大経済学部を昭和二十二年に卒業して、東京電力の前身である日本発送電に入社。留学してハーバード・ビジネススクールに学ぶ。

昭和二十八年に帰国して東邦生命に移ると、すぐに取締役に就任。昭和五十二年六月に東邦生命の社長に就任している。

福岡出身の太田は、地元出身の自民党代議士である太田誠一とは従兄弟どうしにあたる。太田誠一の叔父が、元衆議院議員の桜内義雄である。太田の実姉は、関西の鴻池家十三代当主の鴻池善右衛門に嫁ぎ、姻戚関係を結んでいる。鴻池家は旧三和銀行を設立した名家である。

さらに、太田の叔母は、ヤマサ醤油の濱口家に嫁いでいる。清酒「菊正宗」の造り酒屋である嘉納家だ。百貨店「松坂屋」の伊藤家とも姻戚関係にある。》

太田清蔵社長とは、この席が初対面だったが、私が今までまったく知らなかった世界の住人、一目見てそうわかった。私の人生のなかでいまだに太田社長のような人物と会ったことがない。唯一無二の人といっていいだろう。

実は太田社長との席をミナミに設けたのには理由がある。実は、その晩、大阪府立体育会館でボクシングの東洋太平洋ミドル級選手権試合がおこなわれた。私が打った興行である。

太田社長はプロボクシングを生で観戦したことがないという。会談の場を大阪府立体育会館の前にある料亭に設定した。太田社長をリングサイドに招待するためである。

ボクシングはライブで体感するに限る。テレビ中継を眺めるのとはまったく別物の興奮を味わえる。

会場にたれ込める湿布と体臭の入り混じった独特の匂い。選手の汗が飛び散る。時には血も流れる。セコンドの声が飛び交う。観客が投げる団扇が飛んでくる。ボクサーがパンチを当てるときの骨が軋むような音さえ聞こえてくるような気がする。リングサイドとはそういう場所だ。

この試合を主催するに当たって、私は「お役者政」の異名を持つ住吉会総裁・堀政夫さんに会っている。

日本タイトル戦は別として、ボクシングの興行で東洋太平洋、世界のベルトが掛かれば、すべて住吉会の「荷物」である。素人や門外漢が勝手にいろいろと手を出すことはできない。

私は特に拳闘が好きだったわけではない。プロモーターとして大枚を稼ぎたいとも思わなかった。

ただ、韓国で地道に努力を重ねている選手に、チャンスを与えてやりたい。その一念だけがあった。私の興行ではメインイベントで必ず王者VS韓国の挑戦者という試合を組む。このマッチメークは一貫していた。

私は都合三度にわたって興行に乗り出している。メインイベントにはすべて韓国選手が出場した。結果としては全敗に終わっている。

試合前には韓国本国にまで乗り込み、記者会見をおこなった。プロスポーツのプロモーションという特殊な世界の内情を垣間見ることができた。韓国の興行師たちとの接点も持てた。

大阪での興行では、日刊スポーツに必ず入ってもらった。私と日刊スポーツの共催である。

まったくの素人が大阪でボクシングのタイトル戦をプロモートする。無謀といえば、無謀である。「興行なんて打てるはずない」と口さがなく言う者もいたらしい。

大阪府警察本部も止めに入った。

「何が起こるかわからんから、やめてくれ」

そう言われれば言われるほど、私は後に引けなくなっていく。

「何が怖いんや。何がや」

周囲にはそう公言していた。

大阪で興行を打つには、地元のヤクザ社会とも話をつけなければならない。酒梅組や山口組、もっというならば、初代柳川組以来の付き合いがものをいう。これらの勢力にきちんと話を通さなければ、まず開催はおぼつかない。

私は現日本財団会長、東京財団顧問を務める笹川陽平に会いに行った。日刊スポーツとの共催だけでは、どうも弱い。笹川了平が抱えている新聞社、大阪日日新聞とも渡りをつけておく必要があった。

帝国ホテルタワーにある私の事務所。二軒隣には糸山英太郎も事務所を構えていた。糸山は、笹川良一の実弟、笹川了平の娘婿に当たる。私は笹川了平に会い了解を貰った後、糸山に会いに行った。

「小林楠扶さんも関わっているのなら」

糸山は二つ返事で引き受けてくれた。もっとも、金は出してくれない。ああ見えて糸山は手元が不如意のようだった。「金は出さない」の一点張りである。

とはいえ、私が大阪で打った興行はすべて成功裏に終わっている。いずれも二千万円の黒字であった。「四角いジャングル」、ボクサーが拳を交えるリングをそう称することがある。二匹の獣が生死をかけて争う場ということだろう。

私が主催するタイトルマッチではリングの中はもちろん、外も「ジャングル」の様相を呈していた。

四角いリングには、リングサイドも四面ある。それぞれ、菱（山口組）、酒梅組とテキ屋系組織、住吉会、記者席に分けた。記者席の向かいが正面になりテレビに映る場所は住吉会の定席であった。一般紙やスポーツ紙のボクシング担当記者はともかく、現役の博徒やテキ屋、それも決して友好的ではない一派同士がずらりと顔を揃えた。これもなかなか画期的な「マッチメーク」といえるのではないか。

一興行終えるたびに、共催の日刊スポーツ関係者は驚愕していた。リング内外に猛獣を集める。にもかかわらず、ことりと物音一つさせずにメインイベントを終わらせる。実際、現場でのトラブルは皆無だった。

そのうえ、収益も着実に上げる。自分でいうのも何だが、これはショービジネスの王道だろう。当時、私はまだ二十代の終わりだった。

一興行当たり、二千万円の現金が手元に残った。大阪府立体育会館の収容人員はおよそ一万人。三回とも満員を記録している。

だが、すべての観衆がプレイガイドで入場券を購入したわけではない。窓口を通して当日券を買って入った者もいれば、招待券扱いの顔見知りもいる。

自己分析すれば、「入場券を捌《さば》く能力」が私にはあったのだろう。

「まあ、これも付き合いや」

その一声で五百万円分の券を引き受けてくれる知人もいた。それも一人や二人ではない。こうした関係がなければ、興行というビジネスは恐らくうまくはいかないだろう。

リング外での紳士たちの社交でも、危険な場面はあった。元四代目山口組舎弟・金田組組長、元二代目柳川組舎弟の金田三俊さんは私たちも属する僑胞（キヨポ）社会の大先輩でもある。

その金田組長が、こう言った。

「金平正紀だけは、絶対に大阪の土を踏ませない」

金田組長と金平の間では以前、何らかのトラブルがあったようだ。六代目山口組二代目中島組の傘下にあった和田組が解散した後、金田組長が窓口になったのを金平が無視したのかもしれない。

来阪を前に、金平は盛んにこう漏らしていた。

「金田さんの了解なしに大阪へ行くことは、とてもできません。怖いんです」

意を決した私は金田組長の事務所に出向いた。手土産は、リングサイド席の招待券十枚である。

「こんにちは」

ごく自然な挨拶とともに、私は金田組長の事務所に足を踏み入れた。事務所に当番で詰めていた男たちの視線がいっせいにこちらを向く。今にも飛びかかってくるのではないか。そう思わせるに十分。ドーベルマンのような眼をしている。

それもそのはず。私は部落解放同盟飛鳥支部長の小西邦彦の問題で二年半もの間、金田組と対峙してきた。こういっては何だが、こちらの思い通りの形で終わらせてもらっている。

こちら側の「力」は、一切使わない。だが、金田組の若頭以下全構成員が「しゃあないな」と言わざるを得ない形で着地させた。

これには前段がある。私の知人でかつて、大平組の若頭を古川組古川雅章組長がしていた時代、古川組と柳川組の抗争事件があり、古川組が柳川組の若い衆を一人殺している。

今、思い出しても、あの事件はヤバかった。相当にヤバいヤマだった。内部の実情を知っている私の率直な回顧である。

「とにかくまあ、私、しゃあないと思ってまっせ」

古川組と金田組の過去の抗争を私はそう結論づけてみせた。何がしかの「答え」を出さなければならない。そうなれば、双方の組が共に無傷でいられる保証などどこにもない。それでも双方でくすぶっていた。

「どうぞ、上がってください」

金田組の若衆は、私に二階に上がるようにうながした。

〈うわあ、二階に上げられたら、これあかんな。もうこのままじゃ、降りられへん〉

心中の動揺を悟られぬよう、私は階段を一歩ずつ進んでいった。

二階の部屋に入った。革張りのソファに腰を下ろした。

沈黙のまま時間だけが流れる。金田組サイドはお茶の一つも出す素振りは見せない。当然だろう。こちらからどうすることもできない。私は俎板《まないた》の上の鯉の心境だった。

十分ほど経過しただろうか。一人の若い衆が、口を開いた。

「すんまへん。事務所の前にある喫茶店に親父来るんで。そこまで移動してもらえますか」

「ああ、ええよ」
事務所をそっと出る。通りを挟んで向かいにある喫茶店に入った。
ものの五分とはかからなかった。
金田組長は、すでに卓に座っていた。若い衆を一人だけ連れている。見るから
に戦闘力に長けた風の男だ。目をかけているのだろう。
席に着くなり、私は用件を切り出した。
「今回、大阪で興行打つんで。まずは挨拶やろ、思いまして。これ、招待券です。
よろしくお願いします」
「……」
金田組長は私を見据えたまま、返事はおろか、一言も発しない。予想通りでは
ある。
「すいません、じゃあ失礼します」
私は早々に切り上げることにした。金田組長は、私を無傷で帰らせてくれたの
だ。
もっとも、この結末は喫茶店に河岸《かし》を変えた時点で予想できていた。組長であ
る金田三俊本人が姿を見せた以上、私に危害を加えることはない。本当にやる気

であれば、親分のいないところで手を下す必要がある。そうしないと、極道として金田組長の格好がつかない。最悪の場合、殺人教唆の罪を問われ、身柄を持っていかれる可能性もある。

「なかなかの度胸だ」と思われるだろうか。私に言わせれば、「ただのアホ」である。

事は私の主義に関わる問題。何でも自分で実践してみないことには納得できない。そういう性分に生まれついてしまった。とんだ「おっちょこちょい」ということでご勘弁願うしかない。

都合三回の興行は、東洋太平洋タイトル戦が一回、世界戦が二回。一年半ほどの間に半年ずつインターバルを置いて試合を組んだ。日本タイトルマッチ以下にはまったく食指が動かない。私が手掛けるまでもないだろう。

世界戦のうち一回は、当時のWBA世界ジュニアフライ級（現ライトフライ級）王者・具志堅用高を担ぎ出した。具志堅は金平が主宰する協栄ジム所属。このこと一つとってもわかるように、金平とは仲良くさせてもらっていた。

大阪での興行ではあるが、「東京」への挨拶も欠かしてはいない。この場合の「東京」とは、住吉会を指す。住吉一家小林会初代会長、日本青年社初代会長の小林楠扶さん、住吉会総裁・堀政夫さんに話を通さなければならない。

堀総裁は当時、和服に凝っていた。私は三越百貨店に掛け合い、結城紬《ゆうきつむぎ》の着物を誂《あつら》えた。大した金は掛かっていない。喜んでもらえたのではないか。

見てくれでなく、生き様として昔からの日本ならではの博徒スタイルは、私の出会いのなかでは、堀総裁と酒梅組五代目の谷口政雄さんの二人が双璧だった。

堀総裁は、すごい厳しく、怖い面もあったが憧れの人だった。私はのち堀総裁と何度もいっしょに旅行している。カタギのものばかりの旅で、夏になると、必ず北海道に行って楽しんだ。

プロボクサーは野獣である。とても人間とは思えない。ワンサイドゲームもあれば、一発逆転もある。リング上で起こることは人生でも起こり得る。だが、凝縮されたドラマの濃度という点で実人生はリングに到底及ばない。

軽量級の試合は、どこかダンスを思わせる。身体能力は並大抵のものではない。重量級ともなれば、明らかに殺し合いである。

WBC世界ヘビー級王者だったマイク・タイソンがタイトル戦で相手の耳を噛みちぎったことがある。事の詳細は知らない。だが、決して大見得を切るような場面ではなかったはずだ。タイソンは必死だった。我を忘れて本能の赴くままに戦っただけなのではないか。タイソンをはじめ、重量級の世界ランカーたちは「殺人マシン」の名にふさわしい。

ちょっとしたアクシデントで生命を失う。脳震盪《のうしんとう》どころではない。リング上で繰り広げられているのは命のやり取りである。

興行だけでは飽き足らなかったのか、ボクシングに魅入られてしまったのか、挙句の果てに私はボクシングジムの経営にまで手を広げていく。

ボクシング界では名の通ったおっちゃんがいた。少々年は食っているものの、実績は申し分ない。この男ごと引き取る形でジムを始めることにした。「タイコウボクシングジム」、私は自分のジムにそう名付けた。「太閤」こと豊臣秀吉にあやかったジム名を付けた。

私の興行で前座を務めていた在日三世のボクサーがいた。リングネームはタツキという。

〈こいつを何とか育ててやらんといかん。うまく鍛えれば、東洋太平洋王者くらいまでいくやろう〉

結果として、私の目論見は外れた。タツキはついにベルトに手が届かないまま、無念の引退に追い込まれている。

タツキはもともと空手の選手。ボクシングに転向した後も、その頃の癖がなかなか抜けなかった。

「蝶のように舞い、蜂のように刺す」

モハメッド・アリのフットワークとパンチを形容する有名な一節。ボクシングのパンチはことほど左様に羽のように軽くなければならない。当たる瞬間にカチンと決める。

この点が足腰を据えて繰り出す空手の突きとは根本的に異なる。ボクシングではトランクスから下への攻撃は禁じられている。この「ローブロー」の観念は空手にはない。タツキもレバーを狙うつもりがつい下半身にパンチを入れてしまうミスが目に付いた。軽やかさが身についていない限り、リングで大成するのは難しい。

ジムと併せて、「タイコウ企画」という会社も興した。代表は、私の友人であり、兄弟分でもある伊藤という男。その伊藤を表に出してやらなければならない。そんな強い思いもあった。

タイコウボクシングジムはイトマン事件のあおりをまともに食って、閉鎖を余儀なくされた。

もし、事件がなければ、その後もずっと続いていただろう。タイトル戦線に絡《から》んでくるような選手も輩出できたかもしれない。

## 太田清蔵との絆

東邦生命の太田清蔵社長は、初めて会って以来、私に特別目をかけてくれた。

ある時、私が二十五億円を米国のファンドから借りることになり、このファンドの極東責任者が会いたいと言ってきたことがある。

そう言われても、私は英語を話せない。どうするかと思案した後で、窓口となっていた日本法人の社長に、こう返答した。

「それやったら、私に会いに東邦生命さんまで来てもらえませんか」

その後、私は太田社長に電話し、事情を話した。

「私に会いたい言うてるんです。すいませんが、ちょっといっしょに会うていただけないでしょうか」

太田社長の回答は、願ってもないものだった。

「ああ、どうぞ。連れていらっしゃい」

太田社長の言葉に甘え、極東責任者を連れて渋谷区渋谷二丁目にある超高層の東邦生命ビルに向かった。

私が連れて行った客人は、身長二メートル一〇センチほどの偉丈夫。外見は三十代前半というところ。

社長室に通された。

やや間があって、太田社長が姿を現した。

客人と太田社長は、初対面の挨拶を終えると、私はほぼ置き去りの状態。二人は明らかに乗りに乗っていた。流暢な英語で会話が弾んでいる。耳当たりのいいきれいな発音だった。もちろん、私には何の話かさっぱりわからない。

驚いたのは、太田社長の英語力。

〈本当に別世界や〉

思わず舌を巻いた。同行した私の窓口を務める日本法人社長は無論、英語を話せる。だが、その男でさえ一言も口を挟めなかった。

しばらくして、二人の対話は終わった。私の話は完全にどこかへ行ってしまったようだ。だが、融資だけは後日実行に移された。

東邦生命といえば、太田社長との関連で、昭和五十九年に老舗ミシンメーカーのリッカーの倒産があった。一千百億円もの負債を抱えての倒産で、当時、戦後四番目の大型倒産と世間を騒がせた。

まず言っておくが、この倒産は私とは何の関係もない。これまた私が悪さをしたように言い募る人がいるようだが、いい迷惑である。

「許永中が、リッカーを乗っ取りに来た」

これが本当なら、確かにすごいが、根も葉もない作り話に過ぎない。

## 大阪駅前の再開発

東邦生命の太田社長と東急グループ総帥の五島昇は親しかったと言われている。当然といえば当然のことだ。東邦生命の本社ビルは渋谷警察署の斜向かい。渋谷の「東急村」の域内である。

「私らは『東急村』の『村民』。『村長』は東急さんだ」

太田社長は常日頃からそう口にし、敬意を表していた。気を使っていたと言ってもいい。

本社ビルの建設過程でどんなやり取りがあったかは知らない。ただ、建設工事は東急建設に任せた。太田社長にすれば、それは当たり前の選択だったのだろう。私が東急建設とはまだ何の関わり合いもなかった頃、太田社長にお願いに上がったことがあった。

案件は大阪駅前の再開発についてである。大阪駅前にある阪神百貨店の裏側には、通称「阪神裏」と呼ばれた一帯があった。かつて闇市が広がっていた場所である。大阪駅前の一等地にありながら、闇市に端を発する不法占拠が長期化したため、区画整理もままならない状態が続いていた。

昭和五十年代後半からようやく再開発が始まり、大阪の地価が頂点に達した頃には、一転して「ダイヤモンド地区」とまで呼ばれるようになる。今ではオフィスビルやホテルが建ち並ぶ。だが、私が太田社長に相談した頃の阪神裏はそうではなかった。昭和五十一年竣工の大阪マルビルこそあったものの、その隣には木造平屋建ての闇市マーケット跡がそのまま残っていた。

闇市跡地の地主は寺田家。ヤンマー本社の隣にビルを所有し、もともとは「いとへん」、繊維関係の企業を経営していた一族らしい。寺田家の土地を挟むように西梅田一帯の代々の地主である吉本一族の土地が広がっている。阪神百貨店の真裏に当たる七百坪ほどだ。

そのうちの三百坪近くに関して、上物だけを私が引き取っていた。もとはといえば、すべて闇市に店を構えた在日が所有していた物件である。

私が乗り出すまで、この区画では不審火が相次いでいた。地上げ屋が放火したであろうことは容易に想像がつく。地主である寺田家が差し向けたものと言われていた。

大阪駅、梅田駅から至近距離という絶好の土地にもかかわらず、このままでは「傷物」同然。まずはどいてもらわないことには、再開発の手も打ちようがない。

ご存知の通り、借地借家法は借り手の権利を厚く保護している。当時はまだ地権者よりも借地人、土地よりも上物のほうが幅を利かせていた時代だった。この傾向は今もあまり変わっていないのかもしれない。

阪神裏にかつて店を構えた在日一世世代のほとんどは、すでに関西近郊の住宅地へと移り住んでいた。残るは二世、三世。この一帯で小商いに励んでいた。

もっとも周辺で再開発が進む中、取り残されたような小汚い街である。商売替えも難しく、建て替えもなかなかできない。焼け跡闇市そのままではないにしろ、その残り香は存分に漂っている。

こうした曰く付きの土地を取得した。というと、口さがない人たちは「許永中が地上げに手を染めた」と囃し立てる。一部のメディアにはそんな記事を書かれたこともあった。

だが、私は世間で言うところの「地上げ」に関わったことは一度もない。株で投機をしたこともないくらいである。

阪神裏界隈は大阪、関西に住む在日にとって「鶴橋国際商店街」に次いで象徴ともいえる地域である。

鶴橋は大規模な朝鮮市場を形成しているが、阪神裏は中小零細の繊維問屋が軒を連ねていた。在日一世たちは終戦後、この地にバラックを建て、生計を立ててきた。もちろん、他人が所有する土地である。

私の母親も一時期ここにとどまり、小商いで食いつないでいた。私の家族は福井や鳥取、大阪市豊崎といった土地を転々としている。その流れの中で阪神裏に身を寄せた時期もあった。

私が阪神裏を歩くと、当時の思い出が脳裏をよぎる。あの家、この家。住んでいた友達や家族の顔が目に浮かんでくる。

小さい頃、木下という遊び仲間がいた。隣家でやはり商売をしており、お互いの長屋を行き来していた。この男は後にボウリング場経営で一山当てる。在日韓国人一世でロッテグループ会長を務める重光武雄ではないが、木下重光という名だった。

そんな思い入れある地域の区画整理を手掛け、生まれ変わらせたい。私は密かにそんな思いを抱くようになっていた。

いよいよ腹を固めたところで、総額の費用と見込んだ六十億円のうちの十五億円が急に入り用になった。ちょうど大阪駅前第一、第二ビルが竣工した頃のことである。阪神裏にもいよいよ再開発の波が押し寄せようとしていた。

いったん流れが決まれば、後は大手ゼネコンの取り合いになる。竹中工務店と並んで東急建設も、この界隈の再開発に名乗りを上げていた。今にして思えば、これが「ダイヤモンド地区」と呼ばれる一帯の再開発の黎明期だ。よほどの戦争か災害でも起きない限り、この地域に立ち並ぶ高層建築群がなくなることはあるまい。まさに最高の場所である。

さて、この十五億円をどうやって用意するか。私は東急建設に話を持って行くことにした。

応対したのは、大阪支社長であり、専務でもあった松山信雄だった。「金はすぐにでも出したい。ただ、あなたの会社には出せませんな。どうしたらええやろ」

そう言いながら頭を抱えた。

阪神裏の再開発で私が手をつけようとしていたのは、現在、大阪駅前第四ビルが建っているあたり。権利関係が入り組んだこの地域でも、かなり大事で核心的ともいえる場所だった。いっぺんにきれいにするのは難しいとしても、ここを押さえられれば、再開発を進める上でも有利な立場を手にできる。

私は当時、新日本建設という会社を営んでいた。名前こそ大層だが大淀建設が看板を付け替えたものだ。

松山専務は、言外にこう言ったに等しい。

「アイデアはよろし。ただ、あんたの会社には信用がない」

私は問い返した。

「どうしたら、ええでしょうか」

松山専務は、こんな知恵を出してきた。

「かって、東邦生命の代理店をしてはったんでしょう。そやったら、太田社長の保証をもらえませんやろか」

何だ、そんなことか。太田清蔵社長にはすでに会っている。保証をもらうくらい、私にとって何ら難しいことではなかった。

「ほんなら、保証してもらったら、やってくれるんですか？」

「太田社長の保証さえあれば、それはもう」

　松山専務はもみ手をせんばかりである。

　私は、松山専務に頼んだ。

「そしたら私、太田社長にお願いしてみます。内容の説明もあれやし。支社長、あなたいっしょに行ってくれますか？　あなたから太田社長に頼んでください」

　松山専務は、おもむろに口を開いた。

「わかりました。太田社長が保証さえしてくれたら、十五億円出しましょう」

　私はさっそく、東京・渋谷の東邦生命本社に向かった。松山専務も一緒だ。

　社長室へ通される。その場で松山専務本人が太田社長に「保証が欲しい」と要請してくれた。

「あ、そうですか。わかりました」

　太田社長は即答した。

「じゃあ明日、八木さんのところへ正式にお願いに行きますから。九時にお会いしましょう」

　太田社長はそれ以上、一切の言葉を発しなかった。もちろん、条件など一つもつけない。東急建設専務を完全に子供扱いしてみせた。こうなると、さすがの松山専務も形無しである。

《筆者＝大下は、『小説東急王国』を週刊誌の『サンデー毎日』に一年にわたり連載し、のち上梓している。当時の東急グループのトップにはすべて取材したもので、東急建設の社長も務めた八木勇平にも取材した。八木社長は、東急グループ二代目総帥の五島昇の異母兄にあたり、東急グループでは絶大な力を持っていた。後に五島昇は息子の哲を後継者とすべく東急建設に預けた。八木の指導の下、帝王学を学ばせるためだ。》

翌朝、私は八時半に東邦生命に立ち寄り、太田社長と合流。そのまま東急建設本社に向かった。

本社では、太田社長が口にした「八木さん」こと八木勇平社長と松山専務の二人が待ち構えていた。

これはただの社長ではない。私は八木社長を一目見て、そう直感した。貫禄が違う。

八木社長と太田社長が会う以上、もはや十五億円の融資は決まったも同然、「ノー」はない。

会談の席上も、金の話は一切出てこなかった。終わってみれば、三十分ほどお茶をよばれながら、雑談をしただけである。

八木社長はトップらしく、細かい手続きには介入しない。

「松山くん、あとは頼んだよ。太田社長がそうおっしゃってるんだから、現場でちゃんと対応してくれ」

これでお仕舞い。東邦生命社長の太田清蔵の保証が取れたことにより、十五億円は翌日に即実行された。厳密に言えば、「裏保証」。

それにしても、「東邦生命」「太田社長」のブランド力は絶大である。太田社長のおかげで懸案が一つ片付いた。

再開発は東急建設大阪支社の手に余ったこともあり、竹中工務店との共同企業体で手掛けることになった。土建業はもともと私の本業。ゼネコン二社とはウインウインの関係を築くことができた。

ご承知の通り、竹中工務店は大林組と並んで大阪を地盤としている。こうした企業が地元で進める工事に東急建設のような東京発の準大手ゼネコンがメインで入っていくのは容易ではない。どうしても一枚噛みたいのであれば、竹中や大林の風下に立つしかあるまい。実質的な「下請け」となり、仕事をもらうのだ。ところが、阪神裏の再開発では地の利を生かせるパートナーとして東急建設が竹中工務店を指名した。異例の構図である。

## 五代目山口組若頭補佐古川雅章組長

私と特別な縁があった古川組初代組長の古川雅章について触れておかなければならない。私は「古川組相談役」とさえ言われた。

古川組長と面識をもつきっかけとして尼崎に事務所を持つ右翼団体の日本塾の名前を挙げる。

日本塾初代塾長の包國春雄は、沖縄県出身で、かつて丸三組の組員時代に古川組長の兄貴分だった人である。包國塾長率いる日本塾は関西一といってもいい右翼団体だった。この世界では長老的な存在でなかなかの本格派である。

日本塾が勢力を誇っていた背景には、包國塾長の前歴がある。丸三組という武闘派組織に身を置いていたこともあって、いつでも兵隊を調達できる。子飼いの構成員以外にも動員できる別働隊が確保されている。これは強みである。

この日本塾の傘下にあった新日本育成会という右翼団体の会長だった谷辺繁道があるとき私のところにやってきた。谷辺は私にとっては兄弟分みたいな存在だった。

「兄貴がちょっと、顔見てお茶でも飲みたい言うてんねんけどな」

谷辺が「兄貴」と呼ぶのは包國塾長である。いっしょに来いということらしい。

「何やねん」

「いやいや、まあとにかく、前から『会いたい、会いたい』言うとったし」

「じゃあ、何かややこしい話か」

「いや、俺もいっしょに行くし。ちょっと行ってくれ」

包國塾長の話は、以前から聞いていた。

「いや、どうせ会いたいと思っとった人やし。行こうかい」

谷辺の提案に乗ることにして向かったのは、尼崎の戸ノ内。包國塾長の事務所ではえらく歓待され応接間でひとしきり四方山《よもやま》話をした。

一段落したところで、包國塾長が言った。

「それはそうと、古川呼んでねんけど。ちょっと会うたってくれんかな」

包國塾長と古川雅章組長の上下関係は、その瞬間にわかった。まさか古川組長を紹介されることになるとは思ってもいなかったが、目の前にいる包國塾長がそう言っている以上、「いや、会えません」と断れるものでもない。

「わかりました」

包國塾長が呼ぶと、古川組長はすぐに応接間に入ってきた。上背はそれほどない。だが、胸板は厚かった。服の上からでも筋肉質なのが伝わってくる。

古川組長は利かん気丸出しの顔をしていた。見るからに「怖い人」である。

「いやいや、初めまして」

お互いに握手を交わした。包國塾長も同席しているとあって、冗談話から会話は始まった。

私はそこでピンと来た。

古川組長の目的は「スカウト」である。私を自分の組に引き入れようというのだろう。力の論理にものを言わせて私を戦力にしよう。そんな意図が見て取れた。それくらいのことは私にもわかる。古川組の主な舎弟はほとんどが在日であった。だが、私はもともとヤクザ稼業でやって行く気はない。やんわりと断った。

「気が向いたら、いつでも会いに来てや」

古川組長は至極自然にそう言った。妙にフレンドリーなその響きと、同席した包國塾長の笑顔は今も耳と目に残っている。

五代目山口組で若頭補佐も務めた古川雅章組長は、昭和十年六月五日生まれ。もともと大平一雄率いる大平組のナンバー2として、実行部隊の中心人物だった。「イケイケのマーちゃん」と呼ばれた古川組長は大平組の実行部隊を率いて阪神から尼崎にかけての組織すべてに二者択一を迫っていった。いずれも一本独鈷《いっぽんどっこ》の老舗ばかり。一筋縄ではいかない組がそろっていた。

「傘下に加わるか、潰されるか」

結果として、大平組は大きく勢力を伸ばしていく。

古川組長という人間をあえて一言で括れば、「超武闘派」ということになるだろうか。実績のあるヤクザであることは間違いない。

どうやら古川組長は初対面で私のことを気に入ってくれたようだ。私は、たとえ気に入った相手でも、言うべきときは率直にものを言った。お互い相性がよかったのだろう。

その後、三、四日経ってから、私は、古川組長の入院している病院へ見舞いに出向いた。

実は、古川組長は抗争事件の際の殺人で懲役を打たれたが、八年の刑を残して病気のため執行停止を受けて病院に身柄を移されていた。

「いやいや、よう来てもろて」

古川組長は、満面の笑顔で出迎えてくれた。

三十分ほど雑談して、辞去する。

「また来ますわ。表、出られまへんのか」

「そんなもん、なんぼでも出られる」

「じゃあ、また食事でも」

古川組長はフグが好物だった。

「フグでも食べるか」

しばらくして、そんな誘いがあり、二人で食べに出掛けた。

その後、お互いに誘い、誘われて飯を食べに行く関係が何回か続いた。

そうこうしているときに、北新地の店に誘ったこともある。

「たとえ五分でも、ちょっと息抜きに行きましょうか」

古川組長は、なかなか粋な男である。

「一人ではあれやから。今度、同伴連れて行くわ」

本当に、親しい女性を連れてやってきたのだった。

住友信託銀行の話も紹介しよう。住友信託銀行は、当然、住友グループの中核的会社の社長によって構成される社長会である白水会のメンバーだった。

新大阪の駅の傍に住んでいた同和活動家を自称してガチャガチャやっている恐喝屋がいて、その彼が住友信託を根拠のないことで脅かしていた。

新大阪のホームから、彼の住むマンションの部屋のベランダ一面がまともに見える。そのベランダに、住友信託を誹謗する大きなノボリをかけている。

白水会の住友のトップグループの新年会のときに、そのノボリがまともに目に入ることが話題になった。

新年早々から白水会のメンバーみんなに不愉快な思いをさせることは、何としても避けたい。が、その恐喝屋は、いくら頼んでも、引かない。逆に脅かされて困っている。

私は、住友信託銀行の役員から相談を受けた。

「本当に、困ってるんです。自分が役員として、何とかしないといけない。会って説得しても、どうにもならない男なんです。警察もそれを阻止できないという。

本当に困っています。何とかなる方法はないでしょうか」

「わかりました」

人格者である役員が言うぐらいだから、余程に悪どい輩だと思い込み、内容もよく判らないままに引き受けた。

おそらく、その恐喝屋と金銭交渉の結果、桁がちょっと違っていたようだ。住友信託として、やっぱり対応出来る範疇を大幅に超えてしまったのだろう。まあ、何十億、何百億だったと思う。

それだけのものを買えとか、言ったのだと思う。

住友信託の桜井修社長としても、それが解決できないと、格好がつかない。これを止めることができなかったら、桜井社長が辞めなければならないというところまで精神的に追い込まれていた。

話を聞いて、調べてみた。これはまともに言ってもどうにもならない。もう、最後に殺すしかない。そこまでの腹積もりをしなかったら、話のつきようがない。どこかいいところで手を打ちましょう、なんて調子では話はつかない。この男には生きるか死ぬかしか選択肢はないところまで、私が逆に追い込まれてしまった。これは一旦受けた限りは住友信託銀行の問題ではなく私の問題である。私はこれを信条にして何にでもぶつかって来ていた。

〈殺すしかない〉

そう思って、十二月三十一日の大晦日に男のマンションに行った。ツレの男には、ちょっと用事があるからと具体的なことは話さず、車の運転だけ頼んだ。このツレはとにかくテンパっている男で、私がもし声を荒げたらその瞬間理屈なしに走ってしまうタイプだった。

東淀川のマンションに着いた。部屋番号は判っている。相手はヤクザ者ではないが、爬虫類タイプの執念深い疫病神。甘く見ては逆に返り討ちに遭うのは必然であった。

何度目だろうか、この緊張感は……。エレベーターが上がっていく中で私の頭の中はスッと醒めていく。妙な覚醒感が私を異次元に誘った。

呼び鈴を鳴らすと中から奥方の明るい返事が聞こえた。施錠していないらしく内側からすぐに扉が開かれた。己の持つ背景を武器にして行政や大企業を相手に脅迫を繰り返す男の、逆に攻められることなど露とも考えない傲慢さからくるものなのだろうか。

「こんばんは！　社長に挨拶ありまして！」

言うなり靴を脱いで、案内もなしに勝手に2LDKの奥の部屋に入っていった。奥さんや子供には修羅場は見せられないなぁという気持ちが頭によぎったが、もう後戻りはできない。本人は炬燵に入ってテレビを観ていた。突然の闖入者《ちんにゅうしゃ》に怪訝《けげん》な目を向けている。奥方は私の後ろで慌てていた。

「いやぁ、社長今晩は！　ちょっと私も寒いから炬燵に入れたってくださいな！」

と私は本人とテレビの間の正面にドカッと音がするほどの勢いで座りこんだ。瞬間、部屋の空気が凍り付いた。奥方も後ろで固まっているのが雰囲気でわかる。しかし敵もさる者、若い時分に田舎で人でも殺めているのか、全てを悟ったのであろう。

「おい、お茶でも出してあげてくれ！」

「はい！　何か温かい汁物でも用意しましょうか？」

「いやいや奥さん、お茶だけで結構です。お構いなく」

この短いやりとりだけで決着が着いてしまった。私の覚悟を瞬間に悟り、結論を出したのである。

奥方は子どもたちを急ぎ呼び寄せ、お茶の用意のためにその部屋を出ていった。

# 第四章　力対力のせめぎあい

## 東急建設の神戸屏風谷事件

東急建設専務取締役兼大阪支社長の松山信雄にとって、私といっしょに東京の東急建設本社の八木勇平社長と東邦生命の太田清蔵社長が会談した経験は相当印象に残ったようだ。

このとき生まれたつながりがあったからこそ、神戸の屏風の谷の事件で脅された際、私に「ＳＯＳ」のサインが届いた。

神戸・屏風谷の事件の経緯はこういうものだ。

兵庫県や神戸市の主だった公共工事に多大な影響を持つ滝口栄子（仮名）というすさまじいやり手の女性実業家が、その屏風谷の土地を東急建設に四十億円で買わせようとしていた。

ところが、東急建設は工事は欲しいが、その土地の開発主体などは到底考えられないようなハイリスクの案件であった。滝口は女だてらに圧力団体や暴力団と組んで、従前に作成されていた開発計画の基本設計を、東急建設から依頼され作成したものだからその契約書に押印し七千万の設計料を払えという作戦に出たのである。

当時、東急建設の松山専務の下に、実に有能な副支社長がいた。辣腕の営業畑出身者として業界では知らない者はいなかった。

事件が発生したのは、昭和五十七年の十二月二十五日。

松山専務から、私の秘書の坂本に連絡があった。

「『直接私に連絡するよう会長に伝えてほしい』とおっしゃってます」

坂本からの電話を受けた私は「わかった」と短く答え、さっそく松山に電話を入れた。

「どうしたんですか」

問い掛けると、松山専務は動揺を隠しきれない口ぶりでうめくように言葉を吐き出した。

「会長、神戸の滝口栄子さんを知ってますか」

「いえ、知りません。何ですか」

「副支社長が、その滝口さんのところに呼ばれて行ったものの、『契約書に判子つくまで帰さん』と言われてね。『助けてくれ』って、副支社長が私に言うてきてるんやけど、どうしたもんやろ」

話の筋が一向に見えてこない。

「何のことですか、それ」

「いや、自分もよくわからないんです。わからんけども、その滝口さんというところへ私が行かんならん。とにかく向こうの言うた通り、契約書に判子を押さん限りは副支社長の身柄は押さえられたままや。私に、来てくれて言われてるんやけど、一人でよう行けん。行ったら、判子を押さないかんやろう。そんなことしたら、自分ら、特別背任でえらいことになる」

ようやく、おぼろげな全体像が見えてきた。だんだん焦れてくる。

「で、結果的に何なんですか。脅かされているんですか」

「……そうなんです」

私は、東急建設の単なる下請け会社ではなかった。神様のような存在の太田社長が東急建設の八木社長に直接会い、半端者でしかない私という人間を保証して頂いた関係である。いわば恩人である。どんな難問題であってもそれは当然の事として無条件に引き受けねばならない。

そうと決まれば、話は早い。

「先方の住所と電話番号を教えてもらえますか。専務は行かんでええです。私一人で、何とかしますから」

私はその足で神戸の御影へ飛んだ。

自動車にナビゲーションシステムが搭載されるはるか前のことである。私の車を運転している人間が道を聞きながら滝口の家を探していった。

ついに突き止めたのは、巨大な邸宅であった。

後日聞いたところでは大林組が竣工した屋敷らしい。総工費は七億円とも十億円ともいわれている。

御影といえば、神戸の山手にある誰でも知っている高級住宅地。芦屋の六麓荘も有名だが、また印象が違う。それほど山を登っていかなくてもいい。とにかく環境のいい、理想的な住空間だ。

滝口が住まう家はその中でも異彩を放つ大豪邸であった。

私は、その邸宅のインターホンを押した。少しして要領の良さそうな遊び人風情の優男が現れ邸内に案内した。

私が玄関に入ると。そのまま五十畳もあるリビングに通された。

リビングの正面中央に置かれた巨大なソファーに両腕を乗せた相撲取りのような女性が、いきなり大声を出した。

滝口栄子であろう。

「あんた、何なの?!」

「ワシは、大阪で小さい土建屋をやってるもんです。東急に下請けさせてもろうて飯食わせてもろうてまんねん」

応接のソファーに東急建設の副支社長であろう男が憔悴しきって座っている。

私は滝口に言った。

「設計依頼もしたことないのに、契約書を今頃作って印鑑押せいうのはちょっと無理でしょう。印鑑押せいうのは堪忍してもらえまへんか。何か副支社長を『帰さん』ということらしいけど、そういうわけにいかんしね。ちょっと、副支社長を連れて帰りたいんで。よろしくお願いします」

滝口が私に鼻であしらうように言った。

「あんた、私のこと何も知らんみたいやな。あんたみたいなもんが出てくるとこやない。ケガせんうちに早く帰り」

次の瞬間、滝口が座るソファの背後の扉が開いた。ぞろぞろと人相の悪い男たちが十五人ばかり出てきた。さすがに面倒なことになりそうな予感が胸を突き上げてきた。

手下は言った。

「会長が言われた通り、うちらは判子ついてもらうまでは、副支社長を帰すわけにはいかんのや」

「会長」とは、滝口に他ならない。あとでわかるのだが、滝口は兵庫県下では知らない者はいない有名人。一言でいえば、「怖い人」である。

「俺はこういうものや！」

先頭中央に立つ男は、背広の内ポケットから名刺を取り出し、ポンと私に突きつけた。山口組の金色の菱形マークが入っている名刺には山口組系列団体の『S会』の副会長とある。

この時代、山口組傘下の組織ではS会は別格の存在だった。滝口のバックには、このS会がついているというわけだ。

その副会長は、私を完全に子供扱いにした。

「あんたらが出るような話とちゃうで。十年早い。この事案は、大阪の建設会社のK社と一年がかりで組織挙げて仕込んでる仕事や。これはやっぱり、契約してもらわんといかんのや」

副会長は、こちらを舐め切って言った。

口調に憐れみのようなものさえ感じられる。

「ああ、そうですか。いや、まあ、わかりました。けど、ワシも、このまま帰るわけにはいかん。ワシも相談したい人がおるから。ちょっとだけ、待ってください。すぐに帰ってくるから」

そう言い残し、滝口邸を辞去した。

その足で、尼崎へ車を飛ばした。行き先は、古川雅章組長が入院している病院である。

私は、車を走らせながら、私の事務所に電話をした。

「五百万の袋を六つ、すぐに作れ。ほんで神戸の御影に向かって走れ。直ぐや」

古川組長は、抗争事件の折、殺人で懲役十年の刑を打たれ、服役中であった。

「肝臓が悪い」「糖尿病だ」ということで執行停止を取り、病院に入ることができていた。娑婆《しゃば》にはいるものの、保釈でも何でもない。刑は確定しているが、健康上の問題で入院しているだけのことだ。おおっぴらに外を出歩くことなどできはしない。

私は、病院に着くと、古川組長によくよく事情を説明する暇もないまま、こう言った。

「ちょっと親方、頼みがおまんねん」

「なんや」

「急ぐから、とにかく車に乗って下さい！　走りながら、話はしますんで」

古川組長は私のことを全面的に信用してくれていた。

古川組長は、よくわからないままガウンを引っ掛けて院内スリッパのまま車に乗った。

私は、車の中で、横に座った古川組長に事情を説明し、頼み込んだ。

「親方、ちょっと御影まで行ってもらわなあきまへん。相手がS会だけに、なんぼの金がからんでることかわかりまへん。今、大阪に言うて、五百万円の袋を六つ用意させとる。いっしょに手を組んでるK社とは、私自身、話ができる。もう一組は解放新報社をやっている北川の兄弟やから、戸ノ内に言うて下がってもらうしかない。S会もゴチャは向こうやから自動車代渡して終わりにしましょう。それがよろしいわ」

古川組長は、さすがに飲み込みが早い。

「S会の誰や」

「いや、名前もよう知らん」

「誰かな……」

古川組長はあれこれ思案しているようだった。古川組長は事が起これば生きて娑婆にもどることはないと極道を達観していた。こうなると、怖いものはない。

そうこうしているうちに、御影に到着した。

古川組長と私を乗せた車は、滝口邸門前に到着した。

私は、古川組長と、またも応接間に通された。

## ガチンコ勝負

私たちを取り囲む滝口ら一同の顔には「どこのおっさん連れてきたんや」と書いてあった。

この場にいたS会の面々は、古川組長の面相を知らない。古川組長は十年社会不在で病院暮らし。現場を離れてからそれだけ経てば顔を知らないものがいても当たり前である。名前を聞けば、わかる人間もいるだろう。だが、顔を見ただけで「古川の親分や」と合点が行くような古株はそこにはいなかった。

滝口は、止め置いている大阪副支社長に尋ねている。

「誰や。なぁ、この方、どちらさん？」

どちらさんもこちらさんもあったものではない。副支社長も首をかしげるばかりだ。

今度は、古川組長が逆に尋ねる番だった。

「誰や、お前」

居合わせたS会構成員の中で最も格上に見えるS会の副会長は、一瞬たじろいだかに見えた。

「お前、すぐに、兄貴のところに電話せえ」

「兄貴」とはS会の会長だ。古川組長は会長を「兄貴」と呼んでいた。

S会の面々をはじめ、滝口側の人間も、さすがにこのへんで察しがつき始めた。S会の会長のことを、「兄貴に電話せえ」と言い切る。しかも、頭ごなしにえらい剣幕で、だ。「伯父貴」や「会長」ではない。「兄貴」である。

一党の顔色に、変化が見られ始めた。明らかに気圧《けお》されている。

私には下っ端が小走りで電話をかけに行く姿が妙におかしかった。

S会長が、電話口に出たようだ。

「親分、ちょっと変わります」

事情の説明など一切ない。

古川組長は受話器を手にするなり、こう言った。

「おう、兄貴、ワシや」

一党は静まり返っている。

「なにしろ、ワシの大事な先でな。話の中身は何もわからんけど、とにかくとどめ置かれてる男をこのまま帰らすように、兄貴、言うたってや。何や、ワシのこと知らんみたいやし」

古川組長は、一気呵成にまくしたてると、受話器をS会の副会長に手渡した。

受話器を受け取った副会長は、電話の相手であるS会の会長に直立不動で平身低頭だ。

「はい、はい。わかりました、わかりました」

電話を切った瞬間、対応は一変した。

「まったく存じあげんで。失礼しました」

古川組長は、鷹揚に微笑みながら尋ねた。

「いやいや。とにかくまあ。で、Mは元気しとんのかい」

S会の旧知の古参幹部の名前Mを挙げながら、近況を問うた。

「え、あのー、元気やと思います」

「まあ、よろしゅう言うといて。ワシも病院長いしな。まあ頑張れよ」

まるで喜劇である。大逆転といっていい。

山口組の中で一目も二目も置かれていた当時のS会。イケイケの集団を束ねていたS会長はバリバリの現役である。そのS会長と対等に口を利くのが古川という男であった。

男惚れというのだろうか。その頃の古川組長には何ともいえない色気があった。男の私ですら、「かっこええなあ」と見とれそうになる。

私は、あっけにとられている滝口に言った。

「滝口さん、あんまり無茶したらあきませんで。これ、預かり賃。これで手を引いて下さいや」

私は用意してきた五百万円の束を五束置いた。

「これ北川さんの分、これ岸さんの分、これS会長の分。それでこれがあんたの分です。これできれいに終わりにしてな！」

滝口は黙り込んでしまった。

私は、古川組長を病院に送り、古川組長に五百万円の一束を渡した。

今後を見通してみても、滝口やS会が何かちょっかいを出してくることはまず考えられない。

余談だが、後年、姫路の港にある男が水死体で浮いた。元ホストでつい最近移住してきた男だと新聞に載った。ふと気になりその記事をよく見てみると、滝口邸の玄関から案内してくれたあの優男だった。瞬間、滝口が殺させたなと思った。

こうしてこの件はきれいに終わった形だったが、のちにとんでもない事件が起こる……。

私と古川組長とのつき合いは、北新地のクラブがお客さん相手に行うゴルフコンペが中心だった。月に一度、ラウンドをいっしょに回って、しばし歓談するのが楽しみだった。

会場となるゴルフ場は、月ごとに変えていた。そのときは茨木国際ゴルフ倶楽部にいた。

繰り返しになるが、古川組長はこのとき、まだ懲役の刑期が明けていない。本来はおおっぴらに外を出歩いてはいけない身である。だが、ゴルフに興じ、楽しい半日を過ごしていた。

このゴルフコンペが、思わぬところから大きく流れを変えることになる。ゴルフ場に提出するメンバー表が発端だった。参加者の本名がすべて書かれていたのだ。

警察や検察のような捜査機関は、市中に情報を取る係を巡らせている。古川組長は大阪地検に身柄を押さえられた。

古川組長がふたたび収監されたのは、昭和五十八年五月のことである。

その日のコンペに、私は参加していない。仕事で東京にいて、大阪に帰る都合がつかなかったのだ。

「ちょっと、いっしょに回っといてくれるか」

事務所の人間に代役を命じておいた。このことが、後に古川組幹部の心証を悪くする結果を招く。悪い勘ぐりを生んでしまう。

とにかく、いろいろな人間関係のもつれがあった。この頃、古川組の若頭を務めていた人間は私と同じ在日の同い年。ある種の競合関係にあったから、余計にややこしい。

私は、古川組の周辺では主だった人間にすべてつながりがあった。事情をよく理解していない者が見れば、こんな絵図が浮かんでくる。

許永中は実質的な古川組の支配権を狙っている。組長に接近した目的は、古川組の乗っ取りだ、と。

入院中の古川組長をたびたび連れ回したのもよくなかった。本来、表を歩いてはいけない古川組長が、私とならどこへでも出掛けていく。北海道まで二泊のゴルフ旅行に行ったこともある。

「そっとしておいてもらわなあかんのに。あの人、親分をあんなに引っ張り回して。何かあったら、どうすんねん」

古川組内部にそうした声があったのは事実だ。また、長い懲役を務めて来ている古参幹部の中にも私の存在を疎ましく思う者も複数おり、彼らが私が古川組そのものを乗っ取るつもりで、古川組長を収監せしめたということで、私のケジメを取る！　と息巻いてもいたらしい。

古川組長は当時の山口組の本流と云われた安原会一門であったことから、その中には古川組長個人を信奉する者が多数いた。山建組も安原会の一門である。大阪地検は古川組長の身柄を押さえた。周囲は騒然となった。無理もないことだ。

その報せが入った私の事務所も、騒然となった。肝心の私はすでに話した通り、東京で身動きが取れない。

翌日の朝一番に中崎町の事務所に、古川組長の二番目の奥さんが東京から戻って来ていた私を訪ねてきた。

古川組長は、当時、三台の車を所有していた。車種はロールスロイスとベンツ、BMWだ。

古川組長は、娑婆を離れる前に、こう言った。

「形見分けではないが、この三台を三人に分け与えたい」

古川組長には、必ず元気で帰るけど、八年の刑は変えられない、との思いがあったという。こう伝えてくれとのことであった。

「その間、この三台の車をずっとここに置いとってもしゃあないから。このロールスは、専務に乗ってもらってくれ。ベンツは、十四年懲役に行って帰ってきた大島にやってくれ。ＢＭＷは、息子の恵一にやってくれ」

小さい身体で八年間の刑は辛いが、私のことを心配してくれてロールスロイスを分けてくれたのだ。

古川組の今後については私がすべての段取りを組ませてもらった。古川組長が娑婆を離れている間、何か事があっては申し訳が立たない。人事も含め、組長不在の体制を決めてもらった。

組の人間ではない以上、私がその話し合いに加わるわけにはいかない。すべてを決め、古川組長収監の翌日から「用意、ドン」で古川組を再スタートさせなければならない。そして、それは現実のものとなった。

考えもしないことが実際に起きてしまった。私にできることはそれくらいのものだ。

とにかく古川組長を勇気づけなければならない。そのうえで元気で組に帰ってきてもらうこと。その気概さえあれば、刑務所の務めも何とか果たせることができるだろう。

私がもう一つ危惧していたのは、医療の面である。役所が提供する刑務所のケアでは古川組長の身体はとても持たない。

古川組長は糖尿病から始まって、この頃は肝臓や腎臓にも不調を来たしていた。取るものも取らず、私は東邦生命の太田社長の元へ飛んで行った。

太田社長は、ある人物を紹介してくれた。元法務官僚で、最高検察庁の総務部長を務めあげて、当時は東邦生命の顧問になっていた。

古川組長の件のいきさつを打ち明け、率直に用件を切り出した。

「そういうわけで古川組長にはえらい迷惑かけてもうたんです。持っていかれんでいいのに、持って行かれてしもうたんです。このままでは中で死んでしまいかねません。そのためには、とにかく刑務所の投薬ではなく、今病院で処方されている薬をそのまま受けさせてやってもらえないでしょうか？　先生、何とか人道問題として方法はないでしょうか？」

彼は私の目を見ながら答えた。

「わかりました。今の矯正局長、自分の後輩です。東京から連絡を出して大阪刑務所の所長に、自分が会ってきます」

彼は翌日、早くも動いた。

私も大阪刑務所に同行したが、もちろん中には入らない。外で待っていた。

彼は、所長室で所長に会った。所長は、それはもう下に置くことはない。古川組長は、すぐに所長室に呼ばれたらしい。古川組長からいろいろと事情を聞き、次のようなケアを実施することになった。

「月に一度、古川組長に大阪大学医学部附属病院の診察を受けさせる」

「今まで飲んでいた薬と同じものを、外から中に入れさせる」

「月に一度、弁護士の『特別面会』を認める」

今振り返っても、感心する。よくこれだけの好条件を引き出せた。それもこれもすべては太田社長のおかげである。

こうした働き掛けの成果もあり、古川組長は務めを無事こなしていった。三年の間に体重も落ち、体力も戻ってきていた。

## 「全国指名手配」の犯人にされた

東急の屏風谷事件は、終わっていたはずだったが、半年後に古川組長がゴルフ場で逮捕され、収監される。娑婆に古川組長がいなくなったことで、滝口栄子というおばはんは、怖いものがなくなったようだ。

滝口栄子にしてみれば、逆に脅され、手を引かされた。もちろん、悪いのは滝口に違いない。だが、結果的には泣き寝入り。踏んだり蹴ったりの話であろう。

このまま引き下がるわけにはいかない。東急建設に一矢報い、「滝口栄子ここにあり」と土建業界に誇示する。そのうえで業者が再び「滝口詣で」をするように仕向ける必要があった。

そこで、一計を案じた。これが滝口の「被害届」に繋がっていく。「被害」といっても、もともとは滝口が東急建設を脅したことに端を発している。何をもって「被害」というのか。

敵もさる者で、悪知恵を働かせた。誰が耳打ちしたかは知らないが、「得るべき利益を失わせた」と、いう論法を持ち出して来た。

滝口によれば、「屏風の谷」を東急建設に売るに当たって、設計料だけで七千万円ほどかかったという。取引が流れたおかげで東急側から滝口に入るはずだった金もおじゃんになった。脅され、手を引かされたというわけだ。これで「七千万円の恐喝」が成立した。

古川組長が大阪刑務所内で再逮捕され、兵庫県警に身柄を移され、取り調べを受けた事実を私は東京で知った。

その日昭和五十八年四月十九日、たまたま大阪を離れ川奈でゴルフをしていた。

「永中さん、あんた、新聞に出とるぞ。えらいこっちゃ」

知人からの電話に、私は思わずこう呻いていた。

「何言うとんねん……」

取るものも取りあえず毎日新聞のその日の夕刊を開いてみた。

「東急グループの一つで一部上場会社の『東急建設』（本社・東京、八木勇平社長）が、神戸市内の山林買収をめぐり、殺人罪で実刑判決を受けながら病気を理由に執行をのがれていた暴力団山口組系組長らを使って、同市内の不動産業者に、土地買収をめぐる約七千五百万円の請求を断念させるよう脅していた疑いが強まり、兵庫県暴力対策二課は十九日朝、強制捜査に着手、同社大阪支社（大阪市北区）の支社長と副支社長に任意同行を求めて取り調べるとともに、組長を恐喝容疑で逮捕した。――逮捕されたのは尼崎市武庫元町一の四の一、山口組系古川組長、古川雅章（47）で、指名手配は古川の知り合いの池田市旭丘一の七、不動産業『寛永』元社長、藤田永中（36）」

この事件を報道で抜いたのは、毎日新聞阪神支局の記者らしい。兵庫県警とお互いに「これは大ホームランやな」と称え合っていたらしい。なにしろ、東証一部上場の準大手ゼネコン・東急建設と五代目山口組若頭補佐・古川雅章、そしてその頃、飛ぶ鳥を落とす勢いで社会に名前が出ていた許永中と三つの固有名詞が「加害者」の側に並ぶ記事である。

初期投資として突っ込んだ七千万円は回収できるというのが滝口の主張。これが「得るべき利益」である。もちろん、警察には東急建設大阪副支社長の拉致や脅迫の事実は、伏せてある。

この事件で私も初めて知ったことがある。「この土地を買え」と具体的に脅した事実がなくても、恐喝罪は成立するというのだ。

買うという約束があっただけにせよ、滝口のおばはんはそれを元に設計や調査に一千万程はつぎ込んでいたらしい。それを七千万円にふくらませて東急側から騙し取って土地売買への布石としようとしていた。その金が取れそうだったところに、私と古川組長が乗り込んでいった結果、チャラにされた。「得べかりし利益を失わしめた」、逸失利益が発生したことをもって、恐喝であると判断されたのだ。

私も古川組長も、滝口のおばはんからは一銭も受け取っていない。要求もしていない。むしろ、脅していたのはおばはんの側である。にもかかわらず、私たちには恐喝の容疑がかけられた。この国の法律もよほどどうかしていると言わざるを得ない。

兵庫県警本部はこうして私を全国指名手配した。無論、神戸地方検察庁の了承を得てのことではあるだろう。

東急建設事件とはいうものの、私も古川組長も実際に名を連ねている。私に限っていえば、生まれて初めて「全国指名手配」の犯人に仕立て上げられた。全国紙やテレビでも顔写真つきで大きく報じられた。

見出しは大きく「恐喝」と謳っている。肩書きがまた振るっていた。古川は「殺人組長」で、私は「古川組相談役」。よくそんな言い回しを思いつくものである。当時はまだ「フロント企業」「企業舎弟」という言葉がなかった。「殺人組長」と「古川組相談役」が準大手ゼネコン・東急建設と結託して、不動産会社を経営する女性・滝口栄子を脅したのだ。これだけ舞台装置が揃っていれば、メディアが飛びつかないわけはない。

写真は帽子を取ってのバストアップ。毛髪の状態は現在とさほど変わらない。

体重は当時百キロを超えていたので、この点は今と大きく異なる。

ともかく、私がこれほどみっともない目に遭ったのは、後にも先にもこの事件だけである。

ただ、私にはまったく腑に落ちない話というしかない。指名手配はされたものの、何も事件らしいことは起きなかったからである。

古川雅章組長も大阪刑務所から呼び出された。私はそのまま川奈ゴルフでプレイし、近場の温泉で県警の対応を見ていた。

東急建設の副支社長も拘留をされていたので、事の真相はすべて早晩明らかになるものと思っていた。

東急建設本社にもガサが入っている。後日知ったことだが、このガサ入れに激怒した組織があった。渋谷警察署である。渋谷署の私服が出張ってきた兵庫県警の面々を怒鳴り上げる一幕もあった。

渋谷の「東急村」で門番の役割を果たしているのは、警視庁の所轄・渋谷署である。そのシマ内で兵庫県警にガサをかけられたのでは、面目は丸つぶれ。まったく格好がつかない。

激昂する渋谷署幹部を、兵庫県警は平身低頭でこういなすのが精一杯だった。

「こっちも一旦東京まで来てしまっていることやから。形だけでも何とかガサ入れしたことにさせてもらえんやろか」

そもそも兵庫県警はガサ入れするのに、札（逮捕状）の一枚も持って来ていなかった。これでは渋谷署が怒り狂うのも無理はない。

渋谷署と兵庫県警は揉めに揉めた。結局、渋谷側が折れる形でガサ入れは「形だけ」実行されることになる。

私はその間、川奈で十日間もふてくされていた。

「すぐに答えは出るこっちゃから。放っとこう。指名手配をかけられようが、何やろうが、何も警察の取り調べなんかに応じる必要はない！」

周囲にはそう話していた。

案の定、ものの三日も経たないうちに、兵庫県警内部でも「事件」の実態が明らかになった。

「何や、これ。えらいことや。渋谷署には『事件や』と言うてしもうたで」

上を下への大騒ぎとなった。

私も悠長に構えているわけにはいかなくなった。東急建設の松山信雄専務からも、懇願された。

「藤田さん、とにかく事件の関係者は全員取り調べに応じて、事件性のないことははっきりしている。古川組長の身柄も大阪刑務所から兵庫県警に移されていることだし。ここは藤田さんの供述が取れないことには、この帳場を閉められないらしいんです。何とか出て来てもらえませんか?」

ここはしかたないと私は重い腰を上げた。川奈を出て、兵庫県警に出頭することにした。

〈古川の親方さんも来てるこっちゃし。これは久々に会えるな〉

私の頭の中には取り調べへの不安など微塵もなかった。むしろ、古川組長との再会を喜びながら、箱根の関を越えたのだった。

実際のところ、兵庫県警での取り調べは何ということのないものだった。何しろ、私は古川組長を現地状況調べの際に庁舎の外へ同行し、捜査員共々七輪を囲んで焼肉を食ったり、古川組長の好物の寿司を食ったりと、県警も不手際の埋め合わせに至れり尽くせりであった。

大阪刑務所から兵庫県警へ、所管官庁で言えば法務省から警察庁へ身柄を移された古川雅章組長。病身にもかかわらず、無理を強いる兵庫県警に私は噛み付いた。

「この人がここで倒れたら、どうなんねん。そのまま緊急入院ちゃうんか」

私服は押し黙ったままである。

ともかく、兵庫県警が当初想定していた絵図は描けなくなった。私は発想を転換することにした。

「ほんなら、事件作らなしゃあないな。県警と地検もマスコミと手を組んで作ったんやから。作ってまうか、これ」

古川組長の身体がこちらにあるうちに事件を作り、少しでも長い間娑婆にいられるようにする。これが私の狙いだった。何しろ、塀の内と外では暮らし向きがまったく違う。一八〇度異なると言っていいだろう。

古川組長には自由に振る舞ってもらうことにした。実際のところ、古川組長は旧知の人間たちに電話をかけたり、組の人間にも電話をしたり、好き放題に自由を謳歌していた。

兵庫県警はそれを黙認するしかない。それくらいの大チョンボをやってのけたのだから。しかも、それを私一人に被ってくれという。「貸し」とはそういう意味である。

こちらとしても、東急建設が泣きを入れてきている以上、仕方がない。調子が悪くなってきた以上、これまで県警と地検が描いてきた「絵」は通用しない。そこで、私は思いついた。

「よっしゃ。新しい事件、作ったろ」

私はさっそく、古川組長と兵庫県警幹部に相談をした。とにかく目的は県警に古川組長の身体が置ける状態を可能な限り延ばし、その間に体調不良が生じれば執行停止で入院にまで持っていく。

「絵」はこうだった。

古川組長の自宅の門を潜り、玄関に向かう途中に物置がある。その下に、ある「機械」を埋める。「機械」は短いものではなく、できれば長いほうが望ましい。「バリバリッ」と音を響かせ、弾丸を飛ばす「機械」、そう、自動小銃である。

古川組長の線でM16自動小銃を調達し、物置の下に埋める。この銃は組の若い衆が古川組長宅に当番で来ていて、その後事故で死んだ者が埋めたという設定にした。

兵庫県警は古川組長宅にガサを掛けた際、「偶然に」この銃を発見。当然、押収する。自宅からこんな物騒なブツが出てきた以上、警察としては管理責任者の古川組長に事情を聞かなければならない。

取り調べの期間は古川組長の身柄は兵庫県警にある。この間に時間稼ぎをし、古川組長の容態が悪化したことにする。あわよくば、執行停止に持ち込んで、そのまま入院させればいいではないか。とにかく古川組長を刑務所に帰らせないことが大事だ。私はそう考えていた。

よくできた「絵」である。だが、結論から言うと、この仕事はうまくいかなかった。県警幹部とも入念に打ち合わせをおこなったにもかかわらず、である。兵庫県警のアホさ加減にはほとほと参った。えらいことをしてくれたものだ。いくら打ち合わせ済みの出来レースといっても、段取りは踏まなければならない。古川宅のガサ入れなのだから、まずは玄関から家に入り、隈《くま》なく探すふりをする必要がある。その後の流れの中で物置を探している最中に「出てきた」となれば、上首尾である。

ところが、ガサ入れ当日、兵庫県警の動きは異常だった。古川組長宅の門を入ると、玄関には向かわず、物置めがけて直進していく。背後にはメディアの記者たちが続いている。

いきなり物置の下を掘り起こし、「銃が出てきたぁ！」と大音声。これを事件にしようと言うのだから、恐れ入る。

それにしても、兵庫県警はアホである。勇んで古川組長宅に突っ込んでいくのは、まあいいだろう。門を抜けて、そのまま物置の下をめくってどうするというのか。これでは出来レースもいいところである。付いて行ったマスコミの連中も「おかしい」と思ったに違いない。

神戸地検は、そんな兵庫県警の捜査能力を端《はな》から信用していないところがある。取り調べでも、情報はすべて独自に取る。事実関係の確認さえ、一からやり直すほどだ。地検も早い段階から茶番であると気づいていた節がある。

神戸地検がこんな見え見えの茶番劇を看過するはずがなかった。県警のずさんな捜索を見て、

「こいつら、やりよったな」と見抜いたのだろう。

神戸地検は押収した銃を「偽物」「模造品」と断定した。古川組が用意したせっかくの本物はプラスチック製のおもちゃと見なされた。メディアも、地検に歩調を合わせる。こうなると、県警幹部が描いた「絵」は根底からデッサンが変わってしまう。

とはいえ、古川組長宅へのガサ入れは一応新聞記事にはなっている。兵庫県警

の絵図通りに「山口組幹部宅へ強制捜索」「Mライフルを押収」と大見出しが躍った。

　現場取材では「おかしい」と感じても、いっせいに横並び報道をせざるを得ないのが、記者クラブの性《さが》である。この後、神戸地検が「銃は偽物」と断定。全社が「誤報」を飛ばす珍事となった。

　結局、東急建設の一件での取り調べが終わると、古川組長の身柄は大阪刑務所に舞い戻された。私の作戦は水泡に帰したわけだ。

〈許永中の噛んでいる一件だ。何か企んでくるに違いない〉

　地検には当初からそんな読みが働いていたのかもしれない。M16の筋で起訴すれば、古川組長の身柄は拘置所に移さざるを得ない。一般市民のみなさんにとっては、どちらも大差ないだろうが、刑務所と拘置所の待遇には雲泥の差がある。ましてや、古川組長の病気はまぎれもない事実である。裁判の期間中、ずっと引っ張られてはたまらない、地検はそう思ったのだろう。

　とにかく骨折り損のくたびれ儲け。私は嘆息するしかなかった。

　この国の権力構造の中では、検察が「やろう」と思ったことで、できないことなど何もない。そんな当たり前の事実を今さらながら、思い知らされた。

結局、古川組長と過ごせた期間は十日間ほどだった。我々の描いた「絵」が実現しなかったのは残念だったが、それはそれでよしとしなければならないだろう。思いの外元気そうな古川組長の顔を見られて、私も安心した。

事件でも何でもない案件で指名手配をかけられたこちらこそいい迷惑。兵庫県警側もそれはよくよくわかっている。ただ、東急建設、古川組長、そして私の三者が無傷では警察の顔が立たない。

兵庫県警は、こんな理屈をこねてきた。

「許さん、無茶したらあかんで。なんぼおばはんが暴力団連れてきたからいうて、自分も暴力団連れて行ったら、いかんでしょう。日本は法治国家です。警察に言って来てもらわなあきません」

ここは暴力行為に対する処罰を厳密に適用させてもらう。「暴力行為業処罰ニ関スル法律」による罪で、罰金七万円を払ってほしい。これが兵庫県警の言い分だった。腫れ物に触るような扱いである。

「とにかくそれで収めてもらえませんか。ここは一つ、うちの『借り』にしておいて欲しい」

兵庫県警だけではない。神戸地検の態度もカーボンコピーそのものだった。そのときの担当検事の名前ももう忘れてしまった。まあ、そんなものはどっちでも構いはしない。

兵庫県警の課長は、ついに亡くなった山口組三代目組長の田岡一雄の名前まで出してきた。

「許さん、私は田岡さんとも差しでいろいろとお話をさせてもろてきた人間です。これからも何かお手伝いできることがありましたら、何でも言うてください」

ものの本には罰金の額が「二十万円」になっているものもある。私の記憶の中には「七万円」という数字しかない。その本の記述が正しいかどうか、私は知る立場にはない。まあ、何でもいいだろう。実際に私が納付したわけでもないから、確かめようもない。

いずれにせよ、この一件で「有罪」となったのは私だけだ。東急建設と古川組長には一切傷はついていない。「有罪」の中身のいい加減さについては、ここまで述べてきた通りである。

妙な話だが、その後大阪刑務所に入ったお陰で、古川組長の寿命は確実に伸びた。あのまま表にいて、不摂生で暴飲暴食の見本のような暮らしを続けていては、よくなるものもよくはならない。

ムショ暮らしで古川組長の体重は適正な水準に戻った。糖尿の数値も改善。脂も抜けたような風情である。ただ、「沈黙の臓器」腎臓だけはどうにもならない。

私がイトマン事件で拘留中に、古川組長は無事満期出所を果たした。亡くなった五代目は自ら徳島刑務所に足を運んで、規制が厳しくなっていた放免祝いを日本一のものとなるようにしてくれた。金が絡むと人格まで変わる亡き五代目であったが、私とのこの約束だけはきちんと守ってくれた。

そんなことがあってから私の保釈後、古川組長は網膜剥離も患っているとかで、私は順天堂大学医学部附属順天堂医院に入院させた。腎臓の移植手術を受けさせるため、渡米する際は私が段取りを受け持った。「人道的問題」として米国連邦政府は正式にビザを発給。成田空港から堂々と出発させた。サッチョウ（警察庁）の連中は、怒り心頭に発したことだろう。

私は古川組長が帰ってくる前に、イトマン事件で平成三年四月に身体を持って行かれる。古川組長から預かったロールスロイスはその後廃車にしていた。

古川組長の留守中、私は古川組事務所の拡大のため、事務所の隣の土地を買い足した。総工費五億数千万円をかけ、日本一の事務所を造っている。

古川組の若い衆も、とにかく増やせるだけ増やした。最終的には古川組長が収監されたときの三倍くらいの数にまで膨れ上がったのではないか。

そこまでした以上、世間も放っておいてはくれない。私には「古川組影のボス」というありがたくない異名がついて回った。生命の危険を感じることも多々あったし、実際に私を殺しにくる者もいた。私の盾となって、二人も殺されている。

なぜ、そこまでするのか。不思議に思う向きもあるだろう。古川雅章という人間を好きだったからだ。

だが、本質的には好き嫌いの問題ではなさそうだ。「自分自身との約束」を守りたかった。

古川組長から受けた言葉が、私には何とも重かった。

車を一台もらったことも、非常に重い。私は古川組長の出所に間に合うようロールスロイス・ファントムを別注して用意しておいた。市販の三倍はしたが、三倍返しは私にすれば普通の話である。気持ちの問題であった。ロールス・ロイスであるとか、高級車であるとか、そんなことはどうでもいい。「気持ちの借り」とでもいおうか、銭金抜きで感じる「重さ」がある。

## 同和の黒幕尾崎清光《おざきせいこう》の殺害

疑われることの多い人生を送ってきた。えせ同和行為の黒幕、同和事件屋の大物として知られる日本同和清光会最高顧問の尾崎清光の殺人も「許永中だ」と、私が疑われた。

《筆者＝大下は、尾崎清光をモデルに『小説宝石』の昭和五十九年七月号に『恫喝師』というタイトルで書いている。尾崎の知られざる顔を紹介してみる。

尾崎は、昭和十年四月に高知県の四万十川下流の被差別部落に生まれている。少年時代から非行に走り、十七歳で少年院に入り、その後、暴力団の手配師として頭角を現す。恐喝や傷害、銃刀法違反など十七件の前科がある。昭和四十年暴力団から足を洗うために左手小指を第二間接から切断。

昭和四十五年に元法務大臣の西郷吉之助参議院議員の私設秘書となる。

昭和五十三年に日本同和清光会を結成。同和団体幹部としての地位や政財界へのパイプや暴力団幹部との繋がりを道具に使い、行政を恫喝。「地上げの帝王」

と言われた最上恒産会長の早坂太吉は、尾崎の兄弟分であり、尾崎のスポンサーでもあった。億単位の仲介料を荒稼ぎ、暴利を貪った。一億二千万円のダイヤモンド入り腕時計や八千万円のブレスレットや最高級のスーツや靴で全身を飾っていた。三千万円のリムジンを二台乗り回し、「動く三億円」と呼ばれた。参議院選挙への出馬を画策し、PR本「憂国への出発」を刊行している。自民党の園田直衆議院議員は、この本に尾崎は「昭和の坂本竜馬」ととんでもない賛美を寄せている。

尾崎は、政界では、当時最大派閥の長であった田中角栄ですら力添えを乞うた権力者であった。

尾崎が昭和五十七年六月二日、ホテルニューオータニで誕生祝賀会をおこなう際には、中川一郎、稲村左近四郎、武藤嘉文ら自民党の代議士はもとより、政財界人ら一千人以上が訪れた。そのうち百五十人までが中央官庁の事務次官、長官、局長クラスの上級官僚であった。同じ日に当時の永田町にあるヒルトンホテルで田中角栄のパーティーが開催されたが、役人が参加したのはわずかに八人であった。筆者は、『恫喝師』に、取材から得た情報をもとに尾崎のことを次のように描いている。

〈すっかり羽振りをよくした尾崎は、それまで事務所にしていた平河町の2LDKのマンションをそのまま借り、さらに首相官邸と議員会館との間の道を下ったところにある『パレロワイヤル永田町』703号室を新たに借りた。5LDKで、家賃は月に八十万円という豪華なマンションであった。

パレロワイヤル永田町には、錚々《そうそう》たる大物政治家が入っていて、「永田町の伏魔殿」とさえ、呼ばれていた。筆者も、この「永田町の伏魔殿」を何度も訊ね、金丸信、玉置和郎、亀井静香、渡辺美智雄、浜田幸一らの取材を重ねたものだ。

事務所の中には、七人の従業員がいた。

尾崎は、絶えず火のような烈しさで動きまわっていた。

事務所の四本の電話も、同時進行で使い分け、話を進めていた。

一本の電話は、尾崎が面倒を見ている企業に通じている。

二本目は、神奈川県の県庁。

三本目は、神奈川県横浜市役所。

この三本の電話は、つながったままである。

四本目の電話は、フリーになっている。状況に応じて、その都度自治省とか、建設省とか、国税庁につながるわけである。

「差別行政と戦う」ことを旗印にしている企業が、認可をもらおうとしたところ、税金を滞納していて、その税金を払わないと駄目だ、と言われた。尾崎は、なんとかしてくれ、と頼まれ、許認可が下りるよう交渉をはじめた。

尾崎は、神奈川県庁に電話を入れ、横柄に言った。

「『同和清光会』顧問の尾崎じゃ」

ところが、相手が思いどおりに動かない。

「滞納している税金を、きちんと払っていただかなければ、なんと言われようと無理です」

尾崎は、頭が熱くなった。電話をもったまま、そばの若者に声をかけた。

「おい、青年行動隊！　横浜に宣伝カーをすぐまわせ！」

若者は、「はい」と答えるが、出かけはしない。あくまで電話の相手への威しである。

尾崎は、つぎに市の幹部を呼び出し、命令するように言った。

「ええな、横浜市にある土地を、ワシの言うとる会社に安うに払い下げるんじゃ。その土地を、会社がおたくとこに高う売るかたちにすりゃええじゃないんか。その差額で、ゆうに滞納の税金は、払えるんじゃないかや」

尾崎は、県の担当者につないだ電話に出て、言った。

「いま、聞こえたじゃろ。これで許認可はとれるじゃいき。ええな、わかったな」

県の担当者も、市の幹部も、しぶしぶながら、了承した。

尾崎は、頼まれた企業に電話を入れて言った。

「いま聞いちょったとおり、万事めでたしぜ」

尾崎は、『同和清光会』顧問の肩書きがあるかぎり、世の中に不可能なことはないように思われてきた。

尾崎は、裏では〝紙師〟として活躍していた。
二、三カ月後に倒産する会社の手形を専門に売り歩く手形ブローカーから、たくさんの手形を買っていた。白紙の手形で、会社の判だけがついてある。それを、二、三万円で買う。
その手形に、チェックライターで三千万円なりの金額を押す。

尾崎と知り合ったのは昭和五十九年。古川組の古川雅章組長の紹介だった。

それから一週間も経たないうちに、借り入れを申し込まれた。六千万円ほどだったと思う。

貸し付けてから二週間経つか経たないかの昭和五十九年一月三十日夜の九時五十分ころ、事件は起こった。

《筆者＝大下は『恫喝師』のなかでは、その事件の様子を以下のように描いた。

〈昭和五十九年一月三十日の午後九時過ぎであった。

東京に、この冬二度目の大雪の降る前夜であった。

気温は氷点下を割っていた。外は、凍りそうなほど冷えこんでいた。

尾崎は、東京女子医科大学附属病院中央棟五階の特別室五〇一号室の特別室に入院していた。尾崎は、肩書きを最高顧問としているように、なにごとも最高、一番でないと気がすまなかった。『キャデラック・リムジン』の自家用車番号も、役所を恫喝し、《品川ね0001》のナンバーをとっていた。

病院にも、『501号室』をわざわざとらせていた。『501号室』は、バス、トイレ、応接室付きの最高の病室であった。高級ホテルのスイートルームなみに、一日四万円もする。

表向きの入院理由は、「糖尿病」となっていたが、別に尿に糖が出ているわけではなかった。それどころか、病院からしょっちゅう脱け出しては、ホテルで女を抱いていた。

尾崎の借金は、百数十億円にふくらんでいた。自分でも、正確なところいくら借りているのかわからなくなっていた。いくつかの暴力団からも借りまくっていた。

最近、その取り立てが厳しくなっていた。尾崎は、暴力団や取り立て屋から逃れるために、この病室に逃げこんでいた。

入院していることは秘密で、ごく親しい人物にしか、この病院にいることを教えていなかった。

病室には、備えつけの電話に加え、二本の電話を引き、事務所がわりにしていた。

尾崎は、一万円札を数えながら、心の中でうそぶいていた。

「なーに、百億円超える借金をしちょったら、なんぼヤクザでも、ワシを殺さんきに。殺したら、元も取れんきに……」

尾崎は、背後の気配に振りかえった。顔を引きつらせた。

三人のうちのリーダー格の男が、拳銃を突きつけ、低いドスのきいた声で言った。

「黙ってうしろを向け！」

尾崎は、それまで数えていた一万円札を持ったまま壁の方を向いた。ベッドのそばにいた幹部も、壁の方を向いた。

リーダー格の男が、念を押した。

「こっちを向いたら、撃つぞ！」

幹部は、恐ろしさに震えながら、壁を向いたまましゃがみこんでしまった。

尾崎も、あまりの恐怖に髪の毛が総毛だつ思いがしていた。

〈殺される……〉

尾崎のパジャマのズボンが、熱く濡れた。いつの間にか、小水が洩れていた。

リーダー格の男は、拳銃を両手で持った。両足を開いて踏ん張った。尾崎との距離は、二メートルしか離れていない。

リーダー格の男が、叫ぶように言った。

「体を、とるぞ！」

尾崎めがけて、拳銃が火を噴いた。

尾崎の鼈べっ甲めがねこう眼鏡が砕け散った。左のこめかみから、血が噴き出た。

サイレンサー付きの拳銃である。音は、病室の外にはもれない。

リーダー格の男は、ひと呼吸置いて、二度つづけて引き金を引いた。

一発目は、尾崎の左肩に当たった。尾崎は、激しい衝撃に跳ねとぶようにしてベッドから転がり落ちた。

二発目は、そのために尾崎の頭を越えて壁に当たった。

血に染まった札が、尾崎の体の上に散った。

尾崎は、イモ虫のようにもがきつづけた。

三人の男のうちの若い一人が、右手にドスを持ち、尾崎にさらに襲いかかった。

尾崎の背から心臓を貫くように、止めを刺した。

「うおッ……」

尾崎は断末魔の声をあげるや、ピクッと体を痙攣させ、もだえを止めた。

三人の男たちは、いまひとりの壁際でおびえる幹部には眼もくれず、素早く病室から出て行った。

闇の帝王として君臨しつづけた尾崎は、撃たれて一時間後、出血多量で絶命した。

犯人たちは、このあざやかな手口からして、殺しのプロたち、つまり暴力団関係者と思われているが、いまだ挙がっていない……。》

射殺された尾崎に、貸し付けた六千万円はどうなったか。実は私は損はしていない。回収できた。

尾崎銃殺の報を受け、私はすぐに不動産を押さえにかかった。尾崎の所有していたパレ・ロワイヤル永田町の部屋と、東京・広尾の天現寺を降りたところにあるペンシルビル一棟を押さえた。

天現寺のペンシルビルは、売り払った。

とにかく尾崎への貸し付けで損はせずに済んだ。

犯人像をめぐって、さまざまな憶測が乱れ飛んだ。

警視庁四谷警察署は、早坂太吉が黒幕ではないかと疑ったこともある。

また尾崎が総理府や建設省や法務省などの省庁から恨みを買っていたため、「暴力団による犯行ではなく、公権力を背景に持つ特殊部隊の犯行」とも報じられている。

東京地方検察庁特別捜査部副部長を務め、後に証券取引等監視委員会委員長の座にまで上り詰めた弁護士の佐渡賢一。私は、この男とは浅からぬ因縁がある。検事時代、佐渡の背後にある戸棚の一列は同じテーマのファイルが占領していた。通称「佐渡ファイル」。綴じ込まれていたのは私、許永中関連の資料である。

この佐渡ファイルの存在についてはずいぶん前から聞き及んでいた。私には疑問でならなかった。

「何であの人は、ワシをそないして狙うんや」

聞いたところによると、「尾崎清光事件」は許永中の仕業だと佐渡は思い込んでいたらしい。

そこから佐渡の私に関する資料の収集が始まる。

その後、私を追うことは佐渡のライフワークそのものと化していった。佐渡の「動物的な勘」が働いたということか。

思い込みもここまで来れば立派なものだ。

検察庁の「佐渡部屋」を訪れた経験を持つ人々は、異口同音にこう言う。

「佐渡検事の部屋に行ったら、驚いた。後ろの棚、あんたの資料だらけやで」

聞くところによると、佐渡賢一は「本部係検事」経験者らしい。本部係検事とは東京や大阪など、大都市を管轄とする地方検察庁の刑事部に置かれる役職。ヒラ検事の筆頭が任命されることが多く、もっぱら重大事件を扱う。

佐渡は本部係を務める間、殺したり、殺されたりといった物騒な事件に責任者として向き合ってきた。そこで培われた勘には独特のものがあるのだろう。私という人間に何らかの「匂い」を嗅ぎ取ったのかもしれない。

だが、尾崎清光事件を私の犯行と断定するのはあまりに無理な話だ。大学病院という現場で事を成し遂げる。しかも足がつかぬよう万全の配慮を怠らない。こんな芸当をおいそれとできる人間は、そういない。

殺される直前、尾崎はクラブ経営に失敗。暴力団金融から百四十億円ほど引っ張っていた。後ろ盾は住吉連合会最高幹部・浜本政吉だったといわれている。

犯人は、並み居る債権者や住吉の連中を抑え込み、指の一本も出さずに事を収めた。これも相当な力量である。

犯人はやはりその道に通じた練達のプロフェッショナルをおいて他にはいない。そう考えるのが自然だろう。

本当のことを言うと、私はこの事件に関しては確信を持っていることがある。

私が尾崎のビルとパレロワイヤルの部屋を押さえた後、尾崎と並々ならぬ関係にあった者が、その物件を自分に引き渡して欲しいと言ってきた。この時その人間は私に涙を流して尾崎との関係をぶちまけてきたのである。蛇の道は蛇。また、殺害の実行を指示したであろう人物とも直接の面識も得た。

関わっていく中で見えてくる絵図もあった。

泣き落としの人間、それと尾崎との接点を作った地元の親分が尾崎の悪どさを詳細に知るところとなり、その親分が責任を感じて、命じたものである。

佐渡賢一があまりにも執拗に「許永中犯人説」を唱えるものだから、私にもとんだとばっちりが来たことがある。

自ら「尾崎清光の後継者」と名乗る人間が私に会いに来たこともあった。もっとも、そんな男に用はない。私はガキの使い同様の扱いでお引き取り願った。

とにかく佐渡は、情報の網の目を細かく張り巡らせていた。

「許永中とは、いったい何者なんだ。匂いを嗅ぐ分には限りなくクロに近い。なのに、どうにもならない。だが、こんな人間だって必ず尻尾は出す。そのときが来たら、絶対につかんでやる」

そんな妄想でも膨らませながら、闘志を燃やしていたのだろうか。

凄まじい執念にもかかわらず、佐渡は尾崎清光事件で私の身柄を取ることはできなかった。

平成十一年一月三十日、尾崎清光殺人事件は時効を迎え、ついに迷宮入りとなった。

私と佐渡の二人の運命が交錯するのは、のちの平成八年、石橋産業事件においてである……。

さて、尾崎の所有していたパレ・ロワイヤル703号室の尾崎の事務所の5LDKの部屋には、私自身が入った。

実は、パレ・ロワイヤルを持っている長谷工コーポレーションとも、私は関わりがあり、長谷工コーポレーションは、東邦生命の太田清蔵社長とも関係があった。

実は、長谷工で、パレロワイヤルの住人で頭を痛めてるのが、四人いた。尾崎清光。亡くなった住吉会最高幹部の鈴木龍馬。李氏朝鮮の最後の王の梨本宮妃殿下の子供の殿下。それともう一人が小早川茂である。

《筆者＝大下も小早川茂とは縁がある。小早川は、許と同じ昭和二十二年生まれで、やはり大阪生まれ。在日でもある。

小早川は、市内の高校から関西学院大学社会学部に進学。学生時代、全共闘運動の闘士だった。

昭和四十七年に大学を卒業し、上京。外食産業を経営するものの失敗。山口組のなかでももっとも恐れられた柳川組の柳川次郎組長の秘書となった。柳川組長の資金援助を受けて不動産業を経営するかたわら、総会屋として活動するようになった。

やがて月刊総合誌『創』を創刊する。当時、総会屋は、小早川だけでなく、木島力也が左翼運動系雑誌『現代の眼』を、御喜家康正が『新評』を、倉林公夫が『流動』を、小林康男が、『人と日本』をと、多くの雑誌が出ていた。

それらの雑誌には、たとえば『流動』には戸川猪佐武がのちにベストセラーになる『小説吉田学校』を連載していたり、まともな記事も載っていたが、一部に会社を標的にしたスキャンダラスな記事が秘められていた。

実は筆者は『週刊文春』のいわゆるトップ屋時代、修業の意味を込めて、『現代の眼』、『新評』、『人と日本』には書きまくった。のちに単行本として刊行するデビュー作であり、タブーだった広告代理店電通の裏側を描いた『小説電通』は『人と日本』の掲載でもある。

その時代、筆者は小早川茂に会っている。

なお、小早川は、のち許とならんで「グリコ・森永事件」の犯人と疑われている。さらに、イトマン事件でも許と同じく逮捕されることになる……。》

それで、私は、長谷工コーポレーションの副社長で、経理財務担当をやっている人から頼まれた。

「パレ・ロワイヤルを潰して建て替えて再開発したい。しかし、政治家も入っているうえにとにかく、あの四人がいる限り、思い通りに再開発できない。なんとかならないか」

つまり、私に問題の四人をパレロワイヤルから出て行ってもらうよう口説いて欲しい、と頼まれたわけだ。そういう話の途中に、尾崎清光が死んでしまった。

## 同胞新井将敬代議士の自殺

私を可愛がってくれた東邦生命の太田社長は、渡辺美智雄代議士の後援者でもあった。

大阪の後援会も、太田社長の口利きもあって野村周史会長が中心になってやっていた。

渡辺さんと私の一番のとっかかりは、渡辺さんが大蔵大臣時代に秘書官をつとめていた大蔵官僚の新井将敬を昭和五十八年の総選挙に出すという話が出た時のことだ。渡辺さんからの依頼で、東邦生命に新井将敬の後援会を作ってくれという話が持ち込まれた。

この時に太田社長は私を新井将敬に引き合わせている。同胞だから快く引き受けることにした。小選挙区制になる前で、当時の東京二区から出るという。

《筆者＝大下は、渡辺美智雄の半生記『渡辺美智雄の総裁選』を上梓するほど渡辺とは親しかった。

渡辺は、大正十二年七月二十八日、千葉県習志野市に生まれた。

昭和十七年に東京商科大学附属商学専門部に入学。翌年秋に学徒出陣のため繰り上げ卒業し、出陣。復員後の渡辺は、進駐軍相手の通訳、讀賣新聞記者、行商の会社「マルムツ」の設立や税理士事務所開設を経て、昭和三十年二月に自由党公認で栃木県議会議員選挙に立候補し当選。

昭和三十五年、突如として県議を辞職し、藤山愛一郎派の支援を受け、第二十九回衆議院議員総選挙に保守系無所属で立候補するが、次々点で落選。その後河野一郎の下に身を寄せる。昭和三十八年十一月、第三十回衆議院議員総選挙に自由民主党公認で立候補し、初当選。

昭和四十年に河野一郎が急死し、河野派（春秋会）で後継者争いが起こると、当時一年生議員だった渡辺は中曽根康弘への派閥継承を主張。翌年、河野派は重政誠之、森清派と中曽根派に分裂し、渡辺は中曽根派に所属した。

第三次佐藤内閣で農林政務次官を経験するなど農林族議員として頭角を現した。昭和四十八年には田中角栄内閣の日中国交正常化や金権政治に反対する親台派の保守系若手議員によって結成された青嵐会に参加し、渡辺は中川一郎、湊徹郎らと共に代表世話人となった。

中曽根派から離脱した渡辺は、派閥横断の政策集団「温知会」を結成し、党内、特に中曽根派の若手議員を取り込むと共に、全国で新人議員の発掘・育成を始める。

その一方で中曽根別働隊としても活動し、大平首相の急逝を受けた総裁選びでは、田中角栄を訪ねて中曽根のために動いた。

大平内閣を引き継いだ鈴木善幸内閣では大蔵大臣に就任し、財政再建に取り組んだ。昭和五十八年の総選挙後、中曽根派に復帰。第二次中曽根第二次改造内閣で通産大臣に就任。

いっぽう新井将敬は、昭和二十三年一月十二日、大阪市生まれ。東京大学理科一類に入学。在学中は三島由紀夫やカール・マルクスに傾倒していた。衆議院議員になってからも学生運動に関するインタビューなどを受けている。

東京大学経済学部経済学科卒業後、一時、新日本製鐵に勤務。その後、昭和四十八年大蔵省に入省。二十九歳で酒田税務署長を務め、銀行局課長補佐に就任する。当時、勢力拡大のため若手官僚を取り込んでいた渡辺美智雄の目にとまり、昭和五十五年に渡辺が大蔵大臣に就任すると秘書官に抜擢され活躍する。

筆者は新井の半生も、『根本原理から発す』というタイトルで書いている。彼とは息も合い、『朝まで生テレビ』でともに出演した時など、放送後に夜が明けるまで酒を飲みながら熱っぽく語り合ったものだ。実は、彼は在日であることを隠していたが、筆者はそのことを知っていた。

ある時、筆者が新井に「出身が……」と口にした。そのとたん、新井は気色ばんで逆に筆者に訊いてきた。

「どういう意味？」

新井は、ズバリ在日のことを突かれると思い込んだのであろう。筆者が「大蔵省出身ゆえに、という意味ですが」と答えたら、新井は、つとめて平静な表情にもどった。》

総選挙に向けて、私は一万票近くの動かせる票を持っていた。親しくしていた右翼活動家の山本峯章先生が東京都二区で昭和五十一年の総選挙で一万四千七百九十五票、五十四年には九千五百七十七票とっていた。その山本先生の票を回すことができた。

太田社長に言われるまでもなく、じつは私には新井と接点があった。彼の祖父母と私の両親とが、韓国で同じ田舎の出だったらしく、親しかったのだ。

私は小学生ぐらいまで、よく北区の空心町にあった新井の祖父母の家に行っていたと記憶している。その孫がえらい優秀だという話も聞いていた。

太田社長には、私に出来ることは何でもやりますと言い、さっそく新井と会うことにした。ところが、迷惑だというのだ。

「私は在日であることを隠してる。だから、大阪の在日の人も、みんな応援すると言ってきてくれるが、すべて断ってる。だから、絡まないでくれ」

そう言われた。

新井は十五歳の時に朝鮮籍の朴景在から日本に帰化していたが、在日であることを隠したかったのであろう。足を引っ張らないでくれというのだ。

太田社長に頼まれたから助けようと思ったまでだ。彼にそう言われて、私は太田社長に報告せざるを得なかった。

「すいません、彼は応援出来ません」

そう伝えると、私は新井とは一切関わりをもたないようにした。

この時の総選挙で新井は落選した。

しかし、次の昭和六十一年の総選挙で初当選を果たす。以後、連続四回当選する。

だが、平成十年に証券スキャンダルの渦中の人となり、東京地検に逮捕される寸前に都内のホテルで自殺した。

《(大下・注) 新井将敬は、日興証券に利益要求していたという疑惑が浮かび上がり、平成十年二月十八日、衆議院議員運営委員会で逮捕許諾請求が可決された。

新井は訴えた。

「最後の言葉だけは聞いてください。私は潔白です」

筆者は新井の逮捕前の記者会見を見ていて、スタッフに口にした。

「おい、新井さん、死ぬぞ」

新井は、記者会見を終え、記者に言った。

「では、みなさんとこれが最後の会見になると思います」

その口調は、これから逮捕されるからみなさんとは会えなくなります、というものでなく、この世でみなさんと会うのはこれが最後だ、という雰囲気と取れた。

筆者は、田中角栄、鈴木宗男の逮捕について書いているが、彼らは幼い時から修羅場をくぐり、どのような地獄にあっても、へっちゃらで生き抜いていくというたくましさを持っているが、新井はどこか大きな壁にぶつかればポキンと折れそうな繊細さを秘めているようであった。

そのうえ、在日二世の星として、より頑張ってきた誇りがあるだけに、逮捕という屈辱に耐えがたいのではないか、とよけいに心配になった。

筆者は、元キャビンアテンダントであった美しい新井の妻と議員会館の新井の部屋で二度ばかり会い、会話を交わしていたが、新井や新井夫人と、いっしょに食事をするほどの仲ではなかった。

筆者は、もし新井の妻ともう少し打ち解けた関係であったら、忠告していたであろう。

「奥さん、新井さんが逮捕され、刑務所に入るぎりぎりまで、新井さんから決して離れてはいけませんよ。逮捕されるまでが恐怖で苦しいので、逮捕されてしまえば、意外とあきらめがつく。なにがなんでも、ご主人のそばについていて、一人にさせないようにしてください」

ところが、筆者は、そこまで家庭的に入り込んで新井夫人に忠告するほど、親しくはなかった。

翌日には、いよいよ本会議で逮捕許諾決議の採決がおこなわれることになっていた。

案の定、新井は、最後の記者会見の後、東京都港区のホテルパシフィック東京23階の2328号室に泊まった。

その夜、新井の妻真理子は、夫とともに泊まっていた。そのまま夫のそばにいれば、新井の自殺はなかったかもしれない。

ところが、そこに、新井の両親が息子が心配で上京してきたという報せが入っせた。新井は、二月十九日午前九時半頃、彼女を両親の面倒を見るため自宅に帰らせた。

一人になった新井は、夜通し飲みつづけたのか、ベッドの下にはウィスキーの空き瓶が散乱していた。

さらに、日本刀も置かれていたという。東京の市ヶ谷の防衛庁で割腹自殺を遂げた作家の三島由紀夫の影響も受けていた新井とすれば、あるいは日本刀での自決も一瞬ながら考えたのか。

真理子夫人が午後一時五分にホテルの部屋に帰ってくると、通風孔から浴衣の帯を使って首を吊っていたという。

改革派の政治家として勢いよく走り続けていた新井の死を、筆者は心から惜しんだ。》

東京二区で新井のライバルだったあの石原慎太郎を私は嫌いだった。彼が在日に対してする無茶苦茶な差別発言には我慢がならなかった。新井の昭和五十八年の初出馬の総選挙でも新井の出身を「41年に北朝鮮より帰化」とする流言を新井の選挙用ポスター三千枚に貼り付ける黒シール事件を起こしている。

また石原本人も別の取材で「帰化人は選挙に出るな」とじきじき語っている。新井は石原を告訴している。

昔、青山の表参道にダイニーズ・テーブルという中華料理店があった。オシャレな地下にある店だ。そこで深夜に彼とばったり会ったことがある。

まだ彼が都知事になる前の国会議員か、浪人時代のことだった。

当時、東京での私の住まいが青山にあり、その店はものの二、三分で行ける場所にあったから、よく利用していた。

まさか、石原がいるとは思わず、その日も店に入った。

向こうは女性と二人。入口を入ったばかりのところに、彼は通路側を向いて座っていた。

こちらは、私を先導する若い者に始まり全部で十人近く。だだーっと、人相、風体の悪いのが入っていく。大阪の人間ばっかりだったから、店の中で浮いてしまう。

石原の席まで二メートルぐらいの距離だったが、私を睨みつけている。

嫌な奴だなと思って、私も見返してやった。やつも目をそらさず、パチパチッと火花が飛ぶような雰囲気となった。不良だったら、即そのまま乱闘を始めたであろう。

私のツレも感づき、〝もうあかん、あかん〟と私の足を促した。

それで私はやり過ごすことにして、奥の席に向かった。

## グリコ・森永事件との抜き差しならぬ因縁

私は病院を所有していたことがある。病院を手に入れたのは、ふとしたきっかけであった。民社党衆議院議員・吉田泰造と一緒に事業をやり失敗した男と、たまたま知り合いだった。元裁判所書記官。司法試験の勉強を続けたものの、結局は合格できなかった。だが、なかなか頭のいい男だった。

この男が吉田の下で手掛けていたのが、猪名川霊園。事業そのものはうまくいっていたようだ。

あるとき、その男が私に借金を申し入れてきた。男はヒューマンソサエティーという宗教法人を所有していた。

「このヒューマンソサエティーが実は三井建設所有の神戸市北区の山の買取権を持っているんです」

男はそう打ち明けた。何でも山は百万坪ほどもあるという。ヒューマンソサエティーの資産の中に、直接経営する高槻市の摂陽病院も含まれていた。

私はその話に魅力を感じた。ヒューマンソサエティーごと引き取ることにした。買値は十億円にも満たない額であった。このとき、それまであったヒューマンソサエティーの負債をすべて整理した。

摂陽病院は一応、総合病院である。まず、院長を連れてくるのに往生した。やっとのことで、大阪大学医学部を出ている心臓外科医が来てくれる話がまとまった。院長の自宅はこちらで用意しなければならない。

育児中の看護師も安心して働けるよう、保育の面倒まで見なければならない。

摂陽病院は救急指定病院でもあった。病院経営というものも採算を合わせていくには、とにかく患者を集めなければならない。救急患者に来てもらうには、消防署に根回しをする必要がある。挨拶なしでは救急車をろくに回してもらえないからだ。挨拶とは無論、それなりの金額を包むことを指す。ベッドを埋めていくには、病院にとっての所轄の役所と近所の消防署の全てに顔を出して、挨拶しなければならない。

医師確保も頭の痛い問題である。関西医科大学から医師を派遣してもらっていたが、今後についても関西医科大学の教授にきちんと話を通さないと、医師を派遣してもらえない。医師の人事権は大学の医局にある。

これは私がやることではないが、事務長の仕事も骨が折れる。国から診療報酬をもらうためにはレセプト（明細書）を提出しなければならない。診療報酬の点数をすべて書く。出さなくてもいい薬をじゃんじゃん出し、しなくてもいい仕事をどしどしやる。いったん入院させた患者は退院させないようにしなければならない。ベッドを空けるのは病院経営最大のタブーだ。

レセプトの点数を上げるために、出さなくてもいい薬を出しまくる。病床の稼働率を上げるために、無理やり入院患者を仕立て上げる。そんなことが日常茶飯事だった。

〈病院経営なんて、やるもんやない〉

これが私の結論だ。十年ほど続けたが、一貫して赤字だった。確かに悪事を働けば、儲けは出せただろう。だが、私は職員に厳命していた。

「一切そんなことしたらあかん」

摂陽病院は、黒字が出ないまま元大阪府民信用組合理事長の南野洋に売ってしまった。これをきっかけに南野はイトマン事件で私と深く関わることになる。

南野は高槻市の隣村の生まれ。生まれ故郷に近いということもあってか、「売ってくれ」「売ってくれ」とうるさい。あるとき、思い切って手放してしまった。このヒューマンソサエティーは、今でも私が持っている。イトマン事件の折、このヒューマンソサエティーは、関西新聞や関西コミュニティーとともに、私の会社として名前がメディアに出る。このヒューマンソサエティーは、あくまで宗教法人であり、今は休眠宗教法人ということになる。

私とつながりの深い相撲の家元・吉田司家。これも宗教法人である。もっとも、私はそんな形での宗教法人の活用は考えたことがなかった。これからもない。

運命は不思議なものだ。私は摂陽病院を所有していたことから、「グリコ・森永事件」の犯人「キツネ目の男」と疑われてしまったのである。江崎グリコの江崎勝久社長の誘拐事件の現場周辺が摂津病院に近いため、私が「土地勘があるのでは」と疑われてしまったのである。

昭和五十九年と六十年に阪神を舞台に発生した「グリコ・森永事件」は、犯人が「かい人21面相」と名乗ったことから「かい人21面相事件」とも呼ばれた。

昭和五十九年三月、江崎グリコ社長の江崎勝久を誘拐して身代金を要求。さらに、江崎グリコに対して脅迫や放火を起こすなどして騒然とさせた事件だ。

昭和五十九年十一月、滋賀県警刑事部捜査一課の刑事が大津サービスエリアで脅迫状の犯人と目される「キツネ目の男」を発見。職務質問は禁じられていたため、そのまま撤収している。

その後、事件捜査を知らない滋賀県警の所轄署外勤課員が不審な白いライトバンを発見。パトカーと激しいカーチェイスとなったが、逃げられた。

翌六十年、不審車両を取り逃がした滋賀県警本部長・山本昌二は自身の退職の日に本部長公舎の庭で焼身自殺を遂げている。山本はノンキャリアからの叩き上げだったが、どういうわけかグリコ・森永事件で捜査を指揮した大阪府警本部長の四方修とウマが合った。入省年次では山本が後輩。だが、無二の親友といっても差し支えない間柄だった。

〈山本は死んでいる。手打ちなんかしてたまるか〉

司法の腹はとうに決まっている。グリコ・森永事件の実行犯がまだ娑婆にいるのなら、身柄を取るだけである。他に選択肢はない。

捜査線上には数多くの名前が浮かんでは消えた。「北朝鮮の工作員」、「大阪ニセ夜間金庫事件の犯人」、総会屋、株価操作を狙った仕手グループ、元あるいは現職警察官、「元左翼活動家」といったさまざまな犯人像が取りざたされてきた。「在日」、「暴力団」、「右翼」。どれをつついても、私の名前が出てくるようになっていた。大阪府警が関連捜査であれこれ聞いてまわったところ、十人中八人から「許永中」という名前が出てきたらしい。

私の仕事場に、ついに大阪府警の刑事が乗り込んできた。ガサ入れである。捜査令状など持ってはいない。

大阪府警は、私の身元を隈なく調べ上げた。

「何やってるか、ようわからん。人間だけはようおるな。けど、まともな者はおらん」

刑事にはそう言われた。私の周囲にいた人間は地域の先輩、友人や後輩ばかり。すでに触れたように、小さい賭博やノミ屋をやらせていたが、これがまた好評を博していた。客がうなぎ登りに増えていく。私が二十八、二十九歳になる頃まではそうした不法収入が結構な額になっていた。

グリコ・森永事件で「キツネ目の男」に間違われたのは、私がフェリーの事業を手掛けた後のことだ。

大淀建設はすでに新日本建設と社名を変えていた。ノミ屋や賭博はやっていない。

　警察が保存している過去の資料は、いつまでたっても消えるわけではない。「色」は着いたままだ。私の場合、弱いものいじめは決してしないが、若い頃からいろいろと悪行は重ねてきた。

　とにかくキタ新地には江崎勝久社長が付き合っている女性の働く店があった。そこを起点として、大阪府警は新地にぐるっと囲いを入れたのであろう。その囲いの中を地取りしていった。府警の言い分はこうだ。

「何をしているかわからん人物。いつも団体で行動している。派手な飲み方で金遣いが荒い」

　グリコ・森永事件は関係ない。キタで江崎社長の女がホステスとして働いていた時期に合わせ、元同僚ホステスをはじめ、いろいろな人間に当たっていった。そんな人物を探して聞いて回ったらしい。十人中八人が、口をそろえた。

「刑事さん、それは許永中さんですわ」

　どうやら、容貌も「キツネ目の男」似だということにされてしまったらしい。

　警察の捜査は、どこか一点に絞って並行に進めていくわけではない。可能性のあるところはすべて潰していく。

私も大阪府警の取り調べを受けている。警察署に呼ばれたわけではない。刑事が私のところまで話をしにやってきた。しかも、定期的にだ。

ガサ入れが終わった後も、完全に「シロ」とは認めてくれなかったようだ。

何かと思えば、大阪府警がタイプライターを探しているという。グリコ・森永事件の犯人が書いた脅迫状と同じ活字を搭載している和文タイプである。刑事は「絶対に許永中のところにあるはずや」と言っているという。

大阪府警の捜査課長からはほとんど泣きが入っていた。あまりに気の毒だったので、許可は出した。

捜査令状など裁判所が出すはずもない。警察も必死だったのだろう。私物をすべてひっくり返して探したらしい。

当然のことだが、警察が「絶対にある」と睨んだタイプライターが見つかることはなかった。

正式な捜査令状のない闇の捜査とはいえ、ずいぶんのびのびとやってくれるものだ。警察にかかれば、勝手に思い込みで捜査が出来る。この世は本当に何でもありである。「キツネ目の男」に顔が似ているといえば、宮崎学だろうと思わないでもない。宮崎はのちに早稲田大学時代に学生運動にあけくれ、『週刊現代』

のフリー記者、家業の解体業の継承などの自らの経歴を描いた『突破者』でベストセラーとなる。

宮崎の実父・寺村清親さんは三代目会津小鉄会会長・図越利一の兄貴分に当たる。京都の解体土木の世界では顔である。関西でも一、二を争う存在だった。寺村建産を通さないと、仕事にならない。淀には競馬場もある。

重要参考人「M」としてマスコミに実名こそ報じられなかったが、宮崎学は「グリコ・森永事件」について清川好男にYouTubeの「iRONNA TV」の動画チャンネルで語っている。

「グリコ・森永事件と僕の関係は一言で言ってしまえば、犯人と顔が似てたということだけなんです。僕がかつて学生運動をやってたわ、実家はヤクザで解体屋をやってるわ、金はそれなりに儲かってた時代があって、派手な生き方もしていたという、警察が抱く犯人像に近い人物のタレコミが飛び込んできたもんだから、彼らが色めき立つのも容易に想像がつく。でも実際に情報を洗ってみると、僕に前科前歴はないんだけども、どうもコレは学生運動をやってて左翼っぽいぞと。警察はその辺りも疑っていたのかもしれません。でも、僕の見立てでは、グリ森事件にはちょっと反社会的な複数の人間がかかわっている。脅迫電話には子供や女性の声が出てきたりするからね。一人や二人じゃなかったよね」「グリ森事件では僕も容疑者扱いされました。青梅街道を挟んだところに警視庁中野警察署があったんですけど、当時はその向かい側に僕も住んでいました。実は事件後、警察が二回ほど自宅を訪ねて来ました。(京都の)実家の方にはすでに行ってたんでしょう。たぶん、中野に住んでいたころには尾行も付いていたんだと思います。そう、警察が自宅にやって来る半年ぐらい前から行動確認をしていたんだと思う。そして、しばらくして突然ガサ状(捜索令状)を持って自宅に踏み込んできたんです。ところが、ガサをしても事件に関わるモノは何にも出てこなかった。結局、警察も一度のガサであきらめたんでしょう。その後、本件でガサを受けることはありませんでした」

「ただ、いま思い出しても一つだけ気になることがあります。国電車内で「キツネ目の男」が目撃され、警察が取り逃がしたときがあるでしょ? 実はガサの関係で警察が聞いてきたのは、その時の「アリバイ」なんですよ。当時、僕はひどく物忘れが激しいもんだから、何でも細かく手帳に書く癖があったんですね。それで、刑事に尋ねられた日時をパッと見たら、『ああ、この日はここにいましたよ』と答えたんです。今でもよく覚えていますが、あの日はとある大学の労働組合の勉強会に出ていたんです。刑事は僕の答えを聞いて、すぐその場で無線連絡を取り、別の刑事がその大学に行って裏を取ってきたんです。もしあの時、僕がアリバイを証明できなければ、今ごろどうなってたかな？　僕は物忘れがひどいからメモを取る癖があったのが、結局は身を救ったという話なんですが、何が身を助けるか分からないもんだよね（笑）。その後も、雑誌なんかで犯人扱いされて、いろいろ書かれたりしたんだけど、あれ以降警察のマークがなくなったというのはよく覚えています。もちろん僕には事件には関与していないという身の潔白があるわけですから、警察による本件のガサにもかなり協力的だったと思いますよ（笑）」

「『劇場型犯罪』の走りといわれたグリ森事件とは結局何だったのか。そもそも『劇場型犯罪』という括り方自体が間違ってると思う。あれは犯人がカモフラージュのために『劇場型』にしたわけで、犯罪を劇場化に仕立てて楽しむ犯罪者なんているはずがない。カネという最大の目的があるから罪を犯すわけで、愉快犯的にやるのは極めてリスクが高い。だから僕は劇場型犯罪という見方そのものが間違いで、何らかの経済的な犯行理由がそこにはあって、つまりカネのためにやったんだと思っています。劇場型にしたのは、あくまで犯行をカモフラージュして捜査をかく乱させるためだったにすぎない。劇場型とか言って、いまだ語り継がれていること自体、まだあの犯人グループの手の中で踊らされている、そんな気がしてならない。当時も今もマスコミや世間が劇場型犯罪だと思っている時点で、一生『犯人』にたどり着くことはないでしょうね。犯人のかく乱に、まだ乗せられてしまっていると言えるんじゃないかな。

警察は金の要求とか受け渡し方法とか、警察のやり方で捜査をするわけじゃないですか。その時に「なんだろうコイツ？　本気で考えとるんだろうか」っていう捜査の見立てが、まず最初の大きな壁として立ちふさがる。あの種の恐喝事件は、金の受け渡しの時に犯人が逮捕されるというパターンが多いですから。犯人側にすれば、金の受け渡しはどうするか、金は要求しただけ出るとも限らないから、まずは多めにふっかけておけばいいとか、いろんなことを考えて要求したんでしょう。あの時も『現金十億円と金塊百キロ』なんて途方もない要求でしたからね。犯人グループは警察捜査の裏を読むというか、そういうことがわかっていた連中で、ある意味「商売人」だったんだろうなと思います。少し知識のある人間だったら、警察無線の傍受なんか簡単にできることも知ってるでしょう。警察は自分たちがやっている科学捜査は、犯人には全く知られていないとか、そもそも捜査をかく乱できるような連中じゃないと思っていたんでしょう。事実、江崎社長を真っ裸にして放り出したりするような結構手荒いタタキ（強盗事件）でしたからね。でも、それは明らかに初動捜査の見込み違いだった。犯人はかなり知的水準の高い人物という見立てでやっていれば、また違った局面になってたんだろうと思いますね。別にグリ森事件に限った話ではないけど、初動捜査のミスがずーっと後まで響いたわけですね」

《(大下・注) 実は、小早川茂もまた「キツネ目の男」に疑われたのである。今回、筆者は小早川にインタビューし、証言してもらった。

〈オレは、グリコ・森永事件から十年後にイトマン事件で取調べを受けていた。大阪府警二課による取調べが一段落した後、なぜか大阪府警一課の捜査員が三人、拘置所にやってきた。

捜査員がいきなり言うんだ。

「小早川さん、一一四号事件で助けてほしい」

取調べ室の机の上に一メートル近い高さのグリコ・森永事件の資料を積み上げ

て、オレに迫った。

「あなたが、犯人でしょう」

彼らは、大阪府警捜査一課の捜査方針を口にした。

「犯人像は、四つのルートに絞っている。一に在日韓国人、朝鮮人、二にマル暴関係者、三に過激派。四に部落関係者だ。おまえは、一も二も三の過激派まで三つも適合しているじゃないか」

最初の一の在日韓国人、朝鮮人というのは、江崎社長の身代金に金塊を要求するのは、外国人の証拠である。手口も、金大中事件によく似ているというんだ。大韓民国の民主活動家で政治家の、のちに大統領となる金大中が、韓国中央情報部（ＫＣＩＡ）により日本の東京千代田区のホテルグランドパレス２２１２号室から拉致され、船で連れ去られた。ソウルで軟禁状態に置かれ、五日後にソウル市内の自宅前で発見されたという事件だ。

江崎社長は、兵庫県西宮市の自宅から三人組の男に誘拐され、大阪府茨木市の水防倉庫に監禁され、自力で脱出した。オレは、偶然にも、その水防倉庫と淀川を挟んだ岸辺にある家に生まれたんだ。土地勘は十分というわけだ。

さらに、オレの通っていた関西学院大学が西宮市上ヶ原にあり、事もあろうに、その大学の前に、三人組が誘拐に入った江崎社長の本宅があったのだ。

そのうえ、オレは「殺しの軍団」とまで呼ばれていた柳川組柳川次郎組長の秘書までやっていた。それゆえ、七年前の事件発生直後から、オレの名前が挙がっていたというのだ。

捜査員は、オレを挑発するように言うのだ。

「専務にも会って、聞いてきたのだ」

「専務」というのは、許永中のことだ。

「専務の言うには、あんな大仕事が出来るのは、小早川しかおらんと言うとるのや」

許永中が、そんな人のことまで言うわけない。

俺は、捜査員に言ってやった。

「ご明察、オレが犯人です。そのかわりイトマンの起訴は取り下げてくれ。そっちでいこうや」

結局、「グリコ・森永事件」での騒ぎはあくまで陽動作戦にすぎない。犯人の本当の狙いは、カネだ。株価操作だ。この事件の裏で二百億円はたっぷり儲けたはずだ。高笑いしているはずだ。〉》

結局、色々あったがグリコ・森永事件の捜査は真犯人にたどり着かないままで終結した。

報道には一切載らなかったが、グリコ・森永事件の真犯人は特定されていた。特に警察庁関係者で知らない者はいない。ただ、証拠がなかった。

その犯人グループもすでに鬼籍に入った。電話をかけてきた女は、沖縄で飛び降り自殺。メンバーには子供もいたが、死んでいる。

いっぽう疑われた側の私は今でも生き延びている。

# 第五章　フィクサーの器《うつわ》

## 京都のフィクサー山段芳春を殺してくれ

昭和五十九年の五月、野村周史会長から私に連絡があった。

「頼みたいことがある。ちょっと会ってくれるか」

私は翌日、大阪・ホテルプラザの中華レストラン「翠園」の個室で野村会長と会った。その個室にはKBS京都社長の内田和隆がいた。

持ちかけられた「頼みごと」は、とんでもない代物だった。内田社長も他界した今、真実を記す。

内田社長は思わぬことを口にした。

「実は、山段芳春を殺してもらいたいんです」

私は耳を疑った。

内田社長は、何かに憑かれたような口調で言葉を継いでいく。野村会長は眉一つ動かさず、耳を傾けているようだ。

内田はまず、野村会長に声を掛けたのだという。野村会長にしても、そんな大それた頼みごとを自分が直接するわけにはいかない。そこで私を呼びつけ、内田から話させたらしい。

「このままやと、私は山段に殺されてまう」

内田の言い分はこうである。彼はＫＢＳ京都、京都新聞社を含めて代表取締役である。ところが、解任されようとしているという。

ＫＢＳ京都の筆頭株主である京都新聞社が、この月の株主総会で内田への社長解任を求める決議を採択。臨時株式総会の招集と辞任勧告決議をＫＢＳ京都に押し付けていた。

実はこれは山段が何もかも悪いのだという。両社を乗っ取る魂胆がありありである。その山段を頼りにしているのが、京都新聞社オーナーであり、ＫＢＳ京都の代表取締役会長であった白石英司の未亡人。株主権を握るのは白石家だから、内田はどうあがいても解任される運命にあった。山段にも訴えはしたが、聞く耳を持たない。山段のおかげで何もかもぐちゃぐちゃだという。

《(大下・注) 山段芳春《さんだんよしはる》は、昭和五年七月八日、京都府福知山市猪崎に生まれた。昭和二十二年に京都に出る。小学校卒の彼は、戦後直ぐに京都府警察の警察官となり、西陣警察署に配属。そこで主として経済事犯を担当。それを切っ掛けに、政財界や闇社会とのつながりを得る。

警察を退職後は京都信用金庫に入る。さらに子会社のキョート・ファンド社長に就任。ここを根城として政財界や官界・労働組合・警察・検察、闇社会にいたる幅広いネットワークを築き上げ、戦後の京都でのし上がった。

政界では保革双方にパイプを持ち、歴代京都市長の誕生にも多大な影響をおよぼす。さらに労働組合や部落解放同盟の幹部にも知己が存在した。

経済界では京都信用金庫ばかりか京都自治経済協議会を通じて京都銀行など地場の有力企業にも影響力を行使する。

以前在籍していた警察では、ＯＢをまとめる中心となり検察にも顔が利き、暴力団などの闇社会でも会津小鉄会の図越利一総裁と親しいなど太いパイプを持っていた。

京都新聞、近畿放送等のマスコミもその影響下に置き、両社社長を兼任していた白石英司の急死を発端とする内紛では、自らその収拾に乗り出していた。》

性格上、私はどうも「腹芸」や「寝業」が性に合わない。どんな場面でもそうだ。ひたむきに相手の懐に飛び込んでいくほうがよほどいい。単刀直入が身上。良し悪しはよくわからない。

臨時株主総会直前のことである。私は京都河原町御池の山段の個人事務所に単身で乗り込んだ。

私から山段に話を切り出した。

「山段さん。裏で絵を描かんと、堂々と前に出てきて勝負したらどうですか」

相手の顔色が、さっと変わった。

些細ではあるが、重大な変化を横目で確認しながら、私は続けた。

「山段さんともあろう人が、弱いもんに食い込んでいじめるとは」

山段は、あえて二人の人物の名前を挙げ、威圧に出た。

「ワシの後ろにはな、松浦さん（初代松浦組組長・松浦繁明）、国藏さん（初代松浦組舎弟頭、川瀬組組長・川瀬国藏）がいてはんのやで」

私にとっては予想の範囲内である。

「いやいや、まあ、それはいいんやないですか。で、どうなんですか。そのお二方は、ちゃんと出てきて収まる話にしてくれはるんですか。それとも、できへんのですか」

聞きたかったのは正味これだけだった。山段が返すべき答えは一つしかない。私の要求に「イエス」だ。

結局、ＫＢＳ京都と京都新聞社を経営的に完全分離することにした。内田は、ＫＢＳ京都社長として残ることになった。京都新聞社は、白石右京未亡人の実弟をオーナー経営者とした。おたがいに干渉しない独立した存在にしたわけである。

内田社長は、昭和五十九年七月、「ケー・ビー・エス教育センター」、「トラストサービス」という系列会社の代表取締役として私を招請した。

さらに、昭和六十年六月には㈱コスモス内に経営指導や有価証券の売買を業務とする経営コンサルタント会社ＣＴＣを設立。つまり、「コスモ・タイガー・コーポレーション」の頭文字からつけた略称である。「宙を飛ぶ虎」の意味だ。私の最初の妻、藤田紀子、二番目の妻、野村順子それぞれの間に生まれた二人の男の子が寅年生まれだったので、縁起がいいのでつけた。

内田がそのCTCの社長に据わる。役員には、野村ファミリーの長男雄作、右翼団体「新日本育成会」の谷辺繁道会長が就任した。

社長こそ内田であったが、実質は私の会社として立ち上げられたのであった。

このCTCグループは、コスモス、トラストサービス、大淀建設を改めた新日本建設、関西新聞社、関西コミニティ、富国産業、ケー・ビー・エスびわ湖教育センターなど、やがて百三十社もの企業グループに成長していく。

私が「CTCグループの銀行」と公言していた資金調達会社コスモスには、「政界の暴れん坊」の異名を持つ浜田幸一の息子の靖一も、昭和六十年六月に入社させ、翌六十一年二月まで役員を務めている。

しかし、私は、これらの数々の企業の役員欄に自分の名を載せることはしなかった。汚れ役というか、悪役は、自分がしなければいけない、と思っていたのだ。オーナー役の私がリスクをかぶっているわけだから、現場を一生懸命やっている者に迷惑をかけてはいけない、ということで、あえて役員に入ってない。

その後も、山段とはつかず離れずの関係が続いていく。私からすれば、一方的な頼みごとを引き受けるばかりである。こちらから何かをお願いすることはついぞなかった。

山段がバックにしている川瀬組の川瀬国藏組長と同席したこともある。松浦組の舎弟頭である。京都ではちょっとした顔である。長い懲役を務めている。会えばよくわかるが、この人も紳士であった。だが、そこは極道。やることはやる。川瀬組長は私と顔を合わせると、決まって私を祭り上げてきた。面白くないのは山段である。どんなカードを切っても、私に重圧をかけることができない。

川瀬組長で駄目ならということであろうか、その後、二代目松浦組笠岡和雄組長を連れてきたこともあった。

笠岡組長は広島の岡組出身である。懲役から帰ってきてみると、親元がなくなっていた。代わりに松浦組長の元に身を寄せたということだ。

私と住吉一家小林会初代会長の小林楠扶《くすお》さんとの縁は、大阪府大阪市中央区難波に本部を置いていた南一家の二代目会長の小林一郎さんによってもたらされた。

終戦直後の昭和二十年九月、大阪ミナミで愚連隊として結成された南一家は、終戦後の闇市で大暴れした。初代は、浅沢友七であった。南一家は、日本人が多かったが、小林一郎さんは、本名が許万根という韓国人だ。

明友会事件は、昭和三十五年八月九日からその年八月二十三日までに起こった三代目山口組と南一家をはじめとする愚連隊の組織連合であった明友会の暴力団抗争事件である。

この事件の時の南一家の会長が、小林一郎さんであった。

山口組と明友会の最初の衝突は、昭和三十五年七月に大阪ミナミで双方の組員が喧嘩となり、さらに明友会側が猟銃を持って車に乗り込み、神戸市の山口組事務所前で示威行動をとったことに端を発する。

八月五日に山口組富士会の田中禄春会長がマンモスキャバレー「キング」を開店。九日には三代目山口組・田岡一雄組長が「キング」の開店祝いに来店し、さらに歌手の田端義夫がゲスト出演。田岡組長は、田端義夫を労うために舎弟の織田組・織田譲二組長の運転する車で、山口組富士会の田中禄春会長とボディガード役の中川組・中川猪三郎組長を連れて、ミナミのサパークラブ「青い城」に向かった。

いっぽう、その「青い城」では明友会幹部の宋福泰と韓博英の保釈祝いが明友会会員四人の出席でおこなわれていた。そこへ田岡らの一行がボーイに案内されてテーブルに着き、宋と韓は田端義夫の来店に気づく。

二人は、田端義夫にこの場で歌ってくれるように頼んだが、同席していた中川が、田端は客として来店していると説明し、二人の依頼を拒否。

さらに田中が田岡を指差して山口組三代目であることを告げたが、明友会会員の一人が中川をビール瓶で殴打。

そこへ、駐車のため別行動だった織田が駆けつけ、田中ともども明友会会員と喧嘩になった。

挙句、宋・韓ら明友会側の六人は、「いつでも来い。相手になってやる」と言い残して「青い城」から立ち去る。

田岡は、ただちに明友会との戦争を決断し、その総指揮官として若頭・地道行雄を任命。地道の号令一下、山口組各団体に動員令が発せられた。

いっぽう、明友会の姜昌興会長は翌十日に「青い城」での一件の報告を受け、西宮市の諏訪組・諏訪建次組長に山口組との仲介を依頼する。

八月十日、山口組は、大阪市東淀川区十三西之町の旅館を対明友会戦争の作戦本部とし、田中・中川、さらに若頭補佐の山本広が集まって作戦会議を開いた。

その最中に、諏訪から「姜昌興が詫びを入れてきているので、自分に仲裁を任せて欲しい」との申し出があったが、山本広は諏訪の申し出を拒否。

その日夕方には、一心会初代会長桂木正夫、中川組組員の市川芳正、安原会会員の佐野晴義、地道組組員の福田留吉、石井組組員の平尾国人など五十人が、前線本部となっていた大阪市南区炭屋町の旅館に集結。全員が拳銃を持参していた。

八月十二日午前八時、山口組側が、大阪市西成区西荻町のアパート「清美荘」にいた明友会幹部の李猛を部屋ごと包囲。

李は、アパートの自室のドアにバリケードを築いて立てこもった。

中川組幹部の正路正雄が窓越しに李を銃撃し、腹部に重傷を負わせた。

これに対し明友会も、八月十九日夜に宋・韓ら六人が、大阪市南区河原町で加茂田組組員の前川弘美ら三人を拉致。

布施市足代のアパート「有楽荘」に連行しリンチを加えた。

これを聞いた姜は、宋・韓らに拉致した三人の解放を指示し、八月二十日午前〇時頃に三人は西成区山王町の加茂田組事務所に戻った。

事態を受け、加茂田組の加茂田重政組長は組員と武器を集め、事態の急変を察知した西成警察署の包囲もすり抜けて、南区大和町に集結。午前六時に加茂田と加茂田組組員十五人で「有楽荘」を襲撃し、明友会組員の山岸襄を射殺し、さらに盟友会組員の李義雄の肩を切って重傷を負わせた。

終結は八月二十一日に至り、姜会長以下明友会幹部十五人が指を詰め、八月二十三日に箕面市の「箕面観光ホテル」で山口組と明友会の手打ち式がおこなわれた。

山口組からは、中川・田中、柳川組の柳川次郎組長が出席。明友会側は、姜と南一家の小林一郎会長が出席した。仲裁人は、別府市の石井組の石井一郎組長だった。名目的には手打ちだったものの、明友会側が幹部十五人の断指した指を持参するなど、実質的には明友会側の全面降伏に等しかった。

実は、その小林一郎と東京の住吉一家小林会初代会長の小林楠扶が兄弟分であった。

小林一郎が、私に小林楠扶会長を紹介してくれた。

「東京に出て活躍しようとするなら、小林楠扶会長を知っておいた方がいい」

私は、「東邦エンタープライズ」のＣＭの件で小林楠扶会長と一度関わりを持っていたが、小林一郎の紹介によって本格的に親しくなっていた。

《(大下・注) 小林楠扶は、昭和五年生まれ。昭和三十六年十月十三日、東京都大田区雪谷で、右翼団体「楠皇道隊」を結成した。その年、楠皇道隊本部を東京都中央区銀座七ー二ー二に移した。

昭和四十四年三月十八日、楠皇道隊を発展的に解消させ、「日本青年社」を結成。初代会長に就任した。》

私は、この小林楠扶会長とのラインとは別に住吉会二代目小林会の福田晴瞭会長との付き合いもある。

こちらの縁のきっかけは、昭和維新連盟の山本峯章会長だ。政財界を股にかけるフィクサーとして知られた西山広喜の書生をしていた過去を持つ。

この山本会長と縁のあった酒梅組のある親方が、たまたま私の住む集落の長屋の斜め前にいた。もちろん、在日。柳川次郎とも兄弟分に当たる。

山本会長が率いる昭和維新連盟の行動隊長を張っていたのが、日本青年社二代目の衛藤豊久会長の宿命のライバルとでも呼ぶべき男、国分二郎さんであった。通称「懲役太郎」である。塀の中での暮らしが長すぎて、娑婆にはほぼいない。

この国分二郎さんと山形のテキ屋組織の奥州山口連合の当代をやっていた大場喬さんとは古い兄弟分だった。大場さんは後に住吉に入る。

あるとき、国分二郎さんが大場さんを私の家に連れてくることになった。ちょうど大阪府池田市旭丘に自宅を新築した昭和四十一年の時期である。このとき、いっしょに現れたのが福田会長であった。

「まあ、仲良う付き合いしようや」

そういうことで付き合いが始まる。

それから二カ月経った頃であろうか、誰からともなく「五寸で縁組もうや」ということになった。

住吉会の小林会の小林楠扶会長立会いの下、私と福田会長、国分さん、大場さんの四人が兄弟分の盃を交わした。

このとき、小林楠扶会長から「ワシの舎弟にならんか」という話もあった。

だが、私は断った。私は極道ではないし、舎弟の地位は必要ない。

福田会長はもともと小林楠扶会長の若衆でその当時は住吉会初代小林会の本部長であった。そんなわけで国分さんと大場さんの二人が小林楠扶会長の舎弟となった。

大場さんは奥州山口連合の看板ごと住吉の傘下に入る。

国分さんは舎弟の盃は受けるものの、右翼として活動していく道を選んだ。肩書きは日本青年社の顧問か、相談役。「衛藤の風下には立てない」という本人の意思は固かった。

## 「政界のフィクサー」福本邦雄との出会い

KBS京都、イトマン事件、石橋産業事件と深く絡むことになる「政界のフィクサー」福本邦雄さんとの出会いは、野村周史会長の紹介だろうという者がいるが、実は、住吉会の初代小林楠扶会長の紹介によるものである。

小林楠扶会長は、私に福本さんについて語った。

「福本先生は、色々勉強会を主催している。大物政治家も来ている。そこへ参加すると勉強になる。その先生に会いに行こう」

小林会長に連れられて、帝国劇場がある東京・丸の内の国際ビルの福本邦雄さんの経営する画廊「フジ・インターナショナル・アート」に行き、福本さんに初めて会った。

《筆者＝大下にとって、福本邦雄は、政界における最も深い取材源であった。福本邦雄は、昭和二年一月に神奈川県鎌倉市に生まれる。戦前の日本共産党の理論的指導者として活躍した福本和夫の長男である。

福本邦雄自身も二十代で日本共産党に入党。ただし、党内対立で除名となる。

後に転向。

東京大学経済学部卒業。昭和二十六年、産業経済新聞社入社。政治部記者となるはずであったが、共産党員であったという前歴を考慮され、調査研究室に配属となる。

その後、自民党の有力者の椎名悦三郎の秘書となり、政界に人脈を築く。

安保闘争では、自衛隊出動の検討と要請を受けた椎名と赤城宗徳に、福本は、産経新聞社長の水野成夫とともに反対するように働きかけている。

またデモに参加した東大生樺美智子の死亡事件では、椎名に追悼の政府声明を出すことを提案。その政府声明を福本の口述で産経の政治部長にまとめさせている。

昭和三十五年に独立。ＰＲエージェント会社「フジ・コンサルタント」、画廊「フジ・インターナショナル・アート」、「フジ出版社」を創業し、経営にあたる。絵画ビジネスを看板に政財界に食い込む。

中曽根康弘の「南山会」、竹下登の「登会」、宮澤喜一の「俯仰会」、安倍晋太郎の「晋樹会」、渡辺美智雄「とどろき会」のようなニューリーダーの政治団体を主宰していた。

政界のフィクサーとしての福本邦雄の看板は、竹下登との関係の深さにあった。福本と竹下の付き合いは親の代にまでさかのぼる。竹下の実家は島根の造り酒屋だった。大正時代から手掛けていた主要な銘柄が「大衆」である。当時、日本酒のラベルに「大衆」と銘打つ感覚はおよそ一般的ではない。実は、竹下の母親が福本和夫の影響を受けていたといわれている。》

私は、福本さんに会って、次にある勉強会は、いつになると教えられた。

「来るか?」

福本さんにそう訊かれ、もちろんお願いした。

画廊を失礼する前に、私は画廊の絵を見渡しながら、小林楠扶会長に訊いた。

「会長、どの絵が気に入ってますか?」

小林会長は、画廊の画を見渡して言った。

「僕は、馬の絵が好きだな」

小林会長は、俺とは言わず、僕と言う。会長は、若い私に対しても、敬語じゃないが、とても気を遣ってものを言ってくれたから、とても感激した。

私は、福本さんに頼んだ。

「ほな、先生、ちょっとこの馬の絵、下さい」

値段も訊かないで六百万ぐらいの十号ぐらいの絵を買い、小林会長にプレゼントした。

政治家などは買ってもらったその絵をまた画商に買い戻してもらい金に替えるのだろうが、小林楠扶会長は、小林会の銀座七丁目の事務所へちゃんとかけ続けていた。よほど気に入ったみたいである。


私は、野村周史会長の長男の雄作を、東京の福本邦雄さんの元に預けた。雄作をなぜ東京に出すのか。私は野村会長に説明した。

「『住吉一家小林会の初代会長の小林楠扶さん』という人がいてはります。その人の紹介で、私は福本邦雄先生のとこに出入りさせてもろてる。なかなかの先生です。雄作のためを思えば、あそこで下足番から修行するのがええんやないですか」

こういうとき、私は正直にすべてを話すよう心掛けている。それまでの雄作は一介の「遊び人」に過ぎなかった。「遊び」と言っても、ややこしい方面ではない。「夜の部」「お酒の部」に限られる。その手の遊び人だった。

野村会長の許しを得た私は、雄作を伴って東京の福本邦雄邸を訪れた。

「先生、これね、『部屋住みから何でもする。頑張る』と言うてます。一つよろしくお願いします」

その頃、福本邦雄さんは、彼一流の視点から私のことを「面白い奴だ」と見込んでくれていた。返事は決まっている。

「ああ、いいよ」

当時、福本邦雄さんには女性秘書はいたが、「草履取り」や「お庭番」のような気の利く男衆は付いていなかった。そういう意味では雄作は打って付けであった。

しかし、野村雄作が福本邦雄さんの秘書を務めていた期間はそう長くはない。二年半か三年といったところだ。

福本さんは渡辺美智雄さんの後援会長でもあった。福本邦雄さんと渡辺美智雄さんが会談する席にも野村雄作は付いていく。雄作は福本さんのおかげで面識を得た渡辺美智雄さんに乗り換えたのである。

野村雄作は決定的な裏切りを働いてしまう。自ら自民党衆議院議員の渡辺美智雄さんに売り込んで秘書になろうと動いた。その渡辺美智雄さんの元に「行きたい」と野村雄作は自分から持ち掛けた。これは「してはいけない」こと。「忠臣は二君に仕えず」を旨とする「秘書道」にも悖《もと》る。この行動は二重三重に矩《のり》を踰《こ》えていた。

雄作が福本邦雄さんの側を離れた後、「誰か代わりの者を」ということで付いたのが、私が将来を嘱望していた極真空手の創設者大山倍達の弟子の松井章圭だった。大山倍達と松井章圭は共に在日でもある。

《筆者＝大下は、政界の取材をする時、まず福本の「フジ・インターナショナル・アート」を訪ね、福本から政界の裏話を聞いて出発することが多かった。福本は、コメントに実名を出している部分とオフレコの部分を分けて語ってくれた。

筆者は大山倍達総裁の半生を『小説大山倍達・風と拳』の「修行篇」と「雄飛篇」の二冊を上梓し、さらに大山総裁の死後、松井章圭ら弟子たちの群像劇『極真英雄列伝　地上最強を具現する男たち』を上梓している。が、松井には大山総裁の紹介で会ったわけではない。実は、福本の紹介によってである。

福本は、ある日、「フジ・インターナショナル・アート」の社長室を訪ねた筆者に、社長室に颯爽と入ってきた人物を紹介した。

「私の用心棒だ」

恰幅のいい松井章圭であった。

その後も、「フジ・インターナショナル・アート」で松井と何度も顔を合わせた。福本は、松井のことがかわいくてたまらなそうであった。

筆者は、松井が、実は許永中の紹介で福本の秘書として送りこまれたことを今回の許永中の告白で初めて知った。

ところが、福本は、筆者と長い関係なのに、許永中については、筆者にひとことも漏らさなかった。いや、それどころか、不思議な場面があった。

筆者が福本の「フジ・インターナショナル・アート」で取材をしていると、突然、女性秘書が、慌てたように言った。

「大下さん、すみませんけど、隣の部屋に移ってもらえませんか」

筆者は、急いでとなりの部屋に、まるで隠れるように移った。

〈よほど私に知られてはいけない人が、突然、訪ねてきたんだろうな……〉

いったい、誰だろう、とあれこれ想像した。竹下総理なら、そんなに隠す必要はあるまい。いったい、誰がやってきたのだろう。物書きとして、福本の秘密を覗くような気持ちで想像力を働かせたものだった。

いまは、はっきりその人物がわかる。その人物こそ、許永中だったのである。いまから考えると、福本は、それほど許永中と深く繋がり、一蓮托生的な関係だったのだ。

福本からは、かって共産党員であった時の仲間でもあった西武グループのリーダー堤清二についてはよく話を聞いていたが、許永中については隠し続けていた。福本にとって許永中はそれほど隠さなければいけない闇の存在であったのか。

今回、許永中の口から福本について知らないいくつかのことを聞き、興味深々であった。》

## 「日本レース」の手形乱発事件

日本レースの「手形乱発事件」については、ものの本に見てきたような話が書かれているが真相はこうだ。

老舗繊維メーカーの日本レースのオーナー兼代表取締役は山野彰英。日本を代表する美容家・山野愛子の三男に当たる。母親を継いでヤマノビューティーメイトグループの総帥となっていたが、かなりの変わり者である。この男がこれほど妙な人格でなければ、事態はもう少し変わっていたかもしれない。

そして、もう一人の代表取締役が常務の佐々木健蔵である。佐々木は彰英の妻である敬子の兄。彰英の義兄ということになる。

日本レースを狙ったのは、仕手集団・三洋興産の参謀役・関根重信であった。関根は、三洋興産を率い、豊富な資金力を背景に上場企業の株を買い漁っていた。傘下におさめたのは、東証二部上場の「東洋端子」や「オート」「大日産業」など。日本レースにも目をつけ、株の買い占めを図った。

関根は山野彰英に圧力をかけるにあたって稲川会の名前を出した。関根が具体的に誰の名を利用したのか、そこまでは私も知らない。ただ、山野が脅されたのは事実らしい。

三洋興産による乗っ取りを恐れた山野は、家族ぐるみで付き合いがあった東邦生命の太田社長に相談を持ち掛けた。

「社長、何とかしていただけませんか。稲川会をバックにした勢力に押し込まれ、どうにもならないんです。東邦生命にも助けていただきたい」

こう持ち掛けられ、太田社長も困ってしまった。保険会社が動いてどうこうできる問題ではない。どだい次元が違う。ただ、太田社長は山野の母親の愛子の代から山野家とは親密な間柄だった。団体保険の契約を通じ、本業で繋がりがあったのかもしれない。ヤマノグループを率いるトップの懇願を無下に断ることはできなかった。

日本レースは、小なりとはいえ一部上場会社である。

昭和五十九年九月、太田社長は「よかれ」と思い、私に話を持ってきた。

「一回、会ってみたらどうですか」

私が太田社長と出会ってから五年目のことであった。

数日後、山野彰英から私に電話があった。私は、会うことにした。

「じゃあ、大阪に来られたら連絡ください」

後日、私は京都の高級天ぷら屋「吉川」の座敷で山野彰英と佐々木健蔵と相対した。ヤマノビューティメイトグループを差配するツートップである。

対面して驚いたのは、山野という男の奇天烈さだった。美容とはおよそ縁のない人生を送ってきた私だが、山野愛子の名前くらいは知っている。その後継者といえば、どこへ出しても恥ずかしくない「御曹司」だろうと思っていた。聞けば、米国ロサンゼルスのウッドベリ大学経営学部を卒業しているという。どういう学校かは知らないが、米国に留学していたというだけで十分にステータスだ。

確かに外見は紳士そのもの。物腰も穏やかではある。だが、口をついて出てくる言葉は、とてもジェントルとは言い難かった。文字に書きつけてしまえば、三洋興産と山野の言い分に大差はない。一言でいえば、次元の低い話だった。さすがにM&Aで業容を拡大し、仕手戦で投資筋に注目されただけのことはある。

「ああでもない、こうでもない」で、山野らとの対面の時間は虚しく経過していく。

〈カッコつけとる割には、個人の欲得ばっかりやないかい〉

そんな疑念が私の頭をもたげ始めた頃、見かねた様子で、佐々木が割って入った。

「許さん、とにかくちょっと、私にも話をさせてください」

山野は不満気だったが、佐々木はそんなことはお構いなしだった。私が辟易し始めていたのを察したのかもしれない。本音の部分に切り込んできた。

「助けてください。私がすべて責任を持ちます。できることは、何でもやらせてもらいますから」

佐々木の真摯な応対を目にして、私もようやく本腰を入れる気になった。

「わかりました。言っておきますが、これは荒仕事になりますよ。とにかく太田社長の口利きあってのことやし。私は絶対に社長に迷惑はかけられない。特に太田社長の名前が表に出たら、とんでもないことになります。くれぐれも、『太田清蔵』、『東邦生命』という名前には、触れないよう、気をつけてください。それだけはお願いします。約束してください」

私は、その場で強調した。私にとって日本レースの問題は「初めに太田清蔵ありき」である。太田社長に頼まれなければ、首など突っ込んでいない。関係のない話である。

私は三洋興産の関根重信と会うためにすぐに東京に飛んだ。

関根は根っからの商売人という風情だった。強面を装ったところでおよそ似合いそうにはない。どちらかといえば、笑顔のかわいい男である。

関根は、逆に私を味方につけたいようだった。

「許さん、画期的な小型モーターを開発中なんですよ。許さんの顔で、どこかに繋いでもらえたら、開発費を上乗せして、今よりもっといい商品にできる。どうです、一口乗りませんか」

関根の笑顔に、つい引き込まれそうになる。思えば、何もこの男が悪いわけではない。仕手集団の指南役として当然の働きをしているだけ。そうはいっても、私も自分の役割はこなさなければなるまい。

関根の口を封じた。

「もう、そんな話はええ」

関根の滑らかな舌は、回転を止めた。

「この問題片付けな、一個も前に進まんやろ。あのな、初めて会うのに、そないしてそんな美味しい話やからいうて、ワシが飛びつくと思って舐めとんのか」

最初から「かまし」を入れてやった。私の姿勢は、端から決まっている。

「きれいに手を引いてくれ」

関根は、観念した様子だった。

「わかりました。ただ、これは私一人の問題じゃない。いろいろな人間が絡んでまして……」

「いろんな」の中で稲川会が大きなウエートを占めている。その各方面を納得させる「テーマ」は何なのか。関根とのやり取りからそれをつかもうとした。

だが、敵もさる者である。逆らいはしないし、逆襲に転じることもない代わりに、のらりくらり言葉をかわし、ねちねちと絡んでくる。

〈これは、一筋縄ではいかんな〉

作戦を変更することにした。長居は無用である。

「これ以上、山野さんを責めたりしたら、また別の問題になるからな」

そう言い残し、私はその場を去った。

後日、明らかになったことがある。山野影英は事もあろうに、関根に「太田社長」や「東邦生命」の名を出して保身に走っていた。初対面の席であれだけその名は出すな、と釘を刺していたにもかかわらず、である。

山野彰英の本心は、太田社長に相談したときから「この案件は太田社長、東邦生命に全部引き受けてもらい、逆転してやる」と決まっていたのだろう。山野はそれでいいかもしれない。だが、私にとっては太田社長、東邦生命は最も触れてほしくない部分。最大の弱点と言ってもいい。

本当に山野にはつける薬がない。自分が儲かる、自分が助かるためなら何でもする。恐らくこの調子なら、実母である山野愛子すら売るに違いない。何のための総帥なのか。

山野彰英との面会を取り付けた私は、席に着くや、すぐ口火を切った。

「山野さん、あなたは、何を、どうしたいんですか」

蚊の鳴くような声で、山野は告げた。

「ごくごく単純な金儲けをしたいだけなんです。私が今、投資している額にいくらか利益を乗せて、それが返ってきたら、もう十分という話で……」

心底愛想が尽きた。大恩ある太田社長ではあるが、こんな言葉が頭をよぎる。

〈こんな人間を、よう紹介してくれたな〉

とはいえ、太田社長の頼みは無碍にはできない。目の前にいる御曹司の話も聞いてやるしかない。

私はこんな絵図を描いた。オーナーである山野影英を通じ、日本レースに手形を乱発させる。結果として会社は借金だらけになる。関根一派に「こんな会社、触ってもどうにもならん」と思わせ、手を引かせる。こんな単純な作戦であった。

すでに触れたように、日本レースは一部上場にしてはそれほど大きな企業ではない。年商十数億円といったところ。「糸偏」と呼ばれた繊維・織物産業は当時でさえ完全に斜陽化していた。

山野は、私に、日本レースの「取締役営業所支配人」というポストを用意し、三洋興産対策のすべてを委ねた。

なお、私の実兄の湖山平宇を日本レースの専務取締役に据えた。当時の『会社四季報』を紐解いてみれば、兄の名前が記してあるはずだ。

この日本レースに関連するが、大阪市西成区に「アーデルホーム」という昭和四十七年に設立された宅地建物取引会社がある。親会社はアーデル・ミートパッカー。内外畜産、阪南畜産と並んで国内の枝肉を仕切っている大手食肉企業である。

当時はバブル花盛りの時代。銀行は「どんどん金を出します。どうぞ借りてください」と鼻息が荒かった。今では考えられない。

アーデルホームとアーデル・ミートパッカーの主要取引銀行は、太陽神戸銀行。両社ともテレビでコマーシャルを打って、かなり派手に立ち回っていた。

このアーデルホームで副社長の地位にあったのが私の学生時代の硬派仲間の岡本醇蔵だ。

岡本は、私が大阪工業大学時代、配下を引き連れて大阪の「キタ」の繁華街を徘徊していたころ、誰よりも恐れられ、勢力もあった。

近畿大学応援団長で、私より四つ年上。昭和四十年代末から五十年代はじめにかけて大ヒットした劇画『嗚呼！　花の応援団』で主人公であった青田赤道のモデルであった。

日活が昭和五十一年から三本映画化している。制作スタッフらが彼のところに挨拶に来たので、団旗の持ち方や、応援歌に注文をつけてやったという。その岡本は、ぶつかって直ぐに肝胆相照《かんたんあいて》らす仲になった。いわゆる兄弟分である。

この岡本が、仕事のことで急に必要になった五億円ほどを用立ててくれた。緊急融資を頼むと二つ返事での了解だった。

「けどな、今、手持ちの現金がない。五億円の手形を出すから、太陽神戸銀行に持って行け。すぐに割り引いてくれるから」

それでもありがたい話だった。ただ、手形を振り出してもらうのに私では信用がない。

「すまんけど、裏書保証の保証人を立ててもらわれへんやろか」

そう懇願された。これも残念なことに、私の周囲には保証人になってくれるような身元のしっかりした人間が見当たらなかった。

ようやく思い当たったのが、太田社長の東邦生命の大阪支社長である河野通弘である。

保証人を頼むのに、手ぶらというわけにはいかない。河野に提案した。

「支社長、大阪にアーデルホームという会社があります。本体はアーデル・ミートパッカー。これから大きくなる会社やと思います。法人団体保険の話はできると思うんです」

岡本に聞くと、東邦生命の支社長なら問題ないと即決でオーケーが出た。

あらためて河野に保証人の話を持ち掛けた。

「ちょっとばかりご足労願って、保証していただけませんかね」

「それはもう。行きましょう」

河野が保証人を引き受けてくれたおかげで、五億円の手形は無事に振り出せた。手形はその年の三月に決済期日が設定されていたが、二月には前倒しで返した。

岡本は法人団体保険の契約に約束通り応じてくれた。大阪支社、ひいては支社長である河野の成績にも繋がる。

こうして東邦生命とアーデルホームには対の関係が生まれた。

私と岡本は、いくつかの仕事をしていた。

ある時は、逆にアーデルホームから四十億円をなんとかならないかと頼まれたことがある。東邦生命に河野支社長経由で融資の申し入れをする。

支社長の判断はこうだった。

「アーデルホームさんは失礼ながらまだこの程度の実績です。四十億円の融資はちょっとしんどい。半分の二十億円でどうでしょうか。その二十億円も私が決めることやない。本社に上げさせてもらいます。場合によっては、本社まで説明に行ってもらわんといかんかもしれません」

岡本に伝えると、すぐに返答があった。

「どこでも行きます」

そんな経緯で私も東邦生命の役員会に出席することになった。いや、「させられた」と言うべきだろうか。

太田社長としては個人での決裁は避けたい。後日、問題になるような事態はあってはならない。役員会を通すことで、「勝手な情実融資」という批判はかわすことができる。

今となっては笑い話かもしれないが、役員会の会場に私の席が用意されていた。東邦生命はおろか、一部上場企業の役員会に出席したことなど、後にも先にもそのときだけである。

二十億円の融資は無事承認され、すぐに実行に移してもらえた。担保は兵庫県三木市美奈木にある約四十万坪の土地。平坦ないい物件で将来はゴルフ場として開発もできるという話だった。今では「美奈木ゴルフ倶楽部」というトーナメントも開催できる立派なゴルフ場になっている。

アーデルホーム副社長の岡本は私を介し、東邦生命から二十億円を借り受けることができた。

だが、必要な資金は四十億円。残りの二十億円をどうすればいいのか。ちょうどその頃、私は日本レースの問題に関わっていた。妙案がひらめいた。

「そんなら、この美奈木の土地を、日本レースがいったん四十億円で買うことにしよう。買い値四十億円はつけられんから、実際には二十億円で買って、企画料と開発許認可取得料という形でもう二十億円。これでどうや」

日本レースの手形としてメインバンクの太陽神戸銀行で割り引けないか確認すると、何の問題もないという。

あとは日本レース側の了解を取り付けるだけだ。

私は電話で山野に言い含めた。

「これはええ買い物やから。実はワシの穂先でもあるし、間違いない。手形を振り出しまくれば、三洋興産対策にもなる」

とはいえ、山野は山っけのありすぎる人間。事件性を滑り込ませないよう、慎重に事を運ぶ必要がある。取締役会を開かせ、きちんと手順を踏んだ。

私は私で「支配人」を立て、新会社を登記する。その支配人名義で手形を振り

が一億円の手形を二十枚とすることにした。一本二十億円の手形といっても、額面二十億円一本というわけにはいかない。一本
出した。

ところが、岡本もなかなか抜け目のない男である。二十億円のうちの一割、二億円をお小遣いにしてしまったのだ。十八億円は太陽神戸銀行に割り引かれ、確かにアーデルホームに入っている。岡本は二億円だけポケットに入れたわけである。

すでにこの世にいない人間を悪く言うのもはばかられるが、岡本は気前はいいがアホな男であった。

山健組若頭補佐の松下の手下で山健の看板を使って悪事ばかり働いている集団がいた。その集団に岡本が騙されてしまう。何でも岡本の大学の先輩にあたる人間がその集団にいてやられてしまったらしい。

岡本はそいつらに二億円払う必要に迫られ、ポケットに入れたばかりの金を渡してしまう。その時に、こう聞かれた。

「岡本さん、これは何の二億や？」

筋者とはいえ、無闇な金をつかんで、痛くもない腹をさすられたのではたまったものではない。やつらとしても、二億円の出所を確認したかったのだ。

この時の岡本の対応は想像を絶する。あろうことか、自分が持っていた一億円の手形二枚と、残り十八億円分の手形のコピーを山健組の連中に渡してしまうのだ。

すでに述べたように、十八億円分の手形は太陽神戸銀行の割り引きが入っている。こうなると、奴らのやることは決まっている。山健組の札付きが都市銀行の本物の手形とコピーを手に入れたのである。

集団は十八億円分の偽造手形を作った。太陽神戸銀行の手形用紙の体裁さえ取っていれば、番号などいかようにでもできる。これがプロの仕事というもの。

やつらは偽造手形十八億円分と、本物の二億円手形は半分か、三分の一かの売値でばらまいた。暴力団一流のシノギをかけたわけだ。

当然のことだが、問題は明るみに出た。ばらまいた奴らは、慌てて回収に走った。焦げ付かないよう、処理できるだけの範囲で処理したようだ。それでも回収できない部分はあった。それが鶴巻智徳のところに行ってしまうのだ。

鶴巻智徳は不動産開発業者だ。のちに大分県日田市にＦ１開催を目指して五億円を投じてサーキット場「オートポリス」を開設する。ピカソが描いた『ピエレットの婚礼』という画をニューヨークのオークションで五千百三十万ドルもの超高額で落札し、話題になったこともある。

ややこしいのは、鶴巻が稲川会の稲川聖城会長といっしょに麻雀をする親しい仲だったことだ。

その鶴巻が日本レースの「藤田永中」の裏書きのある一億円の偽造手形を何枚も買った。藤田永中は、当時の私の名前である。

ちょうど山口組が山一抗争で竹中正久組長が暗殺されて、渡辺芳則若頭を中心とした暫定的な執行部体制だった時である。神戸の本部に稲川会の森泉人さんが稲川会の本部から、直接渡辺若頭に連絡を入れた。

それで、渡辺若頭から私に連絡を寄越すようにと言づけがあった。鶴巻が稲川会に話を持ち込んだのだった。

私は何事かと思って、直接、渡辺若頭に電話を入れた。渡辺若頭と知らない仲ではなかった。

すると渡辺若頭が、こう事情を説明した。

「おう、藤田よ。今、稲川のおじさんのところから連絡があった。『藤田の名前で裏書きした日本レースの一億円の手形が、何枚かある。その藤田は代行と親しい人間らしいじゃないか。藤田いう人間を、出してくれないか』そういう話だ」

私は渡辺若頭に、すかさずこう言った。

「若頭、何を言うてます。それは偽造ですわ。私の名前を騙ってるやつやから、その手形持ってるいう奴が来とんのでしたら、殺してしまっても構いません。掃除したってください」

鶴巻は、その答えを聞いて、これはどうにもならんと思ったようだ。いったんはそれで収まったはずだった。

ところが、半年ほど経ってから、住吉一家小林会初代会長小林楠扶さんのところの福田晴瞭さんから、私に電話があった。

「今どこ?」

そう訊くから、「東京ですよ」と答えると、電話が小林会長に代わった。

「東京なら、ちょっと事務所に来てもらえんかな」

「分かりました、いいですよ」

当時、私は東京では帝国ホテル本館の四階に事務所を持っていた。隣りが統一教会日本の初代会長で国際勝共連合の日本初代会長でもある久保木修己の事務所、その隣が自民党公認で参議院選挙で初当選を飾って間もない糸山英太郎の事務所だった。

急ぎ帝国ホテル裏の銀座七丁目のビルにある小林会長の事務所に向かった。

小林楠扶会長の事務所へ入ると、四人がけのソファに知らない顔が二人座っていた。

小林会長が、その二人のうちの一人を紹介してくれた。

「鶴巻智徳さんだ」

鶴巻とは、それが初対面だった。鶴巻は、そのとき、稲川会の特別相談役だった。もともと千葉ということで、東急建設出入りの鉄骨屋かなにかだった。一応はカタギだが、完全に稲川会の看板で仕事をしていた。

私は鶴巻に訊いた。

「何の用事ですか」

鶴巻が、切り出してきた。

「実は、日本レースの手形のことで」

それで、私は完全に頭にきてしまった。

「なにぃ、コラ！　山口組本部へ連絡とって、渡辺若頭にワシのこと言ったのは、お前か」

瞬間的にブチ切れたのだ。

大喧嘩になりかけたのを見て、今度は小林会長が慌てた。紹介したのに喧嘩腰のやりとりになったものだから当然だ。鶴巻は鶴巻でカンカンになっている。

私は小林会長に言った。

「こいつね、神戸の本家に連絡とって、若頭に、ワシを出せと言ったんですよ。そこでワシは、渡辺若頭に言うたんですわ。『そいつを、殺してもええ』と」

なおも私は、鶴巻を睨みすえた。

「お前、それで話ならんかって、ほんで今度小林会長のところに来とるのか。人を馬鹿にするな、コラ！」

小林会長もそれを聞くと、やっぱり気分が悪い。二番煎じもいいところだ。まだ五代目になっていないが神戸の渡辺若頭に言っておきながら、それでどうにもならんからと、今度はこっちに持ってくる。小林会長の立場からすると、こいつ、一体何だということになる。ものすごい気まずい雰囲気になった。

そこで、とにかく帰ってくれということになった。鶴巻とツレの二人が帰って行った。そのときの鶴巻のツレが、もともと鶴巻のところに怪しい手形を持ち込んだ男だったらしい。出版社かなにかの経営者だという。

鶴巻はその足で、手形を持ち込んだ男を六本木の稲川会東京本部に連れて帰った。

鶴巻はあまりにも私にコテンパンにやられ、恥をかかされたものだから、その男に怒鳴り散らした。

「どうけじめをつけるんや！　とにかく、お前がケツを拭け！」

すると、当番で本部に詰めてる八人が、その男を一斉にシメたらしい。手形を持ち込んだ男は、そこで泣きを入れた。

「何とかします」

しかし本部を出ると、その男はそのまま警察に飛び込んだ。

そのせいで、八人全員パクられた。新聞でも大きな記事となった。

ただ、逆恨みはいっそう高まった。原因はみな藤田永中ということになった。

要するに、坊主憎けりゃ袈裟まで憎いではないが、関係のない私が逆恨みされただけである。ケジメをつけないといけないことになってしまう。

「何かあったら、藤田永中をいてまえ」

「ぶつかったら、遠慮せんととにかくいわせえ」

そういうことになったらしい。

あらためて言っておくが、日本レースの「手型乱発事件」なるものは、一切事件になっていない。一部のメディアや自称ジャーナリストが面白おかしく取り上げているようだが、現に一人の逮捕者も出ていない。

すでに説明したように、二十億円の手形はすべて決済されている。山健組の連中が偽手形を何枚刷って、いくら回収したのか知る由《よし》もない。ただ、私のところには一枚も回ってきていないとだけは言っておく。

なお、偽造グループの主犯の男は昭和六十一年に逮捕された。

## 乗っ取り屋横井英樹には呆れた

日本レースの「手形事件」とは、実はこの話だけではない。別にもうひとつある。主役は乗っ取り屋として知られる横井英樹である。それを話してみよう。

《筆者＝大下は、横井英樹に会い、インタビューし、さらにのちに『昭和闇の支配者　四巻』で「錬金術師　横井英樹」として上梓している。

横井英樹は、大正二年七月一日、愛知県中島郡平和村の貧しい農家の次男に生まれる。

小学校を卒業し、十五歳で上京。繊維問屋の見習い店員をする。

昭和五年横井商店を創業。七年横井産業と改称。二十二年には株式に改組し、社長に就任。二十八年に老舗百貨店白木屋の株を買い占め、話題を呼ぶ。

三十二年引き揚げ船の興安丸を買い取り、東洋郵船を設立、社長に就任。四十五年に山科精工所会長、東洋不動産、内外スポーツ新聞社等の各社長を兼任。その後も東洋精糖、帝国ホテルなど有名企業の株を買い占めたことから〝乗っ取り屋〟の異名をとった。

五十四年には、株を買収して藤山愛一郎代議士の経営する大日本精糖の所有していたホテルニュージャパンの経営権を握った。五十七年十一月同ホテルの火災で、三十三人死亡したことにより業務上過失致死傷容疑で逮捕された。

六十一年一月、総額十五億五千万円の損害賠償請求訴訟を起こした日本人犠牲者九遺族側とは示談が成立。六十二年五月、東京地裁で禁固三年の実刑判決、平成二年に東京高裁二審判決でも禁固三年、控訴は棄却。五年に最高裁で実刑が確定、服役した。

ホテルニュージャパンの火災から五十五日後、筆者は、週刊文春に横井英樹の〝悪の経営学〟を連載し、その反論の場として、横井に東洋郵船社長室でインタビューし、昭和五十七年四月十五日号に「あれから五十五日　横井英樹に長時間仰天インタビュー『サラリーマンにボクの気持がわかってたまるか』」を載せた。

横井は、例によって蝶ネクタイ姿でまくしたてた。

「ホテル経営？　いや、もう、懲りたどころの騒ぎじゃない。いま、わたし、ホテルニュージャパンの他に、船原ホテルとパシフィックホテル茅ヶ崎を持ってますがね、スプリンクラー、スプリンクラーとみなさんおっしゃるから、『全部どこもかしこもスプリンクラーをつけろ。消火器持って、ホテルの中を、四六時中、グルグル、グルグル回って歩け！』といっているんです。だから、いま従業員たち、消火器持って歩いている。ところが、お客さんに怒られるんですよ、『目障りだから、あんまりグルグル回って歩くなッ！』

みなさん、ニュージャパンの設備がどうのこうのとおっしゃいますが、先々週、ヒューストンのヒルトンホテルも焼けたんです。まだできて半年くらいの近代設備のホテルですよ。とにかくこうなれば、燃えない建物をつくるか、あるいは、お客さまを猛烈に訓練して、変な話だけど、部屋の中で絶対に煙草なんか吸わさないようにするしかありませんね。あるいは従業員全員がマスターキー持って、ドアチェーンは取っちゃって、どの部屋でも開けられるようにするとか。その場合に、お客さまのプライベートのことで、いろいろと問題が起きますしね。新婚のお客さまもいらっしゃるし、ちょっとおかしそうだからってマスターキーでパッと開けたら、大変なことになりますしねえ。いろいろと考えますと、今後のホテル経営というのは、なかなか大変なことになってきましたよ。とても孫子の代までホテル経営をやらせることは……」

横井は、ホテルニュージャパンの火災で死んだ遺族から「貧乏エビス」とののしられた顔をゆがめ、深い溜め息をついた。

警視庁麹町署の捜査本部は、今回の大惨事の遠因を①スプリンクラーの未設置②防火区画の不備③非常放送設備の未整備④自動火災報知機の不備⑤避難誘導の不適切の五点にしぼって捜査を進めてきた。

その結果、火災前に麹町消防署からスプリンクラーを「設備せよ」との命令書を受けたとき、

「設備のためのカネはない。やるまねごとをして、引き延ばしておけ！」

という設備を偽装させるかのような指示をしていた、との複数の証言が出てきた。が、横井は否定した。

「いえ、できるだけスプリンクラーは、つけましたよ」

が、捜査本部の調べでは、一、二階にスプリンクラーが一部設置されているものの、機能するのは一部だけで、大半は水道管に接続していない、といった欠陥スプリンクラーで、横井のいう〝まねごと〟であった。》

私と横井英樹を引き合わせた仲介人は、大阪信用組合理事長の川瀬徳之である。日本レース「手形乱発事件」が起きていたとされる昭和五十九年のことだ。横井がオーナーだったホテルニュージャパンはすでに焼け、営業停止になっていた。地下のナイトクラブ・ニューラテンクォーターだけがひっそりと営業を続けていた。


目の前に現れた横井は、テレビで見るのと同じ独特のファッションで身を固めていた。トレードマークであるあの蝶ネクタイもしっかり締めている。

この時に私は、横井からちょっとした買い物をした。通称「パシフィックホテル」こと、茅ヶ崎パシフィックパークと、東証二部上場企業・山科精工所（現在はヤマシナ）、ホテルニュージャパンの三点セット。ニュージャパンの買値は、五百億円、パシフィックパークが、百二十五億円、山科精工所株の五一％で百億円近かった。締めて七百数十億円というところだ。

パシフィックパークは、ホテルを中核とするリゾート施設。開業当初は俳優の上原謙・加山雄三父子がオーナーだった。

山科精工所は日本のネジメーカーの老舗。十字穴付きネジを初めて国産化した名門企業である。京都の山科駅前に一万坪の工場があった。山科といえば、京都中心部や大阪のベッドタウン。私はそこを宅地にしてマンション建設計画を考えていた。

私は、三点セットを買収する契約を結び、全額七百五十億円を日本レースの手形で支払っている。

「二カ月で、権利確認の上、すべて決済できます」

私は横井の前で胸を張った。もちろん、私の一存でこれほどの買い物をしたわけではない。日本レース側で手続きを踏んで了解を取り付けてある。

ただ、この買収劇は結果的に成功しなかった。この後、予想もつかない展開が待ち受けていたのである。

横井英樹は日本レースが振り出した手形を受け取っていることを公にしてしまう。これは乗っ取り屋独特の発想である。あるいは日本レースまで自分のものにしようという魂胆があったのかもしれない。

「あの横井が、日本レースの手形を持っている」

この話は、やがて東京証券取引所に伝わると、日本レースの決算で、監査法人が「サインできない」と言い出してしまう。

「今の日本レースの経営状況で、七百五十億円もの手形をどうやって決済するんですか。何の根拠もない。こんな不明朗なやり方は通用しません。手形が回収できないようなら、管理ポストに置かざるを得ない」

これには往生した。管理ポストとは、株価に大きく影響するような情報が錯綜した場合、上場企業に割り当てられるものだ。投資家に対する「黄色信号」ともいえる。「この企業はちょっと危ないですよ」というサインである。

管理ポストに置かれた企業は、情報を確認し、上場基準を満たしていれば、通常の株取引ができるようになる。満たしていなければ、今度は整理ポストが割り振られ、あとは上場廃止の運命だ。

一時は東証理事長への直訴を真剣に考えたこともある。それほどの事態だった。

仕方がない。私は、横井ともう一度会うことにした。

「横井さん、契約は契約でちゃんと履行したいと思うんやけど。手形だけは返してもらわれへんやろか。そうせな、日本レースが上場廃止になってまうかもわからんのや」

ところが、横井の返答は「ノー」だった。手形は返さないという。

このとき、私は元安藤組組長・安藤昇の心情が痛いほどわかった。

《筆者＝大下は、『実録・安藤組解散　さらなる戦い（上・下）』を上梓し、横井英樹襲撃事件を安藤の証言をもとに描いている。

横井は白木屋乗っ取りの資金調達のため昭和二十七年に元侯爵の蜂須賀正から三千万円を借り入れた。だが、返済期日を過ぎても返さない。蜂須賀の死後になって未亡人の相談を受けた三栄物産代表取締役の元山富雄は、安藤に取り立てを依頼する。

安藤昇は、大正十五年五月二十四日、東京都新宿区生まれ。昭和二十年六月、神奈川県久里浜の特攻隊に志願し、配属され、過酷な訓練を受ける。二カ月後に終戦となり、除隊。

法政大学予科に入学するが、翌昭和二十二年に退学し、仲間達とともに愚連隊を作った。

昭和二十七年、用心棒や賭博を手掛ける東興業を設立。のちに「安藤組」となった。最盛期には五百人以上の構成員がいた。

安藤は元山とともに銀座の東洋郵船本社で横井と交渉する。が、横井は頑として首を縦に振らない。

それどころか安藤昇に毒舌を吐いて見下し、「支払う気はない」と恨みを買い、安藤昇の部下によってピストルで襲撃された。》

このように横井は、私が会ってきた人間の中で、とびきりの悪人だった。

〈このまま行ったら、ワシもえらいことになる。横井を殺さないかんのかな〉

その後も横井との交渉は続いた。

私は逃げ回る横井を何とか捕まえ、ようやく手形を取り戻すことができた。落とし所は、やはり金である。

「では、迷惑料として三千万円いただきましょうか」

横井は、ぬけぬけとそう言ってのけた。「何が迷惑料か」と口から飛び出しそうになるのを抑え込んだ。こっちも追い詰められるだけ追い詰められている。三千万円で片がつくのなら、よしとしなければならない。

三千万円を支払い、帰ろうとすると、横井は思わぬお土産をくれた。なんと、ティッシュペーパー。それもトラック一杯分ほど。やはりこの男の考えることは理解不能だった。

あとは監査法人にサインしてもらうだけ。担当の公認会計士も私から逃げ回っていた。自宅だろうと、外出先だろうと、お構いなしに探し回った。この男のサインがなければ、日本レースは上場廃止となる。背に腹は代えられない。こちらも必死だった。

ようやくサインをさせたときは、本当に安堵したものだ。

三点セット買収計画は、これまで一切表には出ていない話である。私は誰にも話したことはない。日本レース「手形乱発事件」といえば、アーデルホームの件しか知られていない。だが、実際には横井英樹との間でさらに巨額の手形が動いていたというわけだ。

この案件と、アーデルホーム副社長の岡本醇蔵が巻き込まれた手形偽造はちょうど同時期。しんどかったのだけはよく覚えている。昭和五十九年は忘れられない年となった。

日本レースは、その後、東邦生命の太田社長が収拾役を買って出た。

## 尊敬する「殺しの軍団」柳川次郎組長

柳川次郎会長と私の縁は古い。

言わずと知れた「殺しの軍団」の柳川組組長だ。

「柳川の先代」

私はそう呼んでいた。柳川組は柳川次郎が立ち上げ、二代目を谷川康太郎に引き継いだからだ。

私は柳川の先代を尊敬していた。私が知り合った頃にはすでに渡世から足を洗っていた。いわば「枯れていた」時代である。

一方でかつての子分たちがそれぞれ一国一城の主となり非常に寂しい思いをしていた。個人としても寂寥《せきりょう》の思いは禁じ得なかっただろうし、国家や民族についても思うところはあったはずだ。

憂国の士として活動もしていた。

〈われわれは、これでいいんやろうか〉

そんな志を強く持っていた。私は柳川の先代のそういう点に対して敬意を抱いていた。

先代に私が所有していた中崎町の有恒ビルの四階に個人事務所を置いてもらったのは、不謹慎な言い方ではあるが、私が何かお世話をしたかったからである。はっきり言っておくが、私は柳川会長の威光を背景に仕事をしたことは一度もない。柳川の名を借りて何かものが出来るとか、紛争が解決できるとかいったことは間違ってもない。

私が柳川の先代と親しくしていた当時、すでに往時の力はなかった。むしろ、マイナスに働くことが多かったと言ったほうがいい。何しろ、昭和四十四年八月に山口組からは絶縁された身である。利得を得るという意味では柳川の先代と付き合って得になることは一つもなかった。

ヤクザ社会にあって「絶縁」は決定的な意味を持つ。プレイヤーとして参加させてもらえないばかりか、出てきただけで忌み嫌われる。

上辺だけで柳川の先代を「会長」「先輩」と立ててみせる人間はいる。だが、山口組を絶縁となってからの柳川に政治力や経済力があったわけではない。現に頼み事があって柳川を訪ねる人間は皆無に近かったのではないか。たとえそういう境遇にあったとしても、私にとって、同胞として柳川の先代は尊敬に値する人物だった。だから、事務所も世話したし、車も出した。面倒を見させてもらっていたわけだ。

柳川の先代は同年輩のちゃんと生きてきた者に対し、私を「在日の次のリーダー」として精一杯立ててくれた。その気持ちは、本当にありがたかった。今でも感謝している。

《（大下・注）三代目山口組若中で柳川組初代組長、通称「マテンの黒シャツ」と呼ばれた柳川次郎の本名は、梁元錫（ヤン・ウォンソク）。大正十二年に釜山で生まれた。

昭和五年に家族と来日し大阪府に居住。

昭和十六年十二月十二日に太平洋戦争が開戦すると、強制労働に半ば駆り出されるような形で家族とともに大分県の軍需工場近くに移住する。

昭和二十年八月十五日の終戦で、一家は朝鮮に帰国をすることになる。だが、柳川は、出国直前に喧嘩に巻き込まれ逮捕される。このため一家でただ一人、日本に取り残されることになる。

身寄りがなくなった柳川は、大阪に赴くと旧知の谷川康太郎と合流。谷川は同胞の在日韓国人で、本名は康東華（カン・ドンファ）であった。

柳川は、愚連隊に身を投じた。昭和二十一年に闇市でトラブルを起こし、強盗罪で服役。

昭和二十八年に出所すると、大分県中津市のテキ屋吉森一家の客分となる。まもなく石井組組長の石井一郎とともに、大長組組長の大長健一の舎弟となった。当時、吉森一家は石井からカスリを取っていたが、大長が「自分の舎弟の石井からカスリを取ることは許さん」と吉森一家に通告してきた。そのことから、大長組と吉森一家が激しく対立。板ばさみとなった柳川は、指を切断して吉森一家に詫びを入れる。これが決め手となって、吉森一家は石井のカスリを放棄。大長の主張が通る。

柳川は、再度大阪に戻って、キタで不良の頭目となり、柳川一派を形成。一時、諏訪一家の総裁だった諏訪健治大親分の下で若衆（大阪支部長）となる。

昭和三十三年には酒梅組の梅野国生の客分になる。

その年には、釜ヶ崎の縄張り争いで、同じ酒梅組系列だった組員百名の鬼頭組に対し、わずか八人で日本刀を手に殴り込んで名を上げた。

柳川は、この事件で収監されたが、九カ月の服役で保釈された。出所後の十一月には、大阪市北区堂山で柳川組を新たに創設した。

柳川は、昭和三十四年五月、テキヤ北三沢組・藤本与治組長とキタの露天で提携する。だがこの提携から、大野会・大野鶴吉会長の舎弟の双葉会・丹羽峯夫組長と柳川らとで小競り合いとなった。

事態を収拾するために山口組舎弟だった中川組の中川猪三郎組長が仲裁に入るが、不調に終わった。結局、別の筋からの仲裁で決着した。

この一件を切っ掛けとして、柳川と三代目山口組との縁ができることになる。

折も折、大阪府堺市の堺泉北臨海工業地帯造成工事の荷役・労働供給権の独占を目指して、山口組三代目組長田岡一雄が勢力拡大を狙っていた時期でもある。中川を通じて山口組若頭の地道行雄の目に留まる。

柳川は、昭和三十四年六月、盃を交わして地道の舎弟となった。これに伴い、柳川組の福田留吉、園幸義、黒沢明らが地道行雄を組長とする地道組の若衆に直っている。

なお黒沢明は、のち柳川次郎の葬儀委員長を務め、大山倍達の遺言書の立会人の一人でもある。

翌年の昭和三十五年八月九日から、大阪ミナミで三代目山口組と在日韓国・朝鮮人の不良を中心とした姜昌興を会長とする愚連隊の連合組織明友会との抗争事件が勃発する。

柳川は攻撃部隊の主力として活躍し、逮捕者二十四人を出しながらも活躍が認められる。

昭和三十五年十二月十三日の山口組創立記念日に、柳川と石井一家初代組長の石井一郎は、三代目山口組田岡一雄組長の直参となった。

だがこの頃から、大阪に進出してきた他の山口組系列化の団体と柳川組との間で紛争が起こる。各組の利害を調整するために山口組が南道会・藤村唯夫会長を大阪地区の総責任者とするまでに至る。

それでも柳川組の膨張は止まらなかった。そのため、地道の提案で柳川組を他府県に進出させることになった。

これを機に、全国最大の組織山口組の全国制覇第一先鋒部隊として、冷酷無惨な戦闘力で活躍。近畿から北陸、さらには北海道まで柳川組は進出。全盛期には構成員二千人を数えるまでになる。

柳川は、昭和三十八年に債権取立てに絡んだ恐喝容疑や鬼頭組との乱闘事件と合わせて長期の服役を余儀なくされる。

取りあえず地道によって若中清水光重が柳川組の目付役となるも、組の跡目を決定する必要に迫られる。

なお一連の刑事裁判は、昭和三十九年一月十六日に上告棄却・懲役七年の刑が決定的となると見て、その二日前の一月十四日に柳川は引退を表明。これで仮出所を許される。

柳川は三月五日に大阪市北区中之島の回生病院に入院し、組の跡目を決める算段をつけ始める。谷川康太郎が二代目に就任する。

その後も勢力拡大を続ける柳川組は、最盛期に一千七百人もの組員を抱え、（準構成員含むと約二千八百名）二次団体でありながら単独で警視庁指定全国広域五大暴力団に指定されるまでになった。

昭和四十四年以降、警察の頂上作戦の後半は、山口組にターゲットを絞って実施された。

柳川組は第一次頂上作戦に当たって、警察の集中取締りの対象となる。柳川組だけで逮捕者百六十四人を出す事態になる。

頂上作戦以降も大阪府警の集中取締りの対象になり、昭和四十四年四月九日に柳川と谷川は獄中で解散を決意。これをもって柳川組および山口組に対する第一次頂上作戦は終結することとなる。が、柳川・谷川は独断で組の解散を決めたことで、その年八月一日に山口組から絶縁処分を受ける。

柳川は、ヤクザから完全に引退した後は、元公安調査庁調査官・佐野一郎を表の顔として、自分は会長となり、昭和五十三年に右翼団体亜細亜民族同盟を創立した。》

全斗煥大統領の任期中、柳川次郎会長と私は南北平和統一諮問委員を仰せつかっていた。何度もいっしょに会合に出席している。他の委員といえば、民団の団長、パチンコ屋の経営者といったお決まりの顔ぶれである。中でも異彩を放っていたのが、柳川会長と私の二人だった。

大統領の諮問委員に選ばれることは在日にとってこの上もない名誉である。特に主流派とされるような在日の有力経済人たちから見ればそうだ。彼らからみれば、私と柳川会長のような存在は「胡散臭い」「鬱陶しい」以外の何物でもない。何をしているかわからない輩ということになる。それだけにあまり愉快ではなかったのではないか。

# 第六章　さらなる野望

## 亀井静香代議士の剛腕

大阪府は府内に根を張る約三十もの信用組合を合併・統合によって整理し、十ほどに集約する計画を進めていた。庶民からなけなしの虎の子である金を預かるのが信用組合。万が一に備え、金融機関として体力をつけておかなければならない。

大阪府の信組整理計画の中で赤丸要注意とされていたのが実業信用組合だった。「すぐにでもどこか真っ当な金融機関とくっつけたい」というのが、所管する大阪府商工部の本音であった。

これを嫌った大阪の天満橋筋六丁目に本店を構える実業信用組合の前田治一郎

が、衆議院議員の亀井静香・白川司郎コンビを担ぎ出したのだ。

兵庫県出身の前田は、全国協組連理事を務め、大阪府議会議員となる。昭和四十七年の第三十三回衆議院総選挙で大阪一区に自民党から出馬し、初当選。以後、二期務める。昭和五十四年には落選し、政界は引退していた。

前田が理事長に据えた白川は、好き勝手に暴れ始める。大阪府の思惑とは正反対の方向に実業信組は走り出した。

実業信組をどこかに吸収させるのではない。実業信組をさらに肥大化させ、ほかの信組と合併し、あわよくば、信用金庫か銀行へと「格上げ」を図る、これが白川の狙いだった。完全な「焼け太り」である。

大阪府は、信用組合の統廃合を進めていた。当然、実業信組にも指導をおこなう。その過程で白川はいろいろと大阪府にいちゃもんをつけた。

例えば、預貸率。実業信組が集めた預金のうちどれだけ貸付に回っているかを示す指標だ。これを調べた際、お為ごかしなことを言いながら、白川は他の金融機関にあった大阪府の預金を実業信組に付け替えさせた。

他にもさまざまな角度から脅しが入る。大阪府はたまったものではない。大阪府知事・岸昌は困り果てた。野村周史会長の後援者である運送会社社長を通じて私も含めた会食の席を設定した。「歴代大阪府知事のお目付役」である野村周史会長は、当時の大阪府知事の岸昌とも関係がよかった。

テーブルを挟んで向き合った岸知事は見るからに憔悴しきっていた。大阪府という一国一城の主人にはとうてい見えない。白川の攻勢にほとほと手を焼いている様子がうかがえる。

会食の席で運送会社社長がまず私に相談を持ち掛けてきたのは、岸知事の個人的な問題についてだった。

岸知事の知人が兵庫県の有馬温泉でケアハウスを始めようとした。高齢者向けに温泉を引き込み、医療的なケアも受けられる。ホテルや旅館、マンションとも違う居住型の療養施設である。今でこそ、「サービス付き高齢者向け住宅」は全国に広がっているが、当時はまだ珍しかった。

先見の明はあったものの、事業自体は思うように行かず、問題になりかけているという。

実はそのケアハウスには岸も一口乗っていた。「老後のため」ということで、自分自身の部屋を二つもらっていたのだ。

岸知事は正直に打ち明けた。

「ケアハウスの経営が座礁し、そこに私が譲り受けた部屋があるとばれたら、非常にまずい。府議会で共産党議員が徹底して追及してくるでしょう。これだけは困るんです」

ケアハウスを潰したくないというのだ。

「ああ、わかりました」

私はこの案件を、その場で引き取った。大阪府知事直々に頼んできた相談事である。損得は抜きにして何とかしてやりたい。

岸知事と運送会社社長は、ホッとした様子で頭を下げた。

「ありがとうございます」

私は、ただちにケアハウスの経営者自身に八億円ほど渡し、総額二十億円ほどで買い取る。

私がその案件を処理すると請け負ったことで、岸知事はさらに口にした。

「実は、もう一つ困っている問題がありまして……」

私はそこで初めて白川による大阪府脅迫のあらましを聞いた。この席には大阪府出納長の吉川も同席していた。実業信組の問題に関しては吉川からの相談という形が取られた。

「何とか、円満に収める方法はないでしょうか」

吉川の話を最後まで聞き、私は答えた。

「いや、そやけど、これはもう手を引いてもらう以外ないんやないですか」

吉川や岸知事、運送会社社長は無言のまま、次の言葉を待っている。

「そんなもん、東京から何も事情も知らん者が来て、亀井先生がどうとか言うても、どんな先生やらさっぱりわからん。これ、無茶苦茶な話やないですか」

では、どうすればいいのか。その場にいた全員の目がそう訴えていた。

「わかりました。じゃあ、ワシ、その白川いうのんと会いますわ。ややこしいことは全部ワシに振ってください」

運送会社社長が、半信半疑の様子で返した。

「そやけど、柳川会長の名前まで出とんのや」

「いやいや、そんなもんはとにかく、柳川会長にワシが話をしますから。その件も、ワシに振ってください」

この問題で私の名前が出て、柳川次郎会長に伝わったとする。そのことで、柳川会長が私をすぐに責め立てるような事態にはならない。

「どういうこっちゃ？」

柳川会長は、私にそう聞いてくるだけだ。柳川会長との付き合いは、亀井・白川サイドよりも私のほうが間違いなく長く、深い。

「柳川会長については、心配されんでも結構です。とにかくわかりました。その話、お受けします」

私は、その時点では詳しい内容までわかっていたわけではない。だが、とにかく引き受けた。

やがて、その席はお開きになった。野村周史会長や岸知事、出納長の吉川らを見送っていると、もう一人の出席者が近づいて来た。時の大阪府商工部次長である。

「二人で、ちょっと話できませんか」

次長は実業信用組合理事長の白川司郎のカウンターパートとして最前線で白川と対峙してきた。実務に関して、知事である岸や出納長の吉川が前面に出ることはない。

「大阪府をはじめ、道府県のほとんどは東京事務所を持っています。白川は亀井先生の名前を使って中央から圧力を掛ける際、東京事務所長を的にしている。所長が、とにかくガッチガチにやられてどないもならんのです」

次長がいくら「自分のところに振ってくれ」「自分を訪ねてくれ」と亀井・白川サイドに要請しても、聞く耳を持ってくれないという。

「私からも頼みます。この問題、あんたが動いてもらうわけにはいかんやろか」

次長の窮状は痛いほどわかる。

「わかりました。じゃあ、ワシがやります。ワシが動きます。ワシから、柳川会長に会いに行きます」

翌日、私はさっそく、柳川次郎会長と会った。

「会長、何や実業信用組合の問題で、名前が出てますよ」

私は前日に聞いたことを柳川会長にそのまま伝えた。

「その亀井先生とは、何か関係があるんですか」

「いや、ワシのために『土曜会』というグループを作ってもろうてんのや」

「土曜会」には、元公安調査庁調査官の佐野一郎も名を連ねていた。佐野は柳川次郎が昭和五十三年に旗揚げした右翼団体・亜細亜民族同盟の二代目会長である。はっきり言えば、柳川の「ダミー」のような役割を果たしている。

柳川会長は佐野の紹介で亀井静香先生と面識を得た。亀井先生は亜細亜民族同盟の活動を評価し、スポンサーや賛助会員を何人かつけてくれたらしい。警察庁の公安畑には「サクラ」「チヨダ」「ゼロ」などとコードネームで呼び習わされてきた部隊がある。協力者（スパイ）と関係を作り、育てるのが彼らの役割だ。そのネットワークは日本社会の各層に細かく張り巡らされている。亀井先生はこの部隊と亜細亜民族同盟の接点を作ってくれたという。

柳川会長は、すぐに事情を呑み込んでくれた。

「そやったら、ちょっとワシといっしょに東京に行ってくれるか」

「いやいや、東京に行く前に、ちょっとアレを呼んでほしいんです」

「アレ」とはもちろん、白川司郎である。

「ワシが急に呼びつけても、角が立つだけです。第一、来んやろうし。あれは実業信用組合の理事長になっとるらしいから。週に一遍は大阪へ降りてきてるような話やし。とにかく会長、白川をちょっと呼んで。ワシに会わせてくださいな」

「わかった、わかった」

柳川会長は二つ返事で引き受けて、その場で白川に電話をしてくれた。

柳川会長から電話を受けた時点で、白川は「許永中が出てくる」と勘づいたらしい。

金融業のことなどまるでわからない柳川会長から「実業信用組合の件で会いた

い」と申し出があれば、通常の展開でないことは誰でもわかる。ともかく、白川は「許永中」という名前に心当たりがあったようだった。

《(大下・注) 亀井静香とは、筆者は同じ広島県出身者として繋がりも深い。実は、最初は刺々《とげとげ》しい関係であった。筆者は『週刊現代』で、「兜町の風雲児」として世間を騒がせていた「投資ジャーナル」グループの中江滋樹を主人公とした『小説中江滋樹　若き牙の折れるとき』を連載していた。その一回目から亀井が早々と登場する。

昭和五十九年三月二十七日夜の六時から『新高輪プリンスホテル』の三千人収容できる日本一の自慢の宴会場「飛天の間」で『投資ジャーナル二〇〇一年の会』が開かれた。

そのパーティーで、政財界の石原慎太郎、渡部恒三、伊東正義、松野頼三ら錚々たる人物が出席した。なかでも亀井静香は舞台に上がり、挨拶をする予定であった。このパーティーは、招かれざる客でブラックジャーナリストとして恐れられた『国会タイムス』の五味武が突如壇に上がり、中江を「サギ師」と罵り、パーティーで挨拶に立つ亀井らをあざ笑った。

その直後、筆者は亀井の実兄で、のちに参議院議員となる亀井郁夫と飲んでいた。亀井郁夫は当時旭化成の取締役で、やはり広島県出身の流通業界の業界紙の社長との縁で何度も飲む仲になっていた。亀井郁夫は、将来は旭化成工業の社長にもなる可能性あり、との評価を得ていた。

その亀井郁夫が、筆者に頼んできた。

「弟のことを『週刊現代』の連載で叩いているけど、いい奴だから、一度会ってみてくれよ」

筆者は、それまで亀井静香に会ったことは一度もなかった。政界のことも書いているので、会っておきたかった。

亀井郁夫の段取りで、亀井静香のひいきにしている赤坂のフグ料理で有名な『外松』で亀井静香と対面した。

亀井静香は、ふすま間を開けて入って来るなり、筆者に食ってかかった。

「てめぇ、ぶっ殺してやりたかったぞ」

初対面にしては、ひどく乱暴な口調であったが、座布団に座り話しはじめると、いかつい顔ながら笑顔のかわいさがあり、彼との距離が一気に近くなった。

それ以来、政界の取材には欠かせない人物となっていく。

今日まで、『政界大迷走・亀井静香奔る』をはじめ、彼の半生記『永田町ビッグバンの仕掛人　亀井静香』、『亀井静香　天馬空を行く』と三冊も彼に関する本を上梓している。

しかし、亀井の背後にちらつく白川司郎に会うことはなかった。

亀井静香は、昭和十一年十一月一日広島県生まれ。元参議院議員の亀井郁夫は兄。東京大学経済学部卒業。別府化学工業（現・住友精化）勤務をへて、昭和三十七年警察庁に入庁。警備局極左事件初代総括責任者、長官官房調査官などを歴任。

昭和五十四年自民党より出馬し衆議院議員に初当選。以後、引退まで連続当選。

白川司郎は、東京電力をめぐる利権や西松建設事件で暗躍したフィクサーとして一部ではよく名を知られている。

白川司郎は徳島県の出身。大学卒業後、日立製作所からサラリーマン生活を始めた。が、およそ三年で退職。二十六歳の時、自ら「九十九産業」を興した。

白川が電力業界へ食い込むきっかけとなったのは、四十歳の時に設立した「日本安全保障警備」であった。青森県六ヶ所村の核燃料サイクル施設の警備を目的に作られた会社である。

亀井静香は、警察庁時代に白川司郎と面識を得ている。

その頃、白川の姉の夫に当たる中国籍だった人物が、日本国籍を取得しようとした。だが、手続きは難航。亀井静香が身元を保障することで、義兄はようやく日本国籍を手にすることができたという。

実は、亀井と白川の義兄とは東大の同期生。警察官僚から政界へ転身した亀井を白川の義兄は支え、また弟の司郎も実業界の一人として金銭面で全面的に支援をした。

亀井静香の背後にはいつも白川司郎の影があった。亀井が着けているバッジの威光を生かして、白川も何者かになりたかったのだろう。はっきり言えば、コンビを組んでいたわけである。亀井静香の集金マシンとしてさまざまなネタを探しては金集めに奔走。細かい金を亀井の元に運んでいたようだ。

亀井静香の話では、白川の義兄はリクルート創業者の江副浩正と東京大学で同級生であった。亀井も東大経済学部卒の警察官僚から政界に転じている。

白川の義兄が江副と繋がっていた傍証もある。平成四年、江副浩正は自分が保有していたリクルートの株式をダイエーの中内㓛に譲渡する。リクルートは実質的にダイエーグループの傘の下に入ることになった。》

柳川会長と私が待ち受ける席に、白川は現れた。やけに友好的な雰囲気を漂わせている。ハナから溶け合う段取りで来たらしい。

〈この男は、何か勘違いしているようやな〉

私はハッキリと白川に言った。

「いや、白川さん、違うんや」

初手から私は一発かました。白川は、狐につままれたような顔をして私を見た。

「あんたは、黙ってとにかく手を引いてくれないかんのや。この件は、溶け合うことも、いっしょにやることもできないんや」

白川は、ようやく事態が呑み込めてきた様子だった。

私は、白川に迫った。

「黙って上がってくれ。あとの手仕舞いは、こっちでさしてもらうから。実業信用組合が潰れようが、何しようが。任せてといてもらう」

白川は、強張った表情を崩さず、こう告げた。

「たとえ柳川会長のお話だとしても、一存では決められません。この場で、答えは出せないんです。亀井先生にも相談しなきゃならないし。藤尾正行先生にも、お伺いを立てなければ……」

藤尾の名前が出たのは、この席が初だった。自民党衆議院議員の中でもタカ派の代表格。労働大臣や自民党政務調査会長を歴任している。うるさ型の多かったそのころの自民党でも「声の大きさ」にかけては指折りだろう。亀井先生や前田治一郎だけではなく、藤尾まで噛んでいる案件。さらにややこしさが増した。

白川は、絞り出すように言った。

「許さん、今度、東京へ来てもらえませんか」

もとより私に異存があるはずもない。

「わかりました。行きますよ」

即答した上で、私は、隣にいた柳川会長に声を掛けた。

「会長、こんなこっちゃやから、ほんならちょっといっしょに」

「わかった、行こう」

こうして私は柳川会長を伴い、東京へと向かった。目的は亀井先生との対面である。

すでに亀井先生とは面識のある柳川会長の案内で議員会館の裏手にある永田町TBRビルの一室へと急いだ。

通された部屋は亀井先生の事務所ではなかった。当時、福田派（清和会）の大番頭だった名物秘書「望月」の事務所なのだろうか、あるいは藤尾正行のものか。部屋には、藤尾正行、白川司郎、「望月」が顔を揃えていた。強面もこれだけ集まれば、大したものである。

私は単刀直入に始めた。

「白川さんには、実業信用組合の理事長を辞めてもらいます」

こちらの主張をずらりと並べていった。

白川が反論した。

「実業信組が残高不足にならないよう、俺の手金を、二億七千万円から八千万円ほど預金に入れている。理事長を辞めろと言うのなら、その預金を引き上げさせてもらっていいですか」

私は即座に制した。急に預金を引き上げられ、現場がおかしくなっても困る。

「わかりました。二日後にそうして下さい」

交渉の間、場が荒れそうになったときもあったが、私はそこはうまく抑えた。

柳川会長もいる席で、怒鳴り合いはいただけない。

いずれ劣らぬ強面揃いの中でとびきり荒っぽかったのは、話が終わった後、突然顔だけを出した亀井先生であった。ざっくばらんという域はとうに通り越し、明らかにぞんざいな振る舞いを見せた。

「お前みたいな木っ端が、こんな舞台に出てくるのは十年早い」

言葉には出ていないが、そのままそれは態度に表れていた。

〈東大経済学部を出て、警察庁キャリアから政治家になったって聞いたけど。こらまたえらい突破な先生やな〉

亀井先生は、いっぽうで柳川会長とはすっかり打ち解けたふうでじゃれ合うように言葉を交わす。

〈ああ、なるほど。柳川会長とはそういう仲なんやな〉

これが亀井先生に対する私の第一印象である。

だが、一旦引くとなったら、亀井先生はとことん潔い男でもある。そういうところに亀井先生たる所以があるのであろう。

結果的に、亀井先生らは私の言い分をすべて呑んだ。別にどうということはない。事は行政に関わる問題。私事ではないのである。理はあくまでこちら側にある。

「実業信用組合をめぐる再編について、裏でコソコソするのではなく、表でできる形にしてほしい」

私の主張は、この一点に尽きる。こちらの言い分を一〇〇パーセント呑ませた以上、文句はない。円満に解決する上では柳川会長の存在も大きくものを言った。

「この問題は向こう一カ月くらいの間で、きっちり決着をつけよう」

そう言い交わした。

基本的な合意が得られたところで、口を開いた男がいた。「望月」である。それまでは一切口を挟まず、無言で聞き入っていた。内心「気持ちの悪いおっさんやな」と思ったが、放っておいた。

「気に入った」

「望月」は、立ち上がってそう叫んでいた。

一方的にやり込められた側にしては上機嫌である。「気に入った」というのは、どうやら私のことらしい。

「大阪には、あんたみたいな人がいるんだな。よし、今夜は飲みに行こう」

「望月」とはさっき会ったばかりである。いきなり何を言い出すのか。

柳川会長も腰を上げた。

「ワシはちょっと野暮用あるから。藤田（藤田永中）、お前、ちょっと行ってこいや」

亀井先生と藤尾、白川も帰って行った。「望月」の誘いに乗ったのは、私一人だけだった。

向かったのは赤坂のバー。「望月」の妻が経営しているという。

「俺は今、福田赳夫先生にお世話になってる。郷里の広島でいろいろと雑仕事をやってるんだ」

「望月」は問わず語りに古い話を散々まくし立てた。

「これからいろんなことがあったら、何でも是非相談してくれ。東京に来たときは、必ず電話しろよ。まあ、プライベートも含めて色々付き合いをしていこうや」

最後に「望月」はそう言って別れた。

以来、何の音信もなく、こちらから連絡することもない。そんな状態のまま今日に至っている。

柳川会長と同席する形ならば、「望月」と顔を合わせることもあったかもしれない。だが、今ではそれも叶わぬ仕儀《しぎ》である。

そこから一カ月かけて白川サイドでは実業信用組合の理事会を開き、全理事が退任の手続きを取った。後任にはこちらが選定する人間を充てた。

白川は、二億七千万円の預金をすべて引き上げた。そのうえで財務を「見える化」し、大阪府商工部が困らない形で問題を処理できるようにした。

この問題の肝は、前田治一郎というもともとの当事者をしゃんとさせられるか、この一点にかかっている。前田がお行儀よくならない限り、実業信組がどこにいくら貸しているのかといった基本的な事実さえ大阪府が把握するのは至難の業である。実業信組の放漫融資にとって、白川の大暴れは格好のカムフラージュとなっていた。

その後、私は永田町ＴＢＲビルの例の部屋には一度だけ足を運んでいる。そのときは私一人。柳川会長は同行していない。アポイントも取らずに顔を出した。私としては、問題が一応決着したことを受け、挨拶のつもりだった。女性の事務員が応対してくれた。

「あいにく、みな出払っております」

そういう事情なら、仕方がない。

「ああ、そうですか。突然失礼しました」

私は、彼女に名刺を渡した。

「今、上京してますんで。もし連絡ついて、体が空くようやったら、ちょっと時間を作ってください。そうお伝えいただけますか。ただまあ、早ければ今晩。遅くとも明日には大阪へ戻りますんで。連絡ついたらで結構です。お願いします」

そう言い残し、辞去した。

結局、連絡はなかった。居留守を使ったのだろうか。そもそもそこは誰の事務所なのか、結局わからず仕舞いである。

帰阪後、私は柳川会長に事の顛末を話した。

「ああ、そうか。ほんなら、ワシから一回連絡取ってみるわ」

柳川会長は亀井先生に連絡を取ってくれた。

亀井先生は私の訪問の意図が挨拶にすぎないということを察したのだろう。

「いや、わざわざとんでもない」

柳川会長にそう返答。私と会おうとはしなかった。

しばらくは平穏な時間が過ぎた。

だが、事がこれで収まるはずもない。ある日、大阪府商工部次長から、私に連絡があった。

「白川が、何や泣き言とも恨み言ともわからんようなことを言うてきました。柳川会長のことを、えらい逆恨みしてましたで」

どこまでもややこしい男である。

「いや、もうそれはええやないですか。そんなもんは、どうでもいい。大丈夫ですよ」

ただ、白川にしてみれば、決して終わったとは言えない案件だった。実業信用組合に関しては、それなりの「元手」もかかっている。交渉の席では「前田治一郎の借金も、いくらか面倒を見た」と口走っていた。

白川がそれをどう回収したのか。私には知る由もない。

ただ、この問題を片付けるに当たって、私が亀井先生と白川司郎に「借り」を作った形になった。亀井先生が私の挨拶を受けなかったのもそのせいだ。この問題は、私と彼らの間でずっとシコリになっていた。

兎にも角にも、この一件で私と亀井先生の間に接点が生まれた。私が次に亀井先生と深くからむのは、コスモポリタン社長・池田保次の問題をめぐってである……。

## 自前の金融機関を手にする

昭和六十年七月、大阪府の出納長から私に電話が掛かってきた。

「許さん、庁舎にお茶飲みに来る時間があるようだったら、寄ってください」

私はさっそく大阪府中央区大手前の府庁に出向いた。

出納長が持ち出したのは、思ってもみない話だった。

「あなたも、いろいろ仕事を広げてやってるようですな。小さくとも、一つ自前の金融機関を持たれたら、便利なんじゃないですか」

何を言っているのか、すぐには意味がわからなかった。

「われわれとしては、府内の信組を十くらいに再編しようと考えてます。実は今、府で引き取っている信組が、一つありますねん。小さい組合です。これを核として、他のいくつかと引っ付けなあかんのです。これを仕事として引き受けてもらわれへんやろか」

私にしてみれば、これほどありがたい話はない。うまく仕事をやりおおせれば、自前の金融機関が持てることになる。

その信組の名は、豊国信用組合。トップは終戦直後からタクシー屋を経営しているワンマンだった。かなり個性の強い人物らしく、大阪府は手を焼いていた。

ただ、再編そのものは経営側にとって必ずしも悪い話ではない。大阪府は何も取って食おうとまでは言っていないのだから。

「正面から合法的に話をして。再編を取りまとめてほしいんですわ」

これが出納長の依頼内容だった。豊国信組を府が引き受けるまでにいくらかかかったらしい。府の正式な予算から出して立て替えているわけではないようだ。出納長はある金額を提示してきた。異存はない。私は、一も二もなく引き受けることにした。

豊国信組が自分のものになるといっても、私が理事長の椅子に座るわけではない。豊国信組を牛耳っていたタクシー会社の社長に会うなり、私はこう告げた。

「ワシが何かにつけ相談している人間が、大阪におるんですけど」

「そうでっか。そんなら、その人と相談してもろて……」

話はあらかたまとまった。今後の経営については「相談相手」と協議して決めていく。

「相談相手」とは、井出野下秀守さんである。

井出野下さんは、一橋大学を卒業して昭和三十七年に住友信託銀行に入行し、一貫して不動産融資部門を担当。大阪の難波営業部長であった。彼は、のちには本店開発事業部長となり、昭和六十三年には取締役に就任する。

井出野下さんは、こんな絵図を描いてみせた。

「農林中央金庫を近々定年で辞める阿部さんいう人がおるんです。その人が座るポストを、住友信託で考えてたとこなんですわ。その人を紹介するので、理事長になってもろたらどうでしょう。話はこっちで繋いどくんで。信組の整理は、府が認めて進めてることやから、阿部さんも喜ぶと思いますわ。まだ行き先決まってないんですから」

私はその農林中金の阿部さんを大阪府商工部の次長と引き合わせた。豊国信組の整理が首尾よく行った暁には、新理事長となる阿部を通じて、古巣の農林中金から預金を持って来させる算段である。

こうして新生豊国信組は阿部をトップとして発足した。

私も預金を集め、総計百五十億円ほど豊国信組に預けただろうか。とにかく体力をつけさせようと考えていた。

金主はさまざまだ。リクルート本体とリクルートコスモスから五十億円ずつ。これは井出野下さんが手を回してくれた。

大阪府も口利きに協力。民族系の信組からも五億円、十億円という単位で預金が集まった。

豊国信組の本店は大阪市西成区にあった。が、西成の本店店舗はそのままにして、大阪市内でもキタに営業の拠点が欲しかったので、キタのテナントビルに入ることにした。金融機関の店舗は一般の業種とは訳が違う。金庫一つとっても、まともなものを拵えようとすれば、なかなか厄介である。セキュリティーの問題が常に付いて回る。

豊国信組の専務として野村雄作の弟の耕治を迎えることにした。野村周史会長との約束もある。耕治は耕治で面倒を見てやらねばならない。

新生豊国信組の滑り出しは決して悪いものではなかった。つまずいた原因は、私がアホだったという一点に尽きる。

すでに述べたように、豊国信組には私方の定期預金が百五十億円ほどあった。これにあぐらをかいていたわけでもないのだが、現場の人間が不動産をちょっと買ったりするだけで、そのくらいの額はすぐに超えてしまう。

別に「預手」(預金小切手)を乱発したわけでもない。ただ、一般企業が小切手を振り出すのに近い感覚で「預手」を扱いすぎた。

豊国信組が不動産を買えば、取引先である不動産会社への支払いに本店営業部の「預手」を直接渡していた。金融機関の経営に疎かったために生じた失態である。

昭和六十二年には豊国信組による「預手」の「乱発」は、マスメディアの嗅ぎつけるところとなった。

真っ先にやってきたのは、読売の記者だった若狭晃である。若狭は「関西検察のドン」小嶌信勝と近い。

小嶌は、大阪地検の特捜部長を経て広島高検の検事長となった。退官後は大物ヤメ検として住友銀行の顧問をしていた。桐山靖雄を開祖とする阿含宗の顧問でもあった。

読売の若狭が嗅ぎつけ小嶌に情報を上げた。

読売が引いてきたネタは、すべて若狭を通じ、小嶌に吸い上げられる仕組みが出来上がっていた。小嶌は大小さまざまのネタの中から取捨選択し、事件化できそうなものだけを検察に持ち込んでいた。若狭は検察と完全に一体である。

当時、読売新聞大阪本社社長は坂田源吾。「反ナベツネ」、つまり読売のドン渡邉恒雄に堂々と逆らっていることで知られた人物である。

その頃、大阪読売の社会部には坂田行宏と森潤という若手記者がいた。坂田はその社長・坂田源吾の息子で日本大学卒、森は京大卒だった。

坂田は明るくていい男だった。個人的に「許永中応援団」になってくれた。坂田を通じて森とも知り合いになった。二人とも優秀な記者である。いつしか私の元に出入りするようになっていた。

その二人が、あるとき私を訪ねてきた。

「ちょっと注意されたほうがいいですよ」

豊国信組の件で若狭が動いていることを知らせてくれたのだ。

「僕らも、許さんとなんぼ親しいいうても、元先輩を売るような真似はできません。でも実は……」

若狭と小嶌信勝の差配で豊国信組の記事が読売に掲載される段取りになっているという。もちろん、取材も進んでいる。

まだイトマン事件については何の予兆もなかった頃の話だ。

その頃の私は目立ちすぎていた。「オーバープレゼンス」とでも言おうか。小嶌信勝にしてみれば、「何が何でも許永中を叩かねばならない」という思いに駆られていたのではないか。

ある日、旧郵政省の官僚である久保から電話が掛かってきた。私に会いたいという。面識のない人物だが、面会することにした。

久保は、私にこう告げた。

「豊国信組が大変な問題となっています。これは何としても警察の捜査段階で止めないといけない。検察に送られたら、手の施しようがなくなる。止められるのは亀井静香先生しかおりません」

「そうですか。亀井先生とは、面識はあるんですが」

「私が亀井先生に引き合わせます。仲介しますから、そこで頼んでください」

私は亀井先生とは柳川次郎会長と一緒に白川司郎と実業信組との問題で一度会っている。

本当にそんなことができるのか。私は半信半疑だった。だが、久保は亀井さんならできると断言している。ならば亀井さんと会わなければならない。

面談の場所は東京・芝大門の久保の事務所。徳川将軍家の菩提寺として名高い浄土宗の名刹・増上寺の門前を走る国道から一本入った裏通りにその事務所はあった。

小さなペンシルビルの二フロアを久保は所有していた。一つはプライベート、もう一つをオフィスとして使っていた。

オフィスに通される。亀井先生と久保の二人と、テーブルを挟んで向き合った。亀井先生はひたすら慇懃《いんぎん》無礼《ぶれい》。私は大人の礼儀に徹していた。

「許さん、豊国信組は、やがて火が付く。これは間違いありません」

亀井先生の話は単刀直入だった。

「お助けします。ついては……」

亀井先生を使って豊国信組への捜査を警察段階で止める。その「費用」を亀井先生は提示してきた。はっきり言ってしまえば、法外な額である。もっとも、端から「法の外」の話には違いない。

ここで亀井先生の態度は一変した。今風に言えば、「上から目線」というやつだ。私もそんなことで驚くような人間ではない。驚きたくもなかった。

「ああ、そうですか。わかりました。それでお願いします」

即答してみせた。とはいえ、私は現金を持参したわけではない。この日はひとまず約束事だけして、事務所を立ち去った。後から考えてみると、ここでボタンの掛け違いがすでに生じていたのかもしれない。

約束した法外な金額は後日、久保の眼前で亀井先生に手渡した。このときも芝大門の事務所だった。亀井先生が去った後、久保はしきりにブツブツ言っていた。

「まさかあんな数字を口にするとは思わなかった。ゼロが一つ多すぎる。亀井先生も無茶をするもんだ……」

久保はそこで私の視線に気づき、ハッとした様子で向き直った。

「誤解のないように言っておきますけど。僕は一銭も取ってませんからね」

久保は亀井先生の警察官僚時代の上司に頼まれ、ずっと面倒を見ているという。旧郵政省、警察庁を問わず、国会議員になったOBには有力な「後援者」をつけるのが霞が関の伝統なのかもしれない。

ともかく豊国信組の事件は警察段階で止まった。亀井先生の力には舌を巻かざるを得なかった。ただ、その方法はやはり強引過ぎたようだ。

大阪府警本部で豊国信組の担当をしていた現場の捜査員の間には怨嗟《えんさ》の声が広がった。事件が止まったことで、捜査幹部四人ほどが将来を奪われた。取り返しのつかない事態である。

怨嗟の声はどういうわけか、亀井先生には向かわず、私にやってくる。

「いまに見てろ」

報復の機会をうかがう動きは、イトマン事件へとつながっていく……。

ここでは豊国信組のその後の顛末にも触れておこう。

イトマン事件で私と一緒に身柄を取られる人物に、大阪府民信用組合理事長の南野洋がいる。この大阪府民信組も府から見れば、整理の対象だった。

《(大下・注) 南野洋は、昭和十七年、大阪府摂津市の農家に生まれた。専門学校を卒業し、電気配線工業をした後、兄らと「南野電業」を創業。二十四歳の時に、後にグループ企業となる不動産会社「新千里ビル」を興す。昭和四十四年、日本万博が開かれた会場周辺の丘陵地の宅地開発や造成を手掛けた。

大阪府民信用組合は、昭和二十六年に創立された。南野は、その府民信用組合で、支店開設用地の斡旋や債権回収、暴力団がらみのトラブル回収に力を発揮し、認められた。

昭和五十七年、この信金の相談役に就いた。昭和六十一年には理事長に就任している。》

私は、府の商工部が南野をどう見ていたかは知らない。豊国に比べると、大阪府民信組のほうがまだ体力はあった。ただ、南野は富士銀行から一千億円借りていた。この借り入れは後に棒引きさせている。

私は、この大阪府民信組が豊国信組を吸収合併する形に持っていった。豊国信組の役員や従業員、全員を、そのまま大阪府民信組で働いてもらうことにした。ただ、その中に、私が豊国信組の専務とした野村雄作の弟の耕治の姿はなかった。本人が逃げてしまったのだから仕方がない。もともとそんなに根性のある男でもなかった。

豊国信組は、昭和六十三年三月、大阪府民信組に吸収され、消えた。

ここから先は、大阪府の出納長の出番。本来、豊国信組の整理に当たっては、大阪弘容信用組合を核にしたい意向が大阪府にはあった。大阪弘容信組は、当時、府内の信用組合の中では最大手だった。いまも健在である。

出納長は大阪府民信組をもう一度引き取り、大阪弘容信組に吸収合併させた。この過程では何の事件も起こっていない。合併は至って円満に進んでいった。

## 山一抗争との関わり

あの世間を騒然とさせた山一抗争について触れておきたい。

一和会は昭和五十九年六月に山口組に反旗を翻した。一和会のトップは山広組組長の山本広だったが、その最大勢力は加茂田組だった。加茂田組の他は山広組、佐々木組、松美会などほぼ同じ規模の勢力による連合体組織であった。ただ、戦闘力や資金力の面から加茂田組が突出していた。

山口組は一和会壊滅のとっかかりとして、尼崎を地盤とする伊原組の壊滅を企図した。

伊原金一組長は、一和会の幹事長補佐にあり、一和会会長だった山本広の側近中の側近であった。本名は尹炯騏。「尼崎一の金貸し」と呼ばれた在日である。私にとっては在日の大先輩に当たる。

山口組は井原組を攻撃するにあたって、同じ尼崎の古川組を先兵とした。

それが古川組と私をして山口組の竹中正久四代目の暗殺事件の発端だと言われることにつながった。その背景にはこんな話があった。

井原さんは過去に古川組長の実弟の舎弟と揉めた経緯がある。実弟の生命はとりとめたものの、一方的にやられている。

私が、古川組長の弟に尋ねてみると、「やられはしたが、うやむやにしている」という。

この男の消極さには、ついカチンと来た。

「あほか。やられて、やられっぱなしとは。そんなもん、とんでもないことやで。あかん。答え出せ！」

私が尻をたたいたこともあって古川組と伊原組とのドンパチが始まった。

若い衆を大勢懲役に出しながら、抗争は続いた。

結局、一年半をかけ、古川組が押し切って、幕引きに至った。

古川組と伊原組の抗争の後、こんな話が私に伝わってきた。

「伊原が、許永中に会いたがっているらしい」

私は、伊原さんに会う気はさらさらなかった。会談の機会は、一度たりとて設けてはいない。

伊原さんは、わざわざ現場にまで足を運んできた。

「一度会うて、ゆっくり話がしたいんですわ」

伊原さんは抗争事件で起きたことをすべて水に流したわけではない。いや、むしろはっきりと根に持っているといっていいだろう。

それでも、自ら「会いたい」と言ってきた。なぜか。一言でいえば、「気色悪いから」だ。きちんと顔を合わせた上でドンパチになった経緯を確認し、完全に終結させておかなければならない。古川組からも死人を出している。

会うか会わないかの基準を、どこに置くか。私の場合はごく単純。「会うて、ええ話ができるかどうか」、これだけだった。

では、伊原さんの事例はどうだろうか。できることなど何もない。向こうだけ安心させたとしても、こっちに何も得る物がない。当然のことながら、けじめのつけようもない。

山一抗争による山口組による激しい切り崩し工作によって昭和五十九年十二月、伊原さんは韓国の釜山に避難することになった。

伊原さんは二億円の現金を現地に運び込み、女性と二人でゆったりと隠遁生活を送ることにした。

だが、山口組の追手は、韓国にも進攻した。翌昭和六十年一月に伊原さんは韓国内で山口組により監禁され、自身の引退と組の解散を迫られた。伊原さんは、引退と組の解散を承諾せざるを得なくなった。

自ら解散声明を書き、発表している。

ものの本には、伊原さんに引導を渡したのは、渡韓した山口組の宅見勝さんと竹中正久さんの実弟の武さんの二人だ、とある。だが、本当のところはそうではない。

山本広率いる一和会は、ここで危機感を抱いたという。

〈このままいったら、山口組本家になし崩しにいかれてしまう〉

この危機感が決定打となり、〈この道しかない〉と竹中正久暗殺が現実のものとなったとされる。

この暗殺事件は起こした側の一和会執行部に亀裂を生じさせた。一和会の動揺は大きく、山本広会長の求心力は低下することとなった。

戦勢の転換を図らんとする一和会は石川裕雄・悟道連合会会長が指揮し山広組組員から構成される暗殺部隊を形成し、昭和六十年一月二十六日に竹中正久・山口組四代目および中山勝正・山口組若頭らを暗殺することとなった。

一和会内部ではさらなる山口組への攻撃部隊の編制を進言する声もあったが、副会長の加茂田重政らは確答を避けたとされる。

抗争は全力で押してやっと五分の戦闘に持ち込める。しばらく持久して継戦能力がある方が、七分に持ち込み、最後の一押しで抗争が終結する。一和会幹部らの厭戦態度で、すでに雌雄は決していたのである。

山口組の竹中四代目の暗殺の一報が入ってきた時のことは、忘れもしない。私が西宮の有名なフグ料理店で食事中に、緊急で連絡が入った。

「今、四代目が獲られた」

さすがに、大騒ぎになった。

暗殺の実行犯は、四人。二代目山広組内同心会会長の長野修一、二代目山広組直参の長尾直美、二代目山広組内清野組幹部の田辺豊記、二代目山広組内広盛会幹部の立花和夫である。この他に尾行や見張り、襲撃班への連絡役三人がいたとされている。

私は実行犯の二人と面識がある。

だが、伊原さんの引退があろうとなかろうと、彼らは事に及んでいただろう。何にせよ、えらいところに頭を突っ込んだものだ。だが、「大変だ」などとは露ほども思っていない。伊原組との抗争は、極道として成り行き上仕方のないことであった。

竹中四代目の暗殺の後、移行期を経て渡辺芳則若頭が平成元年四月二十七日に五代目となる。

五代目渡辺体制が発足した時点で、私は自分がイトマン事件で失脚するとは夢にも思っていなかった。私はヤクザ世界の住人ではないが、渡辺の五代目襲名に際してはそれなりの働きはさせてもらった。

その見返りとして、渡辺五代目とは一つの約束を交わしている。

「古川組長が娑婆に帰ってくるときには、どうか『日本一の放免祝い』をしたってください」

渡辺五代目は私との約束を守ってくれた。私はそのとき、イトマン事件で「中」にいたが、放免祝いの様子は面会で聞いて知っている。

# 第七章　日本と韓国のブリッジビルダー

## 晴れの大阪国際フェリー設立

ある日、とある料亭で食事中に、私は東邦生命の太田清蔵社長からこんな言葉を贈られた。

「あなたには、あなたにしかできない役割がある。日本と韓国をつなぐブリッジビルダーたるべく力を尽くすべきなんじゃないかな。そういうことであれば、私のほうでできる応援はしてあげる。とにかく、頑張ってみたらどうか」

当たり前のことではあるが、そんなありがたい言葉をいただき、私は身の引き締まる思いがした。

〈頭を切り替えて、よし、頑張ろう〉

そう思い定めた。そうかといって、何でもかんでも闇雲に頑張れるわけでもない。

そういった流れの中から私が情熱を注いだのが、昭和六十一年三月に設立した国際貨物輸送会社「大阪国際フェリー」であった。

すでに「関釜フェリー」があったが、大阪と釜山はお互いの国を代表する経済都市だ。私は、陸では繋げないから、道路ではなく海上交通により直行便でつなぐことを構想し、実施した。

私は大阪国際フェリーの株を一〇%、太田清蔵社長の保険会社である東邦生命に持ってもらっていた。金融機関が一般企業の株式を持つ場合、制限がある。銀行は五%、保険会社は一〇%という上限が決まっているからである。後は韓国の国際フェリーが三〇%。私の傘下の企業がは法人の名義で六〇%を押さえて「オーナー」と呼ばれていた。資本金は約四億円（二百万ドル）。

《筆者＝大下は、許永中に会う前に『昭和闇の支配者』シリーズを書き下ろしている。第一巻「黒幕　児玉誉士夫」、第二巻「政商　小佐野賢治」、第三巻「首領　稲川聖城」、第四巻「錬金術師　横井英樹」、第五巻「経済マフィア　小川薫」、第六巻「謀略 ブラックジャーナリスト五味武」と全六巻あるが、じつは、その最終巻に許永中を加えたかったのだ。

そのシリーズに許永中もなんとしても加えたいと思い、ひとまず筆者の親しい政治家を介し、東邦生命の太田清蔵社長に会うことができた。

太田社長は、許永中を高く評価して語った。

「許さんは偉いよ。韓国だけでなく、北朝鮮のことも心配している。日本の中古自転車を買い集め、ひそかに北朝鮮に送り続けている」》

発足時の会長は、野村周史。代表取締役は二人で、ひとりは私と親しい梶田允顕。もう一人は、後に防衛大臣を務める自民党竹下派の久間章生代議士であった。ただし、久間には何の仕事もしてもらってはいない。「顔マダム」のようなものであった。

久間とは訪問販売の「アイビー化粧品」を通して面識を得た。社長の白銀浩二が久間を熱心に応援していた。白銀から「久間さんを使ってやってくれないか」と要請を受けたのである。

この大阪国際フェリーの韓国側総代理店の専務には、父が日本へ渡る前に韓国に残してきた許一家の長兄百中を就任させた。

パンフレットにはこう謳った。

「同航路の開設は、昭和六十一年九月二十一日から十月五日までソウルで開かれる第十回アジア競技大会を六カ月後に控えて、激増する旅客の輸送需要を先取りするためであり、さらにその二年後の，88ソウルオリンピックに備える布石だった」

船の名は、その二年後の昭和六十三年のソウルオリンピック開催を睨んで、「オリンピア88」とした。

旅客数五百二人。乗用車四十六台、コンテナ九十八個の積載能力がある。三カ国語同時通訳装置付きの会場もある。

昭和六十一年三月三十一日、大阪市北区のホテルプラザで就航パーティーを開いた。招待客は千人を超えた。

パーティーには、さまざまな顔ぶれがそろった。政界からは、自民党代議士の亀井静香、自民党代議士の浜田幸一、中山正暉、のちの内閣官房副長官で当時は衆議院議員の鴻池祥肇、大阪府知事の岸昌らを招待している。

さらに、私と縁の深い山口組系の元柳川組組長の柳川次郎、京都の四代目会津小鉄会の高山登久太郎会長、山段芳春キョート・ファイナンス会長も、パーティに参加した。

その大阪国際フェリーの就航第一便は、釜山から大阪に向けた一万トンの船だった。

大阪から釜山までの運行時間は二十二時間。

釜山から大阪へのパーティーの日の就航第一便には、柳川次郎、高倉健、元プロ野球選手の張本勲も乗船していた。

私にとっては晴れの門出でもあった。

ところが、オープンして一週間かそこらで、週刊新潮が昭和六十一年四月十七日号でこれに噛み付く。面白おかしい記事をでっち上げてくれた。

真のオーナーの許永中は、学校も出てない、カネもない、何の力もない人間が、はたして儲かりもしないことをするはずがない、裏があるに違いないと書かれた。

あんな船が儲かるはずはない。荷物もない、乗客もいないのに、いったい何を運ぶのか。

〝密輪に利用されるのではないか〟とか〝船内でカジノを始めるつもりか〟といったウワサも出ているとも書かれた。

加えて在日社会のやっかみも少なくなかった。金融機関も含めてである。信用組合大阪興銀という金融機関があった。理事長は李熙健。在日である。その息子あたりから見れば、私など「箸にも棒にもかからん、ややこしい奴」ということになるのだろう。

## 在日のドン町井久之

就航時に一番反対したのが、東声会会長の町井久之さんだった。彼は、関釜フェリーを運営して豪華船「星希号」を就航させていたからウチの大阪国際フェリーは、関釜フェリーとバッティングすることになるわけだ。

名前を聞いたこともない大阪の小僧がいきなり出てきた。しかも、組織の人間でもないし、挨拶の一つもない。それに町井さんは神戸、大阪でも大きな顔役で山口組三代目の田岡一雄組長と舎弟分兄弟分だった。

《(大下・注) 町井久之は、大正十二年、東京生まれ。昭和二十年の終戦直後、朝鮮建国青年同盟東京本部副委員長となった。そのころから興行会社の「中央興行社」を設立した。これらの会社をベースに、愚連隊・町井一家が形成された。

韓国建国後に韓国国籍を取得したが、その後も日本に住み続ける。曺寧柱と出逢い「大アジア主義」の思想に感銘を受け、昭和三十二年には東京・銀座で、町井一家を母体として「東洋の声に耳を傾ける」と云う理念のもとに、在日朝鮮人連盟への防波堤として東声会を結成した。

その後、東声会は、東京、横浜、藤沢、平塚、千葉、川口、高崎などに支部を置いた。構成員は一千六百人となった。

このため昭和三十八年に児玉誉士夫の取り持ちで、三代目山口組・田岡一雄組長の舎弟となった。

昭和三十九年二月、警視庁は「組織暴力犯罪取締本部」を設置し、暴力団全国一斉取締りを開始した。町井の東声会は、警察庁により広域十大暴力団に指定された。十大暴力団は、神戸・山口組、神戸・本多会、大阪・柳川組、熱海・錦政会、東京・松葉会、東京・住吉会、東京・日本国粋会、東京・東声会、川崎・日本義人党、東京・北星会だった。警察の圧力の強まる中、昭和四十一年九月一日、町井は東声会の解散声明を発表した。その一週間後、東京の池上本門寺で解散式が行われた。こうして彼はやくざ社会の表舞台から去った。

昭和四十二年四月、町井は東声会を、企業色を前面に押し出した形で「東亜友愛事業協同組合」として再建し、自らは名誉会長となった。町井はこの東亜友愛事業協同組合に資金提供を行っており、人事権も握っていた、と云われる。間もなく、「東亜友愛事業協同組合」は「東亜友愛事業組合」と改称された。

その後、町井は東亜相互企業株式会社を設立した。会長には児玉誉士夫が就いた。東亜相互企業株式会社は、銀座で料亭「秘苑」を営業した。昭和四十三年、韓国より国民勲章・冬栢章を受勲した。翌年釜関フェリー株式会社を設立し、就航させた。昭和四十六年には、在日本大韓民国民団中央本部顧問に就任した。

昭和四十八年七月、東亜相互企業株式会社は、六本木にTSK・CCCターミナルビルをオープンさせた。しかし、白河高原の開発をめぐって、昭和五十一年七月五日、東亜相互企業の黒沢勝利ら三人が、福島県知事・木村守江に対する五百万円の贈賄容疑で逮捕された。八月六日、木村守江が収賄容疑で福島地方検察庁に逮捕された。町井も任意で取調べを受けた。結局、昭和五十二年六月、東亜相互企業は不渡りを出して倒産した。これ以降、町井はほとんど人前に出なくなり、TSK・CCCターミナルビル近くの自宅マンションに引きこもる日々が続いた。》

町井さんは、釜関フェリー株式会社会長や、在日本大韓民国民団中央本部顧問も務めていた。

私は、後日、きちんと東京・六本木のTSK・CCCターミナルビルに町井さんを訪ね、挨拶をさせてもらった。激励の言葉もいただいた。町井さんは山口県下関市東大和町に本社を置く関釜フェリーの表向きのオーナーではなく、一応、裏のオーナーで、実際は、町井さんの舎弟が、一応、表向きのオーナーだった。表向きのオーナーは釜山ガスの社長までやった名士だが、本業はパチンコ屋である。山口県出身だ。その時分は、山口県選出で福田赳夫の側近の田中龍夫という国会議員がとても力を持っていて、運輸関係は全部、旧福田派で抑えていた。それに対抗するために、私は設立時に田中派の流れを汲む経世会の久間章生を持ってきた。

久間には、設立のときに代表取締役社長になってもらったが、あくまで顔役というだけで、何の仕事もさせていない。

大阪国際フェリーを経営したときに、私は、日本カーフェリーから約一万トンの『おおすみ』を買った。三十億円の中古船だ。その船がソウル五輪にちなんで命名した「オリンピア88号」だ。

国際航路というのは、十八年が船の寿命といわれている。航海によって船台というか鉄がどんどん減っていく。就航までに、新造船が間に合わないため、とりあえず、中古船を改修して就航させた。十三年くらいの中古だった。

向こうの事情で三十億円にして欲しい、と言うので、それで条件を合わせた。

実は、日本カーフェリーには長銀（日本長期信用銀行）から二百五十億もの借金があった。私がその日本カーフェリーの株を買うことにした。それで、私が日本カーフェリーのオーナーになるということで、長銀からの二百五十億円の借金を肩代わりすることにした。

日本カーフェリーをやってるのは、北海道炭礦汽船社長の萩原吉太郎社長だ。「政商」と呼ばれていて、右翼の大立て者の児玉誉士夫、映画会社大映社長の永田雅一とも古くから親交を結んでいる。その萩原が発起人になって作った会社である。

日本カーフェリーの大株主は、三井観光開発だ。札幌グランドホテルから三井アーバンホテルからすべてだ。その会社を、私が引き継ぐという約束で、船を何倍もの高値で引き取ったのである。

そのときの日本カーフェリーの社長、専務全員が出てきて、築地の料亭で会合して契約した。
私との話が終わって、私が船を引き取ったが、船のシャフトを変えたりして、それだけで十億円もかかったりした。とても高い買い物だった。

日本カーフェリーという借金だらけの会社は、ハッキリ言ってどうにもならなかった。しかし、やはりその子会社である東京湾フェリーに魅力があった。木更津と川崎とを、行ったり来たりしてるシャトル便があった。これは、のちにアクアラインが出来て、必要なくなってしまう。だが、この川崎のヤード、木更津のヤードに一万坪ずつ東京湾フェリーの所有の名義の土地がある。この二万坪の土地開発をすることで計算があうのではと考え、それで買うことにした。ところが、そこに「イ・アイ・イ・インターナショナル」の高橋治則が登場してきたのだ。

《(大下・注) 高橋治則は、昭和二十年十月九日、疎開先である長崎県平戸島に生まれる。終戦後は、東京に戻った。昭和四十三年に慶應義塾大学法学部を卒業し日本航空に入社。在職中の昭和四十七年に、のちのイ・アイ・イ・インターナショナル「国洋開発」を設立した。昭和四十八年に北海道の政商といわれた岩澤靖の次女と結婚する。昭和五十一年に日本航空を退社して、実業家としての道を歩み始める。

日本航空退社後、当時経営不振に陥っていた電子部品商社の株式会社イ・アイ・イの副社長に就任。同社の経営を立て直し、昭和五十八年に同社の社長に就任。昭和六十年に株式の店頭公開を果たす。

その後、イ・アイ・イ・インターナショナルを中心とした、国内外におけるリゾート開発・不動産事業を中心に事業展開をおこなった。

日本国内でも積極的に事業展開をおこない、昭和六十一年に店頭公開をした株式会社イ・アイ・イを始めとして、東証二部上場の森電機など、複数の上場企業の経営をおこなった。昭和六十年に協和信用組合（のちの東京協和信用組合）の理事長に就任した。昭和六十二年に伊豆シャボテン公園、伊豆海洋公園、伊豆ぐらんぱる公園を買収。

携帯電話の普及を目論み、日本携帯電話（後の東京デジタルホン）を設立した。

また、公益財団法人情報科学国際交流財団を設立し、初代理事長に就任した。ロイヤルメドウゴルフクラブ、ヒルクレストゴルフクラブ（現：太平洋アソシエイツ佐野ヒルクレストコース）、君津ゴルフクラブ、平戸ゴルフクラブ、アバイディングゴルフクラブソサエティ、南阿蘇ゴルフクラブなど、日本各地でゴルフ場開発を精力的に行った。》

高橋は、その前から千代田区二番町の山口敏夫元労働大臣のマンションの部屋で勉強会をしていた。

私は、東京にいる時は、必ずその勉強会に出席し、朝の七時から高橋といっしょに朝食をとりながらいろんな話をした。ゴルフ場がブームになる前で、高橋は、「あそこもやる、こちらでもやる」と言って、日本各地でゴルフ場開発を精力的に手がけていた。

高橋は、長銀の会長か社長か知らないけど、頭取クラスの人間と縁戚か何かだったようだ。その縁で、私が日本カーフェリーを買収する話を聞き及ぶと、高橋がこちらに全く断りも無しに、またたく間に取ってしまったのである。日本カーフェリー側としても、やっぱり、私よりも高橋の方が安全と思ったのであろう。

在日の私に渡すよりも、北海道の政商といわれる岩澤靖の次女と結婚していた身元のハッキリしている高橋治則に売るか、となったのだろう。

高橋は、私が二百五十億円を肩代わりすると聞いて、その十倍の三千億円ぐらいの与信が可能と読んだのだろう。

その後、高橋は、長銀の二百五十億円を肩代わりして、それで三千億円も借りることになった。

私は、日本カーフェリーに対して、契約違反、約束違反だと訴えた。

訴訟の代理人弁護士が日弁連の元会長でＲＣＣ（整理回収機構）の社長の鬼追明夫先生である。ところが、鬼追先生は忙しい。色んな案件抱えている。そこで鬼追先生が自分の事務所の若い先生に、色んなことを任せた。その中の一人がオウムの弁護士の青山吉伸だった。本当に、こんな事実は小説よりも奇なりということが起きた。

《（大下・注）青山吉伸は、昭和六十三年二月にオウム真理教に入信。平成元年十二月五日に出家し、教団の顧問弁護士を務めるようになった。のちに殺害されるオウム被害者の会の坂本堤弁護士や、ＴＢＳビデオ問題の原因となった交渉にも参加していた。

教団幹部の上祐史浩がロシアに滞在していた平成五年九月から平成七年三月までの間、教団のスポークスマンとして一連のオウム真理教事件における記者会見にも登場、世間に広く知られるようになった。

平成六年、オウム真理教の国家転覆計画の一端とされる基本律、白い愛の戦士計画に関わる。

平成七年三月十八日、地下鉄サリン事件が決定されたリムジン謀議に参加。

その後、教団と対峙していた弁護士・滝本太郎をサリンを用いて殺害しようとした滝本太郎弁護士サリン襲撃事件において、滝本を呼び出す役割を務めることで加担したとして、殺人未遂罪で起訴された。》

私は、この高橋にきっちり、ケジメをつけようと思って裁判を始めた。そのときに、突然、竹下登先生が出てきて、声を掛けられた。

「円満に、なんとか和解で……」

それで、五億円もらって裁判を降りざるを得なくなった。

五億円もらったうち、普通一割しか払わない弁護士費用を二割も渡した。ハッキリ言って、そのときの私にしたらそんなものはもう、はした金でしかない。だから別に金が欲しくて和解したのではなくて、やっぱり竹下先生から声がかかったから降りた。竹下登先生には恩があった。残念だが、しかたがなかった……。

《(大下・注)平成二年に導入された総量規制により、資金繰りの悪化が表面化したイ・アイ・イ・インターナショナルは当時のメインバンクであった日本長期信用銀行(長銀)の管理下に入り、長銀主導の下で債務の整理をおこなった。平成五年に長銀による支援が打ち切られ、自主再建を試みるが、このとき既に、イ・アイ・イ・インターナショナルの優良資産は長銀により切り離されたあとであり、自主再建は難航を極めた。平成六年に東京協和信用組合が破綻し、高橋は平成七年六月二十七日に背任容疑で東京地検特捜部に逮捕される。

バブル経済崩壊とともに、日本経済は急速に勢いを失い、数多くの不動産会社や日本長期信用銀行、日本債券信用銀行、山一証券、北海道拓殖銀行など金融機関が経営破綻した。平成十二年にイ・アイ・イ・インターナショナルは破産申し立てを受け、負債総額は四千七百六十四億円であった。

筆者は、政界の牛若丸こと山口敏夫代議士の取材を重ねていて、その縁から高橋の存在を知ることになる。

衆議院議員で元労働大臣経験者などでもある山口は、バブル景気の絶頂期にイ・アイ・イ・インターナショナルの高橋治則と親密な関係を築いていた。

高橋は、逮捕前の平成七年三月九日、衆議院予算委員会で証人喚問に立ち、山口敏夫の親族企業への融資や大蔵省の官僚への接待を証言している。

筆者は、山口敏夫と高橋との関係の深さを山口から直接聞いたわけではない。実は、田中角栄元総理の金庫番で、「越山会の女王」とまで言われ、筆者が『宰相田中角栄と歩んだ女』のタイトルでその半生を描いた佐藤昭から耳にしたことだ。

「珍念が、イ・アイ・イ・インターナショナルの高橋を連れてきて、いろいろ話を持ちかけるのよ」

珍念というのは、藤田まことが主演する『てなもんや三度笠』で子どものようにかわいらしく小さい白木みのるの役名だ。山口も小柄のせいでむしろ愛称のふくみで「珍念」と呼ばれていた。

佐藤昭は、結局、高橋に二十数億円を投資し、その金は戻ってこなかったという。

平成七年、山口は国会で証人喚問され、その後、背任罪や偽証罪などで起訴され、懲役三年六カ月の実刑判決が確定する。これによって政治生命は終わった。》

大阪国際フェリーは事業としてまったくの不発だった。そもそも運ぶ荷物などどこにもない。どうしたって儲からないのが道理だった。

では、なぜ起業したのか。まずは大阪－韓国という航路を開設することに意義を見出していた。

もう一つ、事業計画を聞いた誰もが「こんなことできるわけがない」と口を揃えたことも大きい。私の反骨精神がめらめらと燃え上がった。意地というよりはロマンだろうか。

平成二年七月には、昭和六十三年のソウル五輪後に起きた韓国観光ブームに乗り、神戸－釜山に二番目の九九〇〇トンの船を就航させた。船の名は、「檀皇《だんのう》」と名づけた。伝説上の古朝鮮の王「檀君皇帝」にちなんで命名した。

私は、さらに、韓国の仁川と中国の天津、新潟とロシアのナホトカにも国際フェリーの船舶を就航させる夢を抱いていた。

昭和六十一年三月の就航からイトマン事件が発覚した平成二年まで、四年の間、大阪国際フェリーは逆風の中、生きながらえた。

私にとっては、オリンピア88号がソウル五輪を控えて聖火を運ぶ名誉に浴することが出来たことは、特別の感慨がある。

が、平成五年、大阪国際フェリーはついに倒産してしまった。この会社もまたイトマン事件さえなければ、今でも維持できているに違いない。いずれは黒字化する目算も私の中では出来上がっていたのにただただ無念だ。

## 仕手集団「コスモポリタン」池田保次のバック

コスモポリタン社長・池田保次と私の付き合いは古い。池田が懲役に行く前に知り合っている。

私は二十一、二歳。まだ大学に学籍があったかもしれない。当時、私は少年探偵団のようなことをしていた。池田も同じである。ただ、池田は、現役の山口組の代紋持ちではあった。池田は、昭和二十一年五月生まれだから、昭和二十二年二月生まれの私とは、同学年にあたる。

池田の場合、懲役とはいっても、いわゆるションベン刑ばかり。短期で塀の中と外とを行き来していた。

池田の特徴というのだろうか、とにかくすぐに人を刺す。小さなナイフをいつも所持していた。

確かに刺されれば、どんな偉丈夫でも体力は落ちる。それにしても、見境なく刺しまくるのはどうか。

そういう意味で池田は異色ではあるが、生来の「突破者」ではあった。山口組にしてみれば、「よく走る」という点で使い勝手がよかった。重宝していたようだ。

池田と初めて会うまでの経緯は長い。

まず、私の知人に北田という男がいる。金融ブローカーや不動産業を営んでおり、なかなかお洒落な奴だった。

そして、私が当時、大阪市北区で構えていた事務所の裏手に斎藤という面白いおっちゃんがいた。斎藤の本業はガソリンスタンド。そのかたわら金融も手掛けていた。今で言う「チョイ悪」で、小狡《こずる》い男であった。ただ、本当の悪かといえば、決してそうではない。

私が事務所から行きつけの喫茶店に向かう途中に斎藤のガソリンスタンドがあ

ったので、よく寄って世間話をしていた。

ある日、いつものように斎藤の店に顔を出すと、あの北田が椅子に座っている。後ろ手に手錠をかけられ、椅子にロープで括り付けられている。北田は身動きができない。ただ事ではない。

北田の隣には斎藤がいた。もう一人、背丈の小さい男が座っている。この小男がナイフで北田をブスブス刺し続けていた。

〈何や、どうなっとんねん〉

私でなくてもそう思うだろう。

そう、小男は北田を刺していた。といっても、死に至らしめるようなやり方ではない。ちょっとずつ、ちょっとずつと刃を立てている。一センチか二センチというところだろうか。言葉を変えれば、拷問である。印象的といえば、これほど印象的な出会いもなかなかないのではないか。

北田とは当時から顔見知りだった。友達でも何でもない。顔だけは知っているという程度の間柄だ。私は斎藤に尋ねた。

「何や、これ。どうなってんねん。何があったんや?」

斎藤が答えた。

「いや、俺がこいつに貸した金を返さんのや。俺のツレが取り立てをしてたんやけど。金は返さんと、約束破ったもんで。ちょと懲らしめてやってるとこや」

取り立てを請け負った斎藤のツレとは、どうやら先ほどから北田を細かく刺し続けている小男らしい。

「斎藤さん、そんな無茶したらあかんやんか」

私は斎藤をまずたしなめた。続けて視線を横に流し、小男に訊いた。

「あんた、誰？」

「池田や」

すぐに答えは返ってきた。北田を刺している小男こそが池田保次だった。ひとまず名前はわかった。

「ああ、そう。どこの人？」

池田は、刺す手は止めずに答えた。

「中山の若い衆や」

「中山」とは中山美一さんが率いる三代目山口組の二次団体である中山組のことだ。

中山美一さんが死んだ頃、池田保次は懲役に行っていた。中山組が解散したことで池田の帰る場所はなくなる。

中山さんの舎弟頭だった岸本才三さんが残党を集めて岸本組を作っていたので、池田は出所後、岸本の舎弟となった。

私は、北田を刺しつづける池田に言葉を投げ掛けた。

「お前、やめとったれ」

「斎藤」にも向き直り、こう告げた。

「わかった、わかった。そういうことやったら、私が受けとくさかいに。これ、帰したり」

北田に目を向けると、先ほどから泣いている。鼻水まで垂らしていた。

「泣いとるやないか。泣いてる人間、そんなシメてどうすんの？」

続いて池田にもこう諭した。

「お前も、こんな無茶したらあかんで」

すかさず、言葉を継いだ。

「また懲役行きたいのんか」

その場に乾いた笑いが起こる。ひとまず笑い話にしたことで、北田を解放させることには成功した。

池田は先に帰っていった。私は斎藤とお茶を飲みながら、よもやま話をした。

北田は相変わらず鼻を垂らしながら泣いていた。

池田保次と出会った頃はまだ仕手集団「コスモポリタン」の「コ」の字もない。

当時、池田は頻繁に懲役に行っていた。付き合いにも中断が何度もある。

後日、池田がコスモポリタンを創業するとき、挨拶と協力の要請があった。

「頼むよ」

「ええ、是非に」

そこからの流れは早かった。あっという間に環境機器メーカー・タクマへの仕手戦を手掛け、名前がメディアにしょっちゅう出るようになる。藤田観光がどうした、東海興業がどうだと、コスモポリタンと池田はその世界での大立者へと成長していく。

〈えらい無茶しよるなあ〉

そんな思いで私は池田の快進撃を眺めていた。

コスモポリタンにとって最大の資金源は神戸の山口組本部だった。

## 闇金融「アイチ」の森下安道との蜜月

池田とのやり取りで一番大きかったのは、名古屋の高利貸し、闇金融「アイチ」社長・森下安道さんから金を引っ張る際、私が保証人になったことだろう。

《(大下・注) 森下安道は、昭和七年愛知県生まれ。昭和四十三年、金融会社「愛知産業」を設立。昭和四十八年「アイチ」に変更。商業手形割引を専門とする分野では日本一の金融会社を自任する大手であった。

いっぽう、仕手筋への資金の「卸元」でもあった。そのため新宿区四谷三丁目にある本社ビル七階の社長室には、数多の有名人が出入りしていた。「闇金の帝王」「マムシの森下」と呼ばれていた。

筆者は、総会屋の小川薫の半生を『最後の総会屋』というタイトルでも上梓しているが、実は、昭和のいわゆるトップ屋仲間の恋人が、小川の愛人になった。彼女が東大文学部出身だったので、誇らしかったのであろう。

小川薫は、その彼女を先頭にピンクヘルメットを被せ、ピンクヘルメット軍団として総会場を賑わせた。

小川は、なんとその彼女を森下にプレゼントしたのだ。小川によると、森下から四十億円も借りているという。

その彼女が、パリにいる時、筆者のところに電話があった。

「森下さんに、パリに三千万円でシャトー（城）を買ってもらったの！」

その後、彼女と森下の関係がどうなったかは知らない。バブル華やかなりしころのことであった。》

実は、私と森下さんとの繫がりは、池田よりも早く始まっている。初対面で会って、二千万円ほどの借金の保証人をしたのが始まりである。

森下さんは即断即決の人である。付け加えれば、無類の怖がりで寂しがり屋でもある。私を「面白い男だ」と思ったらしい。

金のやり取りをする前に、ゴルフの付き合いも始まっていた。森下さんの趣味はゴルフ以外にない。いっしょにラウンドを回るようになった。森下さんのゴルフは一種独特である。はっきり言って面白い。

森下さんは小柄な男。ゴルフは我流である。スイングは滅茶苦茶だったが、人並み外れたテクニックを持ち合わせていた。特にパターが出色だった。ボギープレイヤーとしてはなかなかのものだった。かく言う私も、下手には違いない。

あるとき、森下さんからゴルフの誘いがあった。森下さんが所有するゴルフ場である。

森下所有のゴルフ場は、二つ。茨城県と千葉県にあった。このとき、プレーしたのは、千葉の方だったと思う。伊藤寿永光さんもいっしょに回った。

このとき、私はホールインワンを決めている。八番アイアン。一四五ヤードのホールだった。今でも、私の名前が入った木があるはずだ。イトマン事件の芽が生えるか生えないかという頃だった。森下さんのゴルフ場ということもあって、週末で客が多くいるにもかかわらず、私たちは順番を飛ばしてプレーさせてもらった。前の組であっても、私たちが終わるのを待たせた。

私のホールインワンは今のところ、一生でただ一度。このときだけである。

西宮の中堅ゼネコンの新井組といえば、後に石橋産業事件で私との関係が取り沙汰された。この会社とはコスモポリタンの池田保次がらみではない。大阪府民信用組合の南野洋理事長との縁である。

新井組は、明治三十五年五月に新井粂次郎が創始した兵庫県・神戸に本拠を置く中堅ゼネコンで、上場会社である。

創業者の新井粂次郎の長男の寅一と五男の辰一という兄弟が経営を受け継いでいた。辰一さんは弟ながら、兄の寅一さんより力をふるっていた。その寅一さんが亡くなると、未亡人が辰一さんに頼んだ。

「息子を会社でちゃんと使って生活できるようにしてもらいたい」

ところが、ノーと言われてしまう。そこから戦いが始まった。

辰一さんからすれば、自分の子どもである新井仁に、自分の後継者をやらせたかった。兄の息子を会社においてしまうと、自分が死んだ後に後継争いが起きるに違いない。それを防ぐには、最初から排除しておかなければいけないということだったのだろう。

未亡人はヒステリーを起こしてしまう。

新井組の持ち株会社に、山口石材という会社があった。新井組の株式の四九％近くを保有し、決定的なキャスティングボートを握っていた。さらに、その山口石材の株を寅一さんが持っていた。当然ながら、未亡人は夫が持っていたその株を相続していた。

怒った未亡人はどうしたか。

「うちの息子を辰一さんは受けてくれないんや。それならもういい、新井組とはもう縁を切る。こっちから願い下げや」

そう言って、その株を手放してしまった。

まわりまわったその株を、昭和六十一年に、手に入れたのが、大阪府民信組理事長の南野洋だ。南野は信組の理事長なんていう肩書きを持っていながら、金儲けが大好きで株が大好きな仕手筋のような男である。

南野は、元々その世界にも身を置いた人間だから、新井組を料理できると思ったのだろう。

その未亡人が持ってきた株を何億でかは知らないが、とにかく買った南野は、あくまで、金融機関の理事長をやっている手前、荒事はできない。

そこに、格好の受け皿となりうるコスモポリタンの池田保次が現れたわけである。池田は、これは美味しいと思って、まず新井組の持ち株会社である山口石材の株を南野から引き取った。それから、新井組の株式を買い始めて、新井組を攻めた。

その段階になって、私のもとにアーデル・ホームの岡本醇蔵が頼んできた。

「なんとか、池田の攻撃を収められへんか」

「誰がそう言うとんねん」

訊くとこう答えた。

「新井組の大村常務や。今、新井組の現場全部を仕切ってやっている京大出のバリバリのエリートのまともな人や。新井組を大事に思う忠臣や。それでセットで来てるのが新井辰一の息子の新井仁や。何か知らないけど、ワシと意気投合して、醇ちゃん、仁ちゃんという仲や」

私は、さっそく大村常務と会うことにした。

大村常務は必死に訴えてきた。

「とにかく、新井組の株よりも持ち株会社の山口石材の株をなんとかして取り返したい。それで助けてもらえないでしょうか。池田が追い込んできて、どうにもならんのです」

それだけでなく、続いて岡本が意気投合しているという新井仁まで連れてきた。

私は頼まれると弱いものだからすぐに引き受けてしまった。

「そうですか、ようわかりました、なんとかして、池田に話してみましょうか」

私は池田の説得にかかった。

池田はそう抵抗することもなかった。

「いやあ、永中さん、その件やったら、もうかなり仕掛けてるけど、わかった。

そやけど、新井組の株をけっこう買うてるんやから、その新井組の株も山口石材株といっしょに引き取ってくれんかったら困る。山口石材だけ持っていかれたら、私の新井組の株、どうすんの」

「それもそやな。わかった」

「実は、これ全部アイチに入ってんねん」

「それもわかった」

それでアイチの森下安道さんにも会い、事情を説明した。

「森下さん、山口石材と新井組の株、全部そないして渡さないかんのやけど、渡してくれるか」

そんならかくかくしかじかこれだけの残金で利息がこれだけあって、というから、それを払うと言ったら、

「それなら、もう一切持って行って」

それで話を決めた。

私は、さっそく大村常務に会い、事情を説明した。

「大村さん、話決めてきたから、山口石材の株はこれだけの金額になる。それから、新井組の四百六十万株は今の時価で、そのまま引き取ってもらえんやろか。

アイチにあるから、全部引き取ってください。これで綺麗さっぱり終わりにしましょう」

ところが、大村常務が私に申し訳なさそうにこう言い出すではないか。

「新井組では、両社の株を引き取るカネが作れないんです。山口石材の分は、現金揃えてますけど、新井組の株式をいっしょに引き取ることは出来ません。ただし、あとで必ず引き取ります。山口石材の分だけでとにかく取引してください。その現金を持ってきますから、その株だけ先に返してください」

私は森下さんにすぐさまこの話を伝え、頼んだ。

「社長、この新井組の株は、私が借金します。私が借りるから、今日から利息発生してええ。これ、私に肩代わりさせといて。山口石材の株は、大村常務さんが金を持ってくるから、直接に株渡してやって」

私が森下さんから借金することになった。大村常務をアイチの森下さんと会わせ、取引させた。

大村常務は、新井組の株式をちゃんと新井組で引き取らないとマズいということで必死だった。新井組で金が出来次第というが、新井組は上場会社だから、その株式を取り戻すのに作れる金というのはおのずと限度があったのだろう。その金を作れるまでちょっと待ってくれと時間の猶予を求めてきたのは理解できる話だった。

ところが、今度は大村常務が、新井辰一さんからあらぬ疑いをかけられてしまう。

「お前は、コスモポリタンの池田に同調して、新井組乗っとり劇に加わっとるな」

さすがに大村常務は「やってられん」と呆れ、会社を辞めてしまった。

結果、新井組の株が宙に浮き、引き取ってくれない。大村常務は「すいません」と言って、私に詫びを入れてきた。

私にこの話を持ちかけた岡本醇蔵も、呆れかえった。

「どないすんねん、こんな酷い話ない。この辰一は、どないもならんやっちゃな」

息子の新井仁は仁で、すいません、すいませんしか言わない。

よし、わかった。それなら、池田に代わって私が勝負しなければ仕方がない。

そこから、新井組の株をアホみたいに買い進んでいくことになる。というのは、アイチに預けている新井組の株を、私が肩代わりしてるから、株価が下がってはならない。株価を上げないと利息も払えなくなるからだ。結局、新井組の株を三四%まで買っていった。

すると、私がコスモポリタンの池田とまったくのイコールであるとされたのだ。だが、肝心な山口石材株は私の手元にはないものだから、向こうは怖いもの無しときた。

上場会社の新井組は、市場、つまり場でやってるから、どうぞ場で勝負してくださいい、うちは痛くも痒くもないと。

岡本醇蔵は、新井組に何の話もできない。新井仁は相変わらず「すいません」しか言わない。

大村常務が辞めた段階で徹底的に喧嘩するしかなくなっていたのかも知れない。

私は、七百、八百万株と買い上げ、ついには一千百二十万株を保有する筆頭株主になった。

向こうは、住友銀行がメインバンク。世の中は本当に恐ろしいものだと思った。

新井組の株は、その十年後にさらに大きな問題になる……。

さらに悪いことが重なった。新井仁の学生のときの家庭教師が、こともあろうに、大阪地検の元特捜部長だった小嶌信勝だったのだ。

小嶌信勝が私の逮捕に対して執念を燃やすようになる。その発端は、この新井組の株をめぐる駆け引きだったそうだ。

小嶌の頭のなかでは、コスモポリタンの池田イコール許永中、イコール岡本醇蔵となっていたようだ。

いっぽうの新井仁は、ボンボンだから悪者に騙されてもよくわからないと被害者扱いに。企業としての新井組もそうだ。

かたや私は、加害者の最たる者になってしまった。

さらに、大阪府民信組理事長の南野洋でもなく、池田でもなく、私が一から仕掛けた人間のようになってしまった。

小嶌信勝は、新井仁との個人的な情から始まって、とにかく新井組を守らないといけないと、ガードマンの隊長になった。私がそんな裏事情を知る由もない。

実は、池田がらみの事件はまだある。

人間は歳を重ねるうちに、いつしか子供に帰っていく。私の父にも最晩年には認知症の症状が出ていた。

その父が好きだったのが風呂である。彼が生まれ育った時代、内風呂のついた家に住んでいる在日など滅多にいなかった。

〈風呂好きの父に、親孝行の真似事でもしてみるか〉

ふと、私はそんなことを思いついた。

ただ、父はすでに足を悪くしている。母親はまだ動けたが、温泉宿にそうたびたび行くわけにもいかない。

父の家を改装し、少し大きめの風呂場を造った。次に、会社の金でタンクローリーを一台購入。私が所有していた有馬温泉の源泉つき施設から毎日お湯を積んで父の家に配達させた。

両親が入るバスタブを、別に造った。家の前に住んでいる私の韓国人の二番目の妻が、父親を風呂に入れてやる。濡れてはいけないということで、彼女は上半身は裸、下半身は下着一枚。父の体を石鹸で洗っていると、父はやはり子供にかえっていたのだろうか。彼女の乳房に触れ、何とも嬉しそうな顔をしている。

彼女は、困惑した様子で私に聞いてきた。

「ねえ、お父さん、どうしよう」

私は即答した。

「ワシができん親孝行を、お前がしてくれないかんねんやから。それで親父が喜んでるんやったら、しっかり喜んでもらわんかい。触るぐらい何や、減るもんやあるまいし。そんなもん、本人は何もわかってないんやから」

そのころ、父の認知症は「まだらぼけ」の状態だった。意識がはっきりしているときと、そうでないときがある。彼女と風呂に入っているとき、どういうわけか意識は朦朧としている。

母は、そのことでも焼きもちを焼く。女とはどこまで業の深い生き物なのだろう。つくづく思い知らされた。

父が入浴するためのお湯を引っ張ってきていた有馬温泉の施設をコスモポリタンの池田に売ることにしたのである。二十億円程度で買い、池田には三十億円で売った。差し引き十億円の儲けとなるはずだった。

池田とは、三十億円のうち、まず前金として五億円、残りの二十五億円は後で支払う契約を交わしていた。だが、どうも池田は最初から私に三十億円を払う気がなかったようだ。会計上は三十億円支払ったことにして、五億円だけで済ませようと工作。自ら経営するコスモポリタンは「破産」したことにして、管財人を立て、債権や債務もすべて細かく整理してしまった。

破産管財人に就任した弁護士は、田原睦夫。元最高裁判所判事で倒産法のプロと言われている。

管財人の役割はそれほど複雑ではない。破産した企業の債務と債権を精査。支払えるものは支払い、取れるものはすべて取る。

コスモポリタンの破産管財人として整理を進める中、田原睦夫弁護士は私にも連絡を取った。

「有馬温泉の物件ですが、三十億円で処理したことになっている。許さんからもらえる分があるはずです。それを支払ってください。払えないのなら、差し押さえの手続きを取ります。他にも池田と取り引きがありましたよね。雅叙園の物件は、どうなってるんですか」

田原弁護士は何やらごちゃごちゃ言ってくる。三十億円で買った物件を池田保次がいくらに膨らませて売り払ったのかは知らない。だが、有馬温泉の施設に関しては未払いがあるのはこちらのほうだ。

田原弁護士の指摘は当たっている部分もある。私は有馬を含めて三物件ほど池田と取り引きをしていた。雅叙園観光と広島東城カントリークラブがそれに当たる。株のやり取りはなかったが、森下安道さんが社長を務める金融「アイチ」がらみの取引もあった。

## 亀井静香のスキャンダルが骨抜きに

大阪読売新聞の記者からある日、連絡が入った。

「許さん、実は亀井静香先生のことをうちが書く予定があるんです」

この記者はバリバリの社会部。私はこの男を信頼しており、コスモポリタンとの取り引きについてはすべて打ち明けていた。記者はその上で池田保次に密着。詳細に取材の網の目を張りめぐらせていた。池田が飛ぶ前のことだ。池田と亀井静香先生とのやり取りも知っていた。大阪読売は、何もかも把握していた。

「いや、『書く』言うて。それは勝手やけども。どないかならんのかいな」

記者は、慌てて言葉を付け足した。

「いや、許さんのことは関係ないんです。本当のことを教えてくれさえすれば。記事の掲載は、もう止めることができない段階です」

「そやけど、何で亀井先生が出てくんの？」

記者は、そこから亀井先生と池田保次のやり取りを滔々と説明し始めた。驚いた。事実をそれこそ山のように摑んでいる。

「わかった。そやけど、亀井先生のことを書かれたら、こっちの話も全部出てまうな。記事そのものを止めるのは無理にしても、どの範囲なら止められるんや?」

「いや、亀井先生のことは書かないわけにはいかんのです。元警察官僚の自民党中堅代議士の醜聞なんですから」

「そうか。それやったら、条件として、とにかく本人と会わせてくれんか」

そうやって会ったのが、大阪読売社会部の別の記者だ。以下のコスモポリタンの話は、この記者から得た情報を元にしている。あくまで亀井先生から聞いた話ではないことに注意していただきたい。

池田が行方をくらました後、コスモポリタンの破産管財人となった田原睦夫は、亀井先生に内容証明郵便を出している。そこには、こう記されていた。

「次の金額を破産管財人宛に振り込んでください。さもなければ、返還請求の訴訟を正式に起こすことになります」

その金額もしっかり書き込まれていた。

当時、亀井先生は池田保次から金を受け取っていた。その金で株を買い、池田に引き取らせたというのだ。

内容証明には帳簿上の根拠もきちんと示してあった。

亀井先生と池田保次の関係はガチガチだったと言っていいというのだ。コスモポリタンの経理や税務は、元熊本国税局長・剣持昭司も入って入念に処理されていた。それでも処理しきれず、表に出さざるを得なかった金が内容証明に記されていた金額だったのだろう。

亀井先生にそんな金を払う余力はない。一体どうやって払うというのか。

「これはもう、うちが書くとか書かんとかの問題やない。とにかく、えらいことです」

大阪読売のその記者はそう言う。彼はコスモポリタン破産管財人の弁護士・田原睦夫とも懇意にしていた。すでに述べたように、その記者は池田保次からも情報を取っており、ネタは揃っている。

私は二人の記者らに頼んだ。

「亀井先生と、一回会ってくれ」

彼ら二人の記者を大阪から東京へと招き寄せた。亀井静香との対面を実現するためだ。もちろん、亀井先生本人にこうした案件を抑えられるはずはない。大阪読売の敏腕社会部記者が二人も上京したと聞いて、さすがの亀井先生もたじろいだ。だが、私も同席すると聞き安心したのか、対面の席に顔を出した。

席上、他愛もない話が続いた。世間で言うところの雑談だ。一時間ほどお茶を飲み、散会となった。

翌々日の読売新聞大阪版社会面にはコスモポリタンの記事が載った。ただし、肝心なところはすべてぼかしてある。当事者でなければ、何が書いてあるのかおよそわからなかったのではないか。読売新聞大阪本社と社会部にもメンツがある。政治家の圧力くらいのことで世紀のスクープをボツにはできない。だから、こうした決着の仕方を取るしかなかった。

亀井静香先生はわざわざ記者と会ったのだから、記事をすべて抑え込めると勘違いしていたようだった。

さすがにそこまでは無理。記事中には亀井先生の名前もあった。だが、何ら問題になるような記述ではない。「何の記事や、これ?」と読んだ者はみな首をかしげるような代物だった。「骨抜き」どころではない。骨はもちろんないし、身もない。頭もなければ、尻尾もない。これでは何の魚かわかるまい。

私は亀井先生の名前で内容に証明されている金額を前出の田原弁護士の口座に振り込んだ。

ただ、私が肩代わりで送金したことを亀井先生はどこかで知っていたはずだ。知らないはずがない。亀井先生本人からその件で言葉を掛けてもらった記憶はない。少なくとも正式に礼を言われたことはなかった。亀井先生は、この件には一切触れずに今日まで来た。

亀井先生には頼み事をしたこともある。亀井先生を信用したからこそ二人の人間関係は始まった。付き合いの始まりの頃、確かに亀井先生には助けてもらったとはいえ、こうして振り返ってみると、私も結構亀井先生を助けている。

それからも私は自分ができる範囲のことは亀井先生に対してしてきた。時には身の丈を超えるようなこともした。だが、「ありがとう」と言うだけの感覚を亀井静香先生は持ち合わせてはいなかった。

亀井先生からは、厳密には株投機集団「誠備」グループで「兜町の風雲児」といわれた加藤暠をはじめ、「こいつと会ってくれ」「会わないか」といった誘いは頻繁に受けている。だが、すべて断ってきた。

何度も繰り返して恐縮だが、私は株をやったことはない。仕手になど、何の興味もないのだ。

## 京都の土地をめぐる裏社会の攻防

鶴巻智徳の日本レースの手形にからむ事件から時間が経って、そこへ小川吉衛問題が出てきた。そこでまた稲川会がらみかということになった。

今度は、本当に私に兵隊を飛ばしたらしい。

小川は、稲川聖城稲川会総裁にかって湯河原で賭場を提供していた旅館の親方だ。

映画のプロデューサーをしていて、昭和二十九年には女優の山根寿子と結婚している。山根は、溝口健二監督の『西鶴一代女』などに出演している。

京都にKBSの子会社で、「シティセンター京都」の名で知られる会社があり、私が昭和六十年十月にオーナーになっていた。その「シティセンター京都」が、京都の河原町二条の鴨川の河畔の老舗ホテルのフジタ京都の横に、三千坪の土地を持っていた。空き地だった。それが、京都の唯一のまとまった一等地で、その会社の五一％の株を私が持っていた。残った四九％の株のうち、三〇％が鹿島建設で、小川吉衛が個人で一〇％持っていたと思う。

小川と三和銀行の常務で友達というのが、役員の一人にいた。目黒の雅叙園で例会を開く同じロータリークラブのメンバーで、仲間だったようだ。原明太郎という鹿島建設の副社長も同じロータリークラブの仲間で、その原も代表権を持っていた。

もう一人の役員が、金丸信さんの秘書の生原正久だった。

私がKBSに関与をする前には、その会社の発起人は、金丸さん、秘書の生原正久、原明太郎、小川吉衛だった。

それで、五一％の株を持っていた私が、その土地の整理をしなければいけないと思い動いた。整理といっても、自分のところで開発しようと思って、同和生命に頼んでホテル事業をやる予定だった。同和生命が四百億ほどのお金を出してくれるということだった。

ところが、その方針で進めてるときに、小川は小川で自分のところでやらせてくれと言いはじめた。鹿島建設は、副社長の原明太郎まで入って自分のところでちゃんとやると話はついている。

それで私は、逆に、小川に言った。

「小川さんが、上がってくれ。鹿島も上がってくれ。私がみなさんの株を買い戻すから」

ややこしいから、一〇〇％こっちの株にしようと思った。

シティセンター京都は、発行済み株式二〇〇〇株、一億円の資本金でスタートしていた。鹿島が三千万円、小川吉衛は株の一〇％ぐらいだから、一千万円ぐらいとることになる。ただ、十倍の値で買い戻すから、と条件を出した。

私は、京都新聞グループ創業家の二代目であり、四十四歳にしてグループの後を引き継いだ白石英司の持っていたシティー京都の株を引き取った。白石は、昭和五十八年一月に急逝していた。

小川が、そのまま稲川聖城さんのところへ飛び込んでしまった。

「永中が、乗っ取りに来た」

私は、さすがにウンザリした。

〈また、稲川会か……〉

まもなくして、滋賀県大津市の四代目会津小鉄会の高山登久太郎会長から私に電話が入った。

「ちょっと、えらい事が起きとる」

高山会長は稲川会の山川一家総長の山川修身さんと兄弟分だった。

三代目会津小鉄会会長の図越利一さんと稲川総裁も、親しかった。

「わかりました、ちょっと行きますわ」

私は、さっそく、大津まで行き、高山会長に会い、何が起きているのか尋ねた。

「なんですねん?」

「いやあ、熱海のおじさんところからな。兵隊来とるのやけどね。『ちょっと待て』そう言うて止めたんやけど。ちょっと事情を教えてくれ、と訊いてね。そんな人間ちゃうよと言って止めたんやけど、おるねや、まだこっちに」

稲川会の幹部の常任相談役の森泉人さんと五代目箱屋一家総長の趙春樹さんが来ているという。

向こうは、シティーセンター京都を私が乗っ取りに来たと、騒いでいる。

向こうにしたら、自分らが全部仕事仕上げようとしているところに、ある日突然私が登場してきた。五一%の株があるから、手を引いてくれと言う。じつは、向こうの方が先だった。シティーセンター京都の代表者の鹿島建設の副社長の原明太郎まで入れて、仕事は綺麗に終わっている。そこに私が突然出て来て、ひっくり返しにかかったからひと騒ぎになった。

私とすれば、小川の株は一〇%で一千万円分だから、十倍だってたかだか一億円くらいと踏んでいた。

それで、訊いてみた。

「小川は、いくら要求してんですか」

「ぶっちゃけた話、十二億払え言うとんのや」

十二億円といえば、十倍どころか、なんと百二十倍である。

が、私も男だ、引くに引けない。腹をくってきっぱり言った。

「そうですか、わかりました。向こうの言い値通り、やっときます」

「本当に、それでええんかい？」

そう訊かれたから、

「いや、よろしいですよ。それで返事したってください」

そこで高山会長が稲川会の森泉人さんに連絡を入れ、三日後に、東京の八重洲富士屋ホテルで会うことになった。

高山会長は、生き様に加え、実に格好が良かった。シルバーグレーというか、白髪で、結構もみあげを伸ばして、身長もあり、肩幅が広いから、余計に洋服が似合った。和服も似合う。「ああ、こういう人になりたいな」と思わせるスタイルだった。

私は、東京の事務所に連絡して十二億円の現金を用意させた。その当時は、人は、みな、金が無い、金が無いと言っていたけど、二百、三百億ぐらいまでだったら即金でもギリギリ用意できた。

十二億円用意した。それ以外に、ヴィトンのカバンにも金を詰めた。

私は、高山会長と一緒に、東京八重洲富士屋ホテルの現場へ乗り込んだ。

向こうは、二階の会議室に森泉人と趙さんが待っていた。

そこで、私は、ゴチャゴチャ言わず用意しておいた十二億円の現金を渡した。

すると、森泉人さんも、趙さんも、自分たちの要求通りだったので、すごく恐縮していた。まさか思い通りになるとは思ってなかったようだった。

それから、別に用意していた金を詰めておいたヴィトンのカバンを、趙さんらに渡した。

「これ、御大に」

これで趙さんが恐縮してしまった。

「いやあ、本当に誤解してました、申し訳ない、親父にまでそんな気を遣うてもろうて」

二人して、態度がパッと一八〇度変わってしまった。

「これから、色々な付き合いあるでしょうけど、とにかく関東でなんかあったら、いつでも、とにかく連絡ください」

それから、いっせいに一切私に触るなと号令が出たようだ。

私は、そのとき趙さんとは、初対面で、あとは何度か軽くご挨拶したり雑談する程度の関係だったが、この人は本当に紳士だった。

いっぽう鹿島建設副社長の原明太郎いうのは悪いおっさんだった。土建上がりなのか何かしらないけど、とにかく、このおっさん、鹿島の名前がなかったら場末の飯場の親方でしかない狡《ずる》いおっさんで、結局、この鹿島建設三〇％の株が残ったままとなった。

金丸信さんが「シティーセンター京都」の設立発起人になっているというのも、鹿島建設がらみだった。「シティーセンター京都」の重役になっていた金丸の金庫番の生原正久も、鹿島の原明太郎が連れてきた。

その頃、二十八億円必要なことがあったので鹿島建設に、「その土地の物件を担保に入れて、二十八億円ちょっと貸して欲しい」と頼んだ。ところが、貸さなかった。

実は、鹿島リースの原資は、太田社長の東邦生命から出ていたので、私は言った。

「ちゃんと、太田社長に話してきとんやから」

それでも相手は、ああでもないこうでもないと言って、貸そうとしない。要するに、そのときから、私を外して、鹿島主導で土地を運用しようとしたのだろう。

それで、私と喧嘩になってしまい、私は、「もう、ええ、わかった」と言った。私は、アイチの森下安道社長のところに行った。そこで「ちょっと悪いけど」と言って、その土地を担保にして、頼んだ。

「二十八億円、大至急貸してくれ」

森下さんは、国際興業オーナーの小佐野賢治さんのところに飛び込んだ。急に言って、今日の今日に金を用意出来るのは、小佐野さんのところしかなかった。

森下社長は小佐野さんのところからすぐ借りてきた。月三分の利子だ。それで「シティーセンター京都」の土地にアイチの抵当権がついた。

これには、鹿児島建設の原明太郎がビックリしてしまって、太田社長のところに飛び込んだ。

東邦生命ビルを建てるのに、鹿島建設と太田社長といろいろなつながりがあったのだろう。

そこで、私は、太田さんから言われた。

「年寄りをいじめたらダメです。相手は大手の鹿島建設の副社長だし、そんな人を追い込むようなことをしてはダメですよ！　至急、アイチの抵当権を外すように」

私は、何も原を追い込んではいない、原が悪いからだ。

とは言うものの、太田社長は、私にとって恩人のような人である。

だが、アイチの抵当を外すといっても、すぐにはできない。

さらに、原から新しい提案があった。

「ちょっと、私に別の考えがありますから、また連絡します」

ものの一週間もしないうちに、太田社長から、私に話があった。

「西武セゾングループのディベロッパーの西洋環境開発に、売ってあげてくれないですか」

二百億円近い金で会社ごと売ってくれ、という。

「シティーセンター京都」には、私の株五一％に加え、小川吉衛から引き取った株などがあるが、鹿島建設の株は三千万円くらいはある。会社をそっくり売ることになると、鹿島建設の株の分も金に代えて払わなくてはいけない。

原は、太田社長に泣きついた。

「六十億円なら、株を手放す」

なんと、三千万円の二百倍である。私は、悪どい奴だ、と思ったが、太田社長からの話である。当然だが私には答えは一つしかない。

アイチから借りている二十八億円は返して、抵当権を抜いた。

小川吉衛も悪かったが、この原明太郎は輪をかけて悪い。

私は、最終的に太田社長から七十億円は配当を受けただろうか。

その土地は、最終的には「西洋環境開発」に渡らず、太田社長の手で中堅ゼネコン「飛鳥建設」の子会社である「飛鳥リース」に転売されることになる。

この時、「飛鳥グループへ土地と会社の購入資金を融資したのが、太田社長の東邦生命であった。

## 池田保次ナゾの失踪と雅叙園観光騒動

雅叙園観光ホテルを所有する雅叙園観光は、最後の大物「興行師」と呼ばれた松尾国三が昭和二十三年に東京のJR目黒駅近くに設立した観光会社である。昭和二十五年に東証一部に上場した。兄弟会社日本ドリーム観光も設立した。

ところが、昭和五十九年一月一日に死去するや、内紛が始まった。

国三の妻の波儔江と大番頭であった阪上勉の争いが起こった。この時、阪上が頼ったのがヤクザから大物実業家に成り上がっていったコスモポリタンの池田保次であった。池田に自社株を買い占めてもらい、波儔江を追い出そうとしたのである。

いっぽう波儔江側もこれに防戦。

結局、昭和六十三年に阪上側が雅叙園観光を、松尾一族側が日本ドリーム観光を経営することになる。

昭和六十三年五月、筆頭株主であった池田のもとに、雅叙園会長のポストが転がりこんだ。池田は、みごと「M&A」を果たしたのである。

池田は雅叙園の再開発を計画するのに当たって、商社イトマンの常務だった伊藤寿永光を入れていっしょにやることにし、伊藤からいくらか金を引っ張っていた。

過去にも池田がらみの物件で、伊藤が間に入って、創価学会に神戸のポートピアホテルを売ったことがあったらしい。この時に伊藤は何十億円か儲けた。もちろん、池田も百何十億円か儲けている。

そういう経緯があっただけに、伊藤は池田と組むと美味しいと思い、雅叙園でもガチっと組んで再開発をやろうとした。

池田が一部上場企業の表舞台に立ち権勢をほしいままにしていたわずか五カ月後の昭和六十二年十月十九日、例の「ブラック・マンデー」が襲ってきた。

アメリカ・ニューヨークの株式は五百八ドル安（二二・六％暴落）と史上最大の暴落となった。

翌二十日には東京・兜町の市場も三千八百三十六円安というやはり史上最大の下げ幅を記録、全世界にわたり株価は大暴落した。

このブラック・マンデーの打撃をもろに受けたコスモポリタンの資金ぐりは急激に悪化。その台所は文字通り火の車と化した。

窮地に立った池田は、環境装置メーカーのタクマの仕手戦で最後の勝負に出た。が、ものの見事に敗北。それが命取りとなった。

池田は、ついに昭和六十三年二月に雅叙園観光の会長職を降りざるを得なくなった。その経営権を他人に譲渡した。

当初「香港資本グループ」が経営権を譲り受けたとされていたが、これは彼ら独特のみせかけであって、事実上引き継いだ人物こそ私だった。

新井組の件で池田に借りのある私は、融通補償などの形で池田を助けた。ただし、会長を辞任したにもかかわらず、昭和六十三年春先から商行為をまったく伴わず、しかも決済資金のアテもまったくないいわゆる「融通手形」を乱発しはじめた。

当初その総額は、約二百六十億円～二百七十億円ぐらいといわれていた。

池田は昭和六十三年八月十二日、「これから東京に行く」とボディガード兼運転手にひとこと言い残して新大阪駅構内で姿を消した……。

なお、それ以後、彼の姿を見たものは誰もいない。コスモポリタンの負債総額は一千億円以上にのぼる。

失踪直前には取り立てが厳しい暴力団金融などからの借り入れをしていた。それゆえ「拉致され、すでに消されている」と見られている。

池田が突然姿を消して、その雅叙園観光株を、最終的に私がすべて握ることになった。アイチの森下安道さん、宮崎県の金融業種子田益夫、伊藤寿永光、静岡県の後藤組組長で山口組幹部の後藤忠政さん、静岡県の芳菱会総長で山口組幹部の滝澤孝さん、全部が雅叙園観光の債権者の立場であった。

それなのに、私が全部、雅叙園観光株をそのままポンと押さえた。すぐさま占有もかけた。実際、雅叙園観光の経営にも入ったし、現場に人間も送り込んだ。そんな実力行使をしたものだから、そういうややこしい債権者たちが順番に私を潰しにくるではないか。

とにかく雅叙園観光と我が身を守るためには、相手がどれだけ来ようが、やるしかなかった。


《(大下・注) 後藤忠政は、昭和十七年、東京府東京市荏原区に出生。祖父は富士川発電や伊豆箱根鉄道を興した実業家の後藤幸正であった。戦争の激化により、二歳の時に父の実家がある静岡県富士宮市に疎開して以降、同地で育った。

暴力団・川内組の組員だった昭和四十四年、富士宮市に暴力団・後藤組を結成して組長となった。川内組組長・川内弘は、三代目山口組若頭補佐であった菅谷政雄の舎弟であった。

後藤組はその後、静岡県における山口組勢力拡大の嚆矢《こうし》となったが、昭和五十二年、川内の破門・殺害によって川内組が事実上消滅したため、浜松市を拠点とする伊堂敏雄を組長とする山口組系の伊堂組に舎弟として移籍した。

昭和五十九年七月、竹中正久を組長とする四代目山口組が発足すると伊堂は引退、後藤は山口組直参に昇格した。

後藤は武闘派として、昭和五十九年に勃発した一和会との山一抗争で積極的に働いた他、渡辺芳則を組長とする五代目山口組の東京進出に際しては、その先駆けとなって勢力の拡大に寄与した。

平成十四年七月、山口組若頭補佐に就任。平成十七年八月、六代目山口組の発足に伴い、同組舎弟に直る。》

後藤組長とは、池田が消えてから熾烈なやりとりがあった。私は然るべき人には言っていた。

「絶対に後藤には後ろを見せたらいけない。彼は必ず来る」

やるなら、相手が誰であっても、堂々と正面から、お互いぶつかり合いをし、決着をつけないといけない。これは相手が検察や警察であっても、同じ姿勢で私はやっていた。

雅叙園観光の代表者には、私の関係の人間を送り込んだ。

私はその頃には、雅叙園観光株だけでなく、その子会社の日本ドリーム観光の株式を持っていて、一部ダイエーに渡すことにした。

株の大半は森下安道さんの「アイチ」のもとにあり、それまで約一年にわたって私が二分の利息を払いずっと保管していた。池田の借金を、すべて私が肩代わりしたのでこういうことになった。

ダイエーとしては、雅叙園観光の株よりも子会社のドリーム観光の株が欲しかったようだ。

ダイエーの代理人の木下貴司弁護士は、私に言ってきた。

「雅叙園観光株は許さんが持っていていいから、ドリーム観光の株はすべてください」

ドリーム観光は、大阪歌舞伎座だけでなく、千日前デパートや横浜ドリームランド、奈良ドリームランドなどを所有している。資産は大きい。むしろ雅叙園は借地だった。

そのダイエーに対し住友銀行と三和銀行がメインバンクの座の取り合いをやっていた。住友はダイエーに資金を貸し付けるのにあたり、担保が欲しかったこともあってドリーム観光株は全部取得する。そのいっぽうで、雅叙園観光はややこしくなるから切ったほうがいいと言ったのではないか。

私にすれば、ドリーム観光を持っていくならば、雅叙園観光もいっしょに持っていってくれという思いだった。事件になるかも分からないという話が出てくるのはまだ先のことであった。

ダイエー側の窓口になったのが、近藤勝重。彼がダイエーの預金小切手を持ってきた。木下弁護士の事務所で作成し、アイチからは番頭が株券を持ってきた。それで私は預金小切手を受け取って帰った。ダイエーや木下弁護士は、私がそんなに綺麗にスパッと仕事をすると思わなかったのではないか。

しかし、ダイエーは、日本ドリーム観光株だけを買い取り、言外に約束した筈の協力はせず、雅叙園観光も買い取ることはなかった。後にダイエーはつぶれ、中内家もおかしくなったが、その原因の最たるものがこの件にも表れていると思う。

## 曲者伊藤寿永光登場

あの雅叙園観光の件で大きな役割を演じた伊藤寿永光は、大阪府民信用組合理事長の南野洋が私に紹介してきた人物である。南野がきっかけを作ったのだ。

《(大下・注) 伊藤寿永光は、昭和十九年十二月、愛知県津島市で生まれた。高校は野球の名門、私立中京商業（現中京高校）へ進んだ。野球部員として白球を追うものの、腰を痛めて途中で退部したという。

名古屋でガソリンスタンドを経営する父親の支援を受け、若くして事業に手を染めている。最初はバッティングセンターの経営、次に室内装飾工事、冠婚葬祭事業に進出。名古屋、富山、福山などで平安閣グループの結婚式場を経営。さらには、東京・銀座一丁目で難攻不落といわれた老朽化したビルの地上げに成功して不動産業界に名を売る。ゴルフ場開発にも進出した。》

私は、伊藤には胡散臭いとの印象は持たなかった。むしろ、礼儀正しく、一見紳士にしか見えない人物だった。髪を七三にきちっと分けていて、悪くない。

だが、私は様々な人を見てきて、自分自身もひどい目にもあっているのに、どちらかというと甘めに他人を見るところがある。少々のことでは負けることはないと思っているから、自信過剰があるのかもしれない。

「さすがに、ワシを騙しはせんやろう」

ついそう思ってしまう。

伊藤のことを曲者とは思った。それは、動物的な勘でわかった。だが、善と悪に分けた場合に悪の範疇に入る人間とは思わなかった。

伊藤が進めようとしていたのは、雅叙園観光をイトマンが引き取るという話である。だが、伊藤一人では雅叙園観光に手をつけられるのは難しく、山口組若頭の宅見勝さんを連れて来たのだ。

大阪北区の東洋ホテル地下にあった三玄という和食屋を伊藤が設定した。金融業の種子田益夫と私が行くと、そこに南野洋と宅見さんがいた。

もともと宅見さんとは野村周史会長のところで会っていた。その時は宅見さんに挨拶しただけ、紹介を受けただけだった。

その時が宅見さんに対してモノを言う初めての機会だった。

最初にあった後、私はにらみ倒されていたと言っても過言ではなかった。帝国ホテルですれ違っても、空港などどこで会っても、宅見さんの横についている者がいつ私に飛びかかってきてもおかしくなかった。一瞬も気が抜けず、私の側で警護をする者としてはたまったものではなかっただろう。

ところが、三玄で宅見さんと会ったときは、じつに丁重だった。昼の会席コースだったので一時間半ほどだったが、年長者の南野洋が一番上に座って、宅見さんが一番末に座って、両サイドに私と伊藤が座った。

現場に案内した種子田益夫は表にいて、入ってこなかった。なお種子田は、宮崎県出身で、地元では金融業の他に「丸益国際観光」「丸益観光」などパチンコ屋やキャバレーなどを経営していた。

後にわかるが、下手に座るのがものを頼む場合の宅見さんのスタイルだという。

この席で、宅見さんは私にこう言った。

「どうぞ伊藤くんと仲良くしてやって欲しい。野村さん、実は池田には三十億円の貸し付けがあった。岸本本部長と二人で金庫の金を出している。ついては、雅叙園の整理が上手くいったら、その三十億を元金だけでいいので返してもらえないか。あくまでもうまく整理が付いたらの話なので、協力してほしい」

南野と私と伊藤と三人で「被害者連合」を結成のうえ、雅叙園観光の再建を仲良くやっていこうということだった。この時私は、

「判りました。それは当然の話。約束しましょう」

と即答した。しかしこれを後日、伊藤が悪用し、私から二十億の金を騙し取る

とは夢にも思わず、宅見さんともトラブることはなかった。

宅見さんの物腰はとても柔らかくて、紳士的だった。そういう所作については、宅見さんは大した人だ。

私とは、それまでかなり険悪な関係だったが、そこは役者が違う。私なんかそういう点では小僧。あんな器用なことはできない。

南野洋には、山口組五代目組長の渡辺芳則組長がバックについていた。彼は若い頃に渡辺組長の出身母体である山健組に出入りしていたことがあったのだ。

やはり山健ブランドは、あの時代は山口組の当代を輩出していたということもあり、山口組のなかで一番だった。

南野洋は、いつも、これみよがしに人を呼びつけて、アピールしていた。俺はこんなに偉いんだぞ、というつもりなのであろう。そういうことをあえて目立つようにするところが彼にはあった。

## 福本邦雄をKBS京都社長に

野村雄作は、渡辺美智雄さんの秘書も辞めた。行き先がなくなり、身柄は宙に浮いた格好だった。

〈さて、雄作の受け皿を、どないしよう〉

昭和六十年十月にはＫＢＳ京都の関連会社「シティ・センター京都」の役員にも就任していた私は、結局、ＫＢＳ京都に常務の椅子を用意し、そこに座ってもらうことにした。

まともな会社にするには、内田和隆をトップに据えておくわけにはいかない。

平成元年六月二十八日、内田を副社長に降格させ、福本邦雄さんに社長を引き受けてもらった。先に常務として入れていた野村雄作は福本さんの眼に入らぬよう京都本社から東京支社に移した。

福本さんを山段にも会わせた。福本社長は、社員を前に言い切った。

「私は、ＫＢＳを再建するためにやって来ました。それができなければ辞める」

社長に就任した福本さんが、あるときこんな注文をつけてきた。

「竹下が『内藤を何とかしなきゃいかん。よろしく頼む』と言ってきている」

竹下とは元総理・竹下登、内藤とはその女婿の内藤武宣である。

《筆者＝大下は、田中角栄の本は十一冊も上梓しているが、竹下登についても『経世会竹下学校』や、金丸信とのコンビを描いた『捨て身の首領・金丸信』を上梓している。

竹下派には、橋本龍太郎、梶山静六、渡部恒三、小渕恵三、小沢一郎、羽田孜、奥田敬和のいわゆる七奉行がいるが、そのうちの羽田は田中角栄と竹下登をこう比較していた。

「田中さんにも、竹下さんにも、それぞれの怖さがある。田中さんは、陽性だ。駄目なものは駄目。いっぽう竹下さんは、あまり正面きって叱ることはない。が、情報網が発達しており、どこで眼を光らせているのかわからない。ジワジワと、まるで真綿で首を絞められているような怖さがある」

総裁選で菅義偉と戦った石破茂も田中角栄と竹下登をこう比較している。

「竹下さんは、人の悪口は絶対に言わない。やはり凡人ではない。田中さんのように、マグマが噴き出すようなデモニッシュな感じこそないが、また別の意味でデモニッシュな人だ」

「三宝会」という政治家、官僚、財界、マスコミが集い、竹下登が裏で糸を引く会があった。その代表世話人こそ、実は福本であった。

筆者も福本の世話でそのメンバーとなっていたが、竹下や福本の狙いは、NECの関本忠弘会長を経団連会長に押し込むことにあった。

政治家も、小渕恵三、加藤紘一、中尾栄一、亀井静香、野中広務、鈴木宗男といった一見派閥横断的であったが、実際には竹下、福本に近い人たちばかりであった。

マスコミも、読売新聞の高橋利之、共同通信の後藤謙次、選択出版の湯浅正巳ら竹下、福本に近いメンバーが集まっていた。

さらに福本は、この「三宝会」とは別に十数名の政界、財界、マスコミ人を集め、二カ月に一度は会を開いていて、筆者はかならず出席していた。

内藤武宣を紹介されたのは、その席だった。

なお、筆者は福本に勧められていた。

「大下さん、京都のKBSでオレとの対談番組を持とうよ」

筆者も福本との対談番組なら興味深い。引き受けるつもりであった。が、のち福本がKBSを追われることになるので、その対談番組は幻となってしまった。

ただし、福本は、京都の山段芳春については口にしたが、許永中との関係にはまったく触れないままであった。

内藤武宣は、昭和十三年七月十七日、福岡生まれ。早稲田大学教育学部に進む。卒業後は、毎日新聞に入社し、のちには政治部記者となる。

内藤は早稲田OBで読売新聞出身の政治評論家・宮崎吉政の仲介で竹下登と知り合う。竹下の次女・まる子と結婚する。二男一女を授かるが、このうち次男がテレビに出ているロックボーカリスト・DAIGOである。内藤武宣は昭和四十七年に毎日新聞を退社。地元・福岡一区から衆議院選挙に出馬する。が、落選の憂き目にあう。結局、竹下登の私設秘書に収まる。竹下が昭和六十年に田中派内に「創政会」を旗揚げしてからは、機関紙『創政』編集長を務めていた。

福本邦雄の「フジ・インターナショナル・アート」の顧問の肩書きも持つ。》

福本さんが、私に内藤武宣を紹介したいという。一席を設けることにした。

「これが内藤君だ」

私には、内藤が何様かはわからない。ただ、慇懃無礼な男だと思った。見てくれもパッとしなかった。

思わず舌打ちしそうになるのを堪え、私はこう告げた。

「わかりました。まあ、よろしくお願いします」

私にとって内藤武宣はどうでもいい。ただ、仮にも竹下登先生の義理の息子である。粗末に扱うことはできない。

内藤をKBS京都に常務として迎えることにした。

内藤と対面したのは、その一回きり。以後は挨拶に出向いたこともなければ、向こうから礼を言われたこともない。

福本さんを通じてこんな要求をしてきたことがあった。

「内藤の京都の住まいを、用意してやってくれないか」

内藤には役員報酬として毎月少なくない額を渡している。それに加えて、京都での住まいまでというのである。

福本さんの頼みであれば仕方がない。椅子に座ってもらうだけの常務のために、私は住居をはじめ、何から何まで用意することにした。

私は、KBS京都本社の裏手に高級マンションを買い、それを内藤に使わせた。

ところが、内藤武宣はお飾りとしての立場を一向にわきまえようとしない。常務の肩書きでふんぞり返ってばかりいる。

会社には滅多に顔を出さない。その割りには、灯点《ひとも》し頃になると、連日のように「富美代」「富美代」と気もそぞろ。「富美代」とは、京都の祇園富永町にあるお茶屋の老舗である。内藤は夜な夜なそこへ足しげく通い、入り浸っていた。

その点、福本さんはものが違っていた。一言で言えば、風流である。福本さんは大正から昭和にかけて耽美で頽廃《たいはい》な作風で知られた歌人・吉井勇に傾倒していた。吉井は北原白秋や森鷗外、坪内逍遥らとも交流があり、鎌倉から土佐猪野々(現在の香美市)を経て京都に移り住んでいる。

祇園白川沿いに立つ吉井の歌碑には、祇園を訪れた際に詠んだ歌が刻まれている。

「かにかくに
祇園はこひし
寝るときも
柳の下を
水のながるる」

このように耽美の世界を地で行ったような人物である。その吉井の生き方に心酔し、自分もそうあろうとしたのが福本さんだった。

「三宝会」のメンバーの湯浅正巳の主宰する月刊誌の『選択』に連載していた歌人伝をまとめた『炎立つとは－むかし女ありけり』という著作もある。

なお、KBS京都には、さらに、他の重役としてダイエーの元総務部長で、関連会社である日本ドリーム観光社長の都築富士夫や、私の経営する関西新聞社長でNHK出身の池尻一實など、私の人脈に関連する人たちが名を連ねた。

平成三年に入ると、ホリプロ創業者の堀威夫オーナーが「KBS京都をやりたい」と手を挙げた。堀オーナーに頼んでいれば、最も穏当かつ順当な形で再建できていたかもしれない。

だが、ちょうど時を同じくして、平成三年二月に、のちに触れるイトマン事件が表面化する。

さらに悪いことに、福本さんと内藤の祇園での宴がビラに書かれ、KBS京都の社屋でバラ撒かれた。

組合員に突き上げられた席で、社長の福本さんは大見栄を切った。

「この会社は、内藤中心で行く。内藤に背く行為は、私を裏切ることと同じだ。ひいては、それは竹下登に反旗を翻すことになる」

私も山段も、これにはまいってしまった。

平成三年六月、この一件が引き金となり、福本さんや内藤武宣さん、野村雄作らは総退陣するハメとなった。

私もＫＢＳ京都から手を引き、堀威夫オーナーが参画する話は流れた。挙句の果てに、ＫＢＳ京都は組合経営へと移行していった。

# 第八章　世にいうイトマン事件

## あの伊藤寿永光がイトマンに入社

伊藤寿永光は、平成二年二月に、イトマンに理事・企画監理本部長として入社する。六月には常務に就任する。

イトマン社長の河村良彦については、私はよく知っていたわけではない。伊藤寿永光が河村を食事に連れて行っているとか、そういう関係なんかは全然知らなかった。

のちに私は法廷でも証言したが、河村社長には都合三度しか会っていない。

《（大下・注）河村良彦は、大正十三年九月二十一日、山口県に生まれる。旧制の山口商業に入学後、昭和十六年、住友銀行に入行。下関支店へ配属の後、召集され中国大陸での転戦を経て復員。大阪市内の営業店へ転勤となる。その後、キャリアを積み、抜群の営業センスを身に着けた。『中興の祖』と称される磯田一郎が本店営業部長を務めた際、次長は巽外夫が、部長代理は河村が担った。その際、河村は業績を伸長させた。

栄町、渋谷、銀座の支店長を歴任後、取締役に選出。銀座支店長時代には水商売相手に積極的な預金勧誘を試みたほか、渋谷支店長時代にはリテール強化を打ち出すなど、当時としては異色の営業活動を実践した。常務にまで昇進する。

昭和五十年一月、取締役人形町支店長に在任時、『天皇』と呼ばれた堀田庄三から直々に、大証および東証に上場していた老舗企業伊藤萬の再建を命じられる。程なくして、常務・本店支配人に昇格後、同年四月に理事として伊藤萬に転じ、続く五月には副社長に就任。

さらに同年十一月二十八日、創業家出身の四代目社長であった伊藤寛を引き継ぎ、第五代社長に就任した。

このイトマン入りの人事は副頭取に就任していた磯田が、河村が過去に伊藤忠商事や丸紅を長く担当していたことから、その手腕に期待して段取ったものであった。

イトマンは大阪・船場に開業した洋反物商「伊藤萬商店」を起源とするが、戦後の産業構造の変化に伴い、昭和四十五年には大規模な機構改革を実施した上で非繊維部門の充実に着手した。しかし、同様に船場を発祥とする繊維商社が総合商社へ転換し飛躍したのにかかわらず、全般にイトマンの業績は低迷した。そこにオイルショックも重なり、経営はじり貧に陥り倒産寸前であった。

そうした中、河村は土日も出社し、約千名の社員とも対話を重ね、「意識革命」を徹底し、結果として二年後には四十八億四千九百万円もあった累積赤字を一掃、翌年には早くも復配にこぎつけることに成功する。

また、安宅産業が解体処理された折には、同社の繊維部門の人員の二百名以上を引き受けたほか、平成元年には二千億円の負債を抱えていたワンルームマンション販売を手掛ける杉山商事（後のイトマントータルハウジング）も引き受けた。

さらに住友銀行による平和相互銀行の吸収合併の際には、同行創業家の小宮山一族から株式を取得しようとする川崎定徳社長のため、河村が磯田の意向をくみ完全子会社であったイトマンファイナンスを介し、川崎定徳に取得費用を融資した。

この後、同社が取得した株式は住友銀行に譲渡された。これによって昭和六十一

年十月一日、住友銀行は競争相手を退け、平和相互銀行を吸収。関西系であった住友銀行における首都圏攻勢の足場が築かれた。》

自殺したイトマンの名古屋支店長で、専務であった加藤吉邦に限っては、一回しか会っていない。

それも伊藤が会わせたのだ。そのときに加藤は「実は困っている」と言っていた。

「何に困っているんですか」と訊くと、打ち明けた。

「イトマンファイナンスで、今約七千億円を貸してるんだけど、不動産案件に偏りすぎてしまった」

ちょうどそのとき、三菱商事が、絵画担保で融資するという話がマスコミにも大きく出ていた。商社もメガバンクも、絵画での担保が早いと報道されていた頃である。

担保が不動産にばかり偏っているリスクを分散するとなれば、絵画という手があるということだ。ただし、良い案件、儲かる案件を模索することになった。

そのときは先方から「借りてくれ」とも言われた。あくまで、貸してほしいとこちらから頼んだわけではない。どんな案件でもいいから、とにかく不動産案件以外で、どんどん借りてくださいと言われたのだ。だから私は、収集していた作品に加えて、新たに名品だけを買い増ししていこうと考えた。

## ロートレックコレクション1800点

私は、伊藤がイトマンに入社してすぐにイトマンとロートレックの最初の取引をする。

ロートレックのコレクションは、住友銀行の磯田一郎会長の長女の黒川園子が経営する西武セゾングループの高級輸入美術品・宝飾品販売会社「ピサ」が落札したものだった。

河村社長が黒川園子からそのロートレックコレクションの買い手を探して欲しいと依頼され、伊藤寿永光に相談した。磯田会長にとって長女は最大のウィークポイントで、河村にとっても、磯田会長の覚えをめでたくしたい、という気持ちが強かったのであろう。

伊藤が、さらに私に話を振ってきたのだ。伊藤に私が定宿にしていた帝国ホテル八三五号室で、初めて取引を持ちかけられた。

私は現物を見ていなかった。写真で見ただけである。

ロートレックのすべてのコレクション、素描や、そのときのポスターの原画、ロートレックが友人たちに宛てた手紙、身の回りの品、要するに全部含めた約三千点である。

コレクターであるシンメル夫妻のコレクションの紹介記事も見せられた。


《(大下・注)トゥールーズ・ロートレックは、一八六四年十一月二十四日、南仏のアルビで名門の伯爵家に生まれた。十三歳の時に左の大腿骨を、十四歳の時には右の大腿骨をそれぞれ骨折した。成人した時の身長は一五二センチに過ぎなかった。

身体障碍者として差別を受けていたこともあってか、娼婦、踊り子のような夜の世界の女たちに共感。パリのムーラン・ルージュをはじめとしたダンスホール、酒場などに入り浸り、彼女たちを愛情のこもった筆致で描いた。作品には『ムーラン・ルージュ』などのポスターの名作が多く、ポスターを芸術の域にまで高めた。》

ロートレックの絵は、『炎舞』で有名な速水御舟のようにちょっと屈折した感じがある。私はそういう作風に「ちょっと他の画家の絵とは違うな」と興味を抱いていた。

それだけまとまったコレクションは、私が計画していた韓国国際文化センターの展示にちょうど打ってつけだと思われた。

韓国国際文化センターは、大阪市北区中崎の在日本大韓民国民団大阪府地方本部の近くにあった私の道場兼自宅の前に建設する予定だった。神社の道路を挟んでの向かい側、表通りの道路を挟んでの向かい側の七百坪の土地だ。その時は建設途中で、韓国から大臣を呼んで、地鎮祭までしていた。日中韓の美術品を鑑賞できる施設とするつもりだった。美術品に限らず、文化に類するもの全部、古文書などの歴史にまつわるものも含む。

伊藤博文首相をハルピン駅構内で暗殺した朝鮮独立運動家の安重根義士や、福沢諭吉の支援を受け、国に帰って朝鮮半島で独立のために戦った国士朴泳孝。彼は、一九〇七年に李完用内閣の宮内庁大臣となったが、大臣暗殺陰謀の疑いで済州島に流刑処分された。

さらに、アメリカ合衆国のプロテスタントパプティスト派の牧師でアフリカ系アフリカ人公民権運動の指導者で遊説中にメンフィスで暗殺されたキング牧師らも紹介することを考えていた。

すでに展示用に集めたコレクションは一千八百点前後に上っていた。

イトマンが持ち込んで来たロートレックのコレクションについては、先方の言い値は六十八億円あまりだった。

私は値切ることなく買うことにした。

ただ、「支払いは三年先まで待ってくださいね、それでいいですか」ということを確認し、コレクションは韓国国際文化センターの建物が出来上がるまではいらないとも伝えた。

だから、手元には絵をもらっていない。リストだけもらった。あとは、現物の一部の白黒のコピーだけだ。

実は、このロートレックのコレクションのピサ（セゾングループの堤清二が経営する東京プリンスホテルの地階にある高級美術品・宝飾品の販売店）からの仕入れ値は十六億円だった。

伊藤寿永光は、差額の五十億円を企画料としてイトマンに儲けさせたと売り込み、河村社長に食い込んだのである。

私はイトマンが十六億七百万円でピサから仕入れていたということをまったく知らなかった。

伊藤は西武ピサの書類を偽造して私には誤魔化していた。ただ、私はこれは法廷では証言しなかった。

私とイトマンとの関係でいえば、私は絵画を売っていない。あくまで、イトマンからお金を借りただけである。融資してもらったということだ。

しかし、検察はあくまで私が売ったという。売買契約書も無いし、金消（金銭消費貸借契約）もない。

金消は加藤専務が平成二年九月に、私に言ってきた。

「決算上、とにかくちゃんと書類を請求せないかんので、金消契約を巻いてほしい」

それは当たり前のことだと思い、税理士とも相談してイトマンとのお金のやりとり分すべて金消契約を巻き、利息も計算してそれは終わりにしていた。

それなのに、のちに事件になると、検察はそれは嘘だという。これは売買であると。金消は後からバックデートで作っただけで、すでに問題があるではないかという。

ところが、検察も、当然売買というのを立証できない。だが、私も平成二年九月に作られた金消契約しかなく、金消契約はいちいち巻いてないから、一〇〇％立証出来ない。

お互い、水掛け論になってしまった。水掛け論のまま、判決は要するに売買で認定されてしまった。私が仕入れ値の二・何倍の価格で売ったという。あの時代、不動産にしろ株にしろ、何倍かになるのは当たり前だったのに、である。

平成三年の三月には、私は大阪地検に絵画取引は売買ではなく、あくまで融資と「上申書」を提出している。

いっぽう、福本さんのフジ・インターナショナルアートを通じて私が仕入れた絵画の代金は総額二百数十億円に上る。「原価」としてフジ・インターナショナルアートに入った金は、三割弱だといわれている。

製薬業界には昔から「薬九層倍」という言葉が伝わっている。薬品の原価率は非常に低い。売価が原価の九倍にも及び、販売元はぼろ儲けという意味だ。絵画や宝石の売買もこれに近い。宝石の原価は売価の三分の一ほどだといわれる。

私が偽の鑑定書を作り、原価の何十倍もの値段で宝石を売りつけたと書いたジャーナリストがいた。もちろん、事実無根である。無茶苦茶な話だ。何でもかんでも書き殴るのはいかがなものか。事情を知らない人は本当のことだと思い込むだろう。活字の影響力はそれほど強い。

## 専属美術担当をアメリカに逃がす

遡ること西武百貨店塚新店のオープン間もない昭和六十年九月、大阪ロイヤルホテル（現リーガロイヤルホテル）で西武百貨店が主催する美術工芸店関西高輪会が開かれた。高級、高額なものばかり展示して、特別な客を呼ぶイベントである。

そのイベントへ、私は内妻の一人であった北新地の高級クラブのママを連れて行った。

その時にママの知り合いとして紹介されたのが、西武塚新店外商部の福本玉樹だった。

「君が福本君か。彼女からいろいろ聞いてるよ。何かつきあわないとな。会場の中で一番高い絵は、どれ？」

そこで、一点五千万円の加山又造の絵画を買った。

それからまもなく、「西武塚新店」の社長が、直接一席設けて礼を言ってきた。

「上得意になってくれてありがとうございます。うちの福本を使って下さい。何でも命じてください」

外商部の福本玉樹が私の担当になった。彼は私の傍につきっきりとなった。

私は自宅に大きなサウナを作っていた。そこで使うためのタオルを西武塚新店に注文した。普通の綿のバスタオルではなく、帝国ホテルで使うような糸のピシっとしたタオルを年単位で注文した。浴衣に虎のシンボルマークを入れたものも別注した。

雑品から含めてなんでも福本の売上にしてやろうと思っただけの話。西武塚新店の外商売り上げの七割近くが、私の売り上げで持つようになった。

そうなると、福本だけでなく私の専属に何人もつくようになる。

「会社へ出てこんでええから、許永中にへばりついていろといわれています」

彼らは休みのときでも、ゴルフの手配からなにから手足となって働いてくれる。富裕層に徹底的に尽くすプライベートバンカーのやり方といっしょである。

私には絵が本物か、偽物かの鑑定が出来ない。だから福本玉樹に鑑定させた。

東京美術倶楽部の鑑定証がついてるのか、ついてなければ取ってもらわないといけない、そんなことを福本に任せた。そうすることで福本に金が落ちるようにしてやった。

福本は、私からお金をもらい偽の鑑定書を作ったとされる。そんなものをなぜ偽造する必要があるのか。

平成三年二月、大阪地検特捜部が異例のイトマン事件の捜査開始宣言をする。すると、西武百貨店は福本玉樹を本社に呼んだ。要するに、西武百貨店としては、許永中の絵画売買とは関係ないという口裏合わせをするためだった。

福本は、部長を約束されていて、その手前の課長の身だった。

福本は、上司に言われた。

「会社が許永中との売買を了解していたということになったら、百貨店がえらいことになる。あくまでお前が独断でやっていたことにしろ」

その席に警視庁の人間も同席していたという。

そこで、福本は会社に言われたとおりの方向で会社に対する報告書を書かされた。

福本にはガードマンもつけられた。逃亡されたり、自殺されたりしては困るからだ。

福本は、新幹線で東京から戻って来る車中で、私に電話を入れてきた。

「うちの百貨店はあくまでも被害者だという構図を組まれてしまいました。警察の事情聴取までされ、申し訳ありませんが、サインしてしまいました。いくら私が助かるからとはいえ、勘弁してください……」

《(大下・注) 田中森一は、昭和十八年六月八日、長崎県平戸市の貧しい漁師の家に生まれた。父親は、漁のない昼間は、もっぱら農作業に励んだ。

昭和三十九年四月、岡山大学法文学部に入学。空手部に入部する。在学中に司法試験に一発合格。

昭和四十六年検事任官。検事在任中、阪大ワープロ汚職事件、撚糸工連事件、平和相互銀行事件、山一證券と総会屋による三菱重工転換社債事件、苅田町長公金横領事件などを担当した。平和相互銀行事件以降、自民党を含めた国会議員の逮捕を視野に入れた捜査をおこなっていたが検察上層部の政治的配慮によって事件そのものが潰され続けたこともあり、退官を決意する。

昭和六十二年十二月検事退官、弁護士となる。その後、山口組若頭・宅見勝、

「アイチ」森下安道、「イトマン」元常務・伊藤寿永光、「コスモポリタン」池田保次などの顧問弁護士を務めた。》

その田中はこう言った。

「大阪地検は、会長と福本玉樹を詐欺罪で逮捕しようとしている。やつら、なんでも好きなようにやる。そやけど、こんなもん事件に出来へん。いずれ終わってしまう。とりあえず福本を、半年ばかり逃がせ」

私は福本を、呼んで訊いた。

「お前、頑張って、否認し続けられるか」

「いえ、自信ありません」

「わかった。まず、香港へ飛べ。そこからヨーロッパへ飛んで、さらにアメリカに入れ。アメリカのサンフランシスコに、ワシと親しい在日韓国人の金融業者の夫人がおる。そこへ訪ねていけ」

直接にアメリカに行かさず、まずヨーロッパを経由させたのは、検察側にアメリカへの渡航をごまかそうという計画だった。

福本玉樹には二千万円を持たせて、出発させた。

私が教えたアメリカの行き先は、実は私が兄事していた在日の先輩の生島久次さんのところであった。

《（大下・注）生島久次は、昭和十四年生まれ。

もともとは、後に太田興業を結成する太田守正と浪速会という愚連隊をしていた。その後、菅谷政雄率いる菅谷組に入り、菅谷組生島組の組長に。金融業や会社整理を手掛け、さらに活発に不動産買収や債権回収を行い、「経済ヤクザ」の走りと言われ、菅谷組若頭補佐まで出世した。

三代目山口組執行部は、昭和五十二年四月、菅谷政雄を絶縁処分に処した。菅谷組舎弟の川内組組長・川内弘の本家直参昇格をめぐり内部抗争が発生。菅谷の命を受けた襲撃部隊が川内を射殺する事件が起きた。絶縁に至る直接の理由はこの事件である。

生島は、菅谷組解散後は、一本独鈷となる。

昭和五十八年、生島組長が個人名で利用していた旧三和銀行玉出支店と同行大阪支店の貸金庫から拳銃十二丁、実弾七十五発が見つかった。米軍嘉手納基地で盗まれた大量の拳銃購入事件も発覚。

何しろ、数が数である。生島は恐らく当時、日本で一番たくさん真正拳銃を所持していた。

大阪府警は、銃刀法違反容疑で生島組長を指名手配した。逃走中、生島は渡世を引退、以後八年間、時効まで逃げ切る。

生島は日本、韓国、ヨーロッパとアメリカに逃亡していた。そのせいもあり、寄宿先は生島が所有していた家であった。

「自分はいつまでも米国にいる必要はない。アメリカの生活を捨てないかん」

そう一念発起して帰国する。》

生島元組長の逃走劇のシナリオは、実は全部私が書いていた。

生島さんは、逃げ切り、ついに平成二年五月に時効が成立した。

振り返ってみれば、私はイトマンのことで、なにか悪いことをしたとは思ってもいない。だが、ちょっとしたオーバーランはあったと思うことがある。

住友銀行の会長だった磯田一郎とは一回も会ったことがない。そこはすべて伊藤寿永光がやっていた。しかも、伊藤は、磯田会長の娘の園子を通じて磯田会長に取り入った。磯田会長にとって長女は最大のウィークポイントだからだ。

伊藤寿永光は、あれだけのルックスと弁舌があるから、やはりモテる。伊藤の実兄がイトマン事件の裁判に出廷したが、ものすごい真面目なおとなしい人だった。

〈よう、こんな兄なのに、伊藤のような弟ができたな〉

そう思ったものだ。とにかく、自分でついている嘘を嘘と思わないような人間であった。こんな人間は、珍しい。平気で嘘をつき騙す。私の今までの人生の中でこんな役者はいない。

私は確かにイトマンから三百二十億円を借りた。担保はすべて絵画で二百何点に上る。そこに偽物があったなどと言われたが、本国の鑑定書が無い分は、東京美術倶楽部の鑑定書をつけて、全部、真贋鑑定もした上のことだ。だが、いつまで経っても、私が偽物を含めて売りつけたと言われている。

実際には、それらの絵画のうち半分弱が、福本邦雄さんが経営する「フジ・インターナショナル・アート」からの仕入れだ。これは国税の調査でも明らかになっている。

残りは、西武と三越からの仕入れである。あと五、六億円分だろうか、私が個人ルートで仕入れたものがある。

それは私が可愛がっていた在日で山健組にいた者から買ったものだ。彼を男にしてやりたいと思い、彼が持ってきた絵画を買った。もちろん本物である。

それも私が直接買ったのではなく、西武にいったん買わせて西武にコミッションを落とした上で、西武から私が仕入れた形を取った。

それは扱った絵画全体の一％にも二％にもならない程度である。

後に私が捕まると、その絵をそのままイトマンに渡した。なぜ私が鑑定書を偽造して、何十倍にも価格を膨らませたなどという言われなき誹謗中傷をされるのか。納得がいかない思いはいまもある。

## イトマンで頓挫した亀井とのサーキット計画

亀井静香先生と一緒に撮った写真がある。かつては亀井先生の地元・広島県庄原市でサーキット場を核としたレジャーリゾートタウンを建設しようと手を組んだこともあった。

その事業を企画したのが、イトマンの常務であった伊藤寿永光が社長を務めるリゾート開発会社「ワールド・インペリアル・ウイング」である。ワールド社は、イトマンの関連会社。半分以下ではあるが、私も応分の株を持たせてもらっていた。

「約六百億円を投資して約二千百ヘクタールの山林を開発、サーキット場などを建設する」

そういう触れ込みでイトマンが三〇％出資する予定だった。これだけの事業を一緒にやろうというのだ。亀井先生と私が昨日今日の関係でないことはわかってもらえるのではないか。

私の狙いは、Ｆ１を開催できる規模のサーキット場を造ることだった。しかし、九州でもなければ、四国、北海道でもない。あくまで本州でなければ駄目だと思っていた。

なぜか。首都圏や関西圏、中部圏などの大都市圏と幹線の高速道路で繋がっていて、インターチェンジですぐに降りられるところでなければ、Ｆ１を開催しても大量の動員が見込めない。モータースポーツに少しでも詳しい人なら、富士スピードウェイや鈴鹿サーキットで大きなレースが開催される際、どれほどの渋滞が発生しているか、よくご存知だろう。観客は全国から乗用車で訪れる。

さらには、騒音の問題も無視できない。音は上へ上へと上がる性質がある。低い土地にサーキット場を造れば、そこより高い地域一帯が騒音公害に悩まされる。だから、カーレースをおこなう場所にはある程度の標高が必要となるわけだ。

平地から何百メートルか上がった広大な土地。そこへのアクセスを実現するために、インターから直通の出口を設ける。もちろん、周辺には広大な駐車場用地を確保しなければならない。これらの条件をすべて満たしてこそ、Ｆ１開催にふさわしい立地ということになる。

富士スピードウェイや鈴鹿サーキットは、古い規格で造ったもので、閉鎖されることがすでに決まっていた。鶴巻智徳は、大分県日田市にオートポリスを造った。だが、所詮は九州だ。東日本からの移動には無理があり過ぎる。

種々の観点から検討しても、広島県の庄原市は理想的で、候補地の筆頭だった。広島県は中国地方のど真ん中。関西や福岡からのアクセスは申し分ない。狐や狸の住処となっているだけの土地が果てしなく広がっている。他に大きな産業もないので、地域振興の名目も立つ。サーキットを核として関連産業を創生していく構想を描けばいい。

「これ以上の場所はない」

現地を視察したうえで、私はそう結論づけた。

「庄原にサーキット場を造る」という前提で青写真だけ描いた。

この計画に私が邁進した理由は、一も二もなく、亀井静香先生との関係があったゆえに他ならない。亀井先生の選挙区である庄原市への視察の際、亀井先生は私をさまざまなところへ案内してくれた。通学路もその一つだ。

「この道を、四キロかけて兄貴といっしょに通うとったんじゃ」

兄貴とは亀井静香先生の実兄・亀井郁夫さんのことだ。東大法学部を卒業後、旭化成に入社。取締役合成樹脂第一事業部長兼会長付を経て、昭和六十一年に弟の静香を助けるために退社。広島県議会議員を経て、自民党参議院議員になった。

私は静香先生の支援者でもあるが、いっぽうで郁夫先生ファンとしての自負も持っている。

〈亀井兄弟は、本当に素晴らしい〉

《筆者＝大下は、亀井静香を知る前に兄の郁夫と親しくしていたが、彼から、旭化成でやがて社長にもなれるかもしれないのに、なぜ、あえて弟を助けるために辞めたのか、打ち明けられている。

「広島には、檜山俊宏という県会議員（のちに議長も務める）がいる。その檜山が、地元において、ことごとく弟の静香に逆らう。そのことが、弟の中央での戦いにも響く。そこで、オレが会社を辞めて、ひとまず県議会議員となって檜山と戦うことになった」

亀井郁夫は、県会議員を経て、平成十年に参議院議員となり、弟の静香率いる亀井派（志帥会）に属し、弟を助けた。》

私が後に契約を結んだ日本カーフェリーは、亀井郁夫先生の古巣・旭化成とも深い関係がある。この点でも亀井兄弟とは奇妙な縁を感じる。

旭化成は当時の社長・宮崎輝の指揮下、製品を日本カーフェリーで首都圏に運んでいた。

旭化成の主要な工場は企業城下町・宮崎県延岡市にある。ここから二十キロほど離れた日向市細島港と京浜川崎港を日本カーフェリーは結んでいた。

日本カーフェリーとの契約当時、宮崎輝から郁夫先生を紹介された。宮崎輝の後継と目されているという話だった。だが、郁夫先生は弟の静香先生のために経営者への道を選ばなかった。

二人の父親は村長を務めていた。だが、生家は決して裕福ではない。亀井兄弟は苦労し、苦学の果てに地位を築いていったという。

サーキット場を造るために亀井事務所の秘書が現地に入り、記者発表の準備を進めていった。

平成二年五月二十三日に庄原市の信用金庫で開かれた記者発表には、イトマン社長の河村良彦と亀井静香先生が登壇。地元メディアを中心に多くの報道陣が詰めかけた。鳴り物入りの発表である。

演壇に立った亀井先生が、私と伊藤寿永光を紹介した。

伊藤は、総事業費六百億円のプロジェクトについて、いつもの能弁で説明した。

亀井先生の小学校の同級生が経営する工務店に現地事務所を置いた。

イトマン事件さえ起こらなければ、恐らく無事に竣工に漕ぎ着けていたことだろう。その後の経営にも、十分な勝算はあった。地元にとっても決して悪い話ではない。今となっては、ただただ無念である。

## 鹿児島さつま観光事件の真相

イトマンをめぐってはこれらの絵画の他、ゴルフ場開発も問題になる。

鹿児島市の迫田正男、正高親子がゴルフ場の経営を計画し、昭和六十一年五月にさつま観光でのゴルフ場を計画し、昭和六十三年三月に開発許可を得た。

しかし、迫田親子は鹿島建設による工事着工後に資金繰りに窮した。

もともとKBS京都に持ち込まれていた話で、社長の内田和隆がやりたがっていた。

鹿島建設に造成を頼んだが、内田は工事代金が払えないと言う。私は鹿島建設に行き、話をつけ、次に伊藤忠に話を持っていき、伊藤忠が造成を受け継いだ。

結局、私の系列の「ケー・ビー・エスびわ湖教育センター」が、ゴルフ場用地をふくめ「さつま観光」を会社ぐるみ買収した。

私は、クラブハウスに美術館を併設しようと考えていた。そのためには、六十億円はかかる。

私は、所有していたドリーム観光をダイエーに渡していた。ドリーム観光も上場会社だから、そことドッキングさせようと思ったわけだ。

私はドリーム観光の件で、ダイエーに大きく貸しを作っていた。だから、さつま観光の案件では鹿児島に食肉用の牧場を展開するダイエーにとってもメリットのある共同事業を展開しようとした。

さつまゴルフ場は、十八ホールで、適正会員一千二百人。トーナメントも開催出来るようなものに仕上げる。そうすると、日韓交流の舞台にも使えるはずだ。いろんな構想が膨らんでいった。最初は、ダイエーホールディングス代表取締役社長の近藤勝重さんも、「是非に」と言っておられた。

鹿児島にはダイエーの大型店舗もあったし、養豚場の「鹿児島サンライズファーム」もあった。それで、話が進んでいった。

私は、この案件を途中から引き受けたのだが、すでに鹿島建設が工事をしてくれていた。まだ本格的な工事まで進んでいない荒工事の状態だった。

私は、買収後に、「鹿児島の田舎でこんなゴルフ場では、客を呼べない。あかん」と思って、新しく造成を頼んだ伊藤忠と設計をし直すことにした。

そのため、追加で二十八億円を費やした。

オーストラリアのプロゴルファーのグラハム・マーシュの設計に変えることにした。またコースの設計も、グラハム・マーシュにやり直してもらうことにした。

みんながわざわざ鹿児島まで来てみたいと思うような魅力的なコースにしようと計画をしていたからだ。

グラハム・マーシュには、現場に来てもらった。

私も当然、現地に三、四日行って、「ここをああしてくれ、こうしてくれ」と要望を伝えてやった。

次はクラブハウスに加え、美術館併設も考えた。すでに私は大阪に韓国国際文化センターを持っていたが、常時常設出来るものは限られる。当然、東京でも同じような美術館を造るつもりだった。

それで、ゴルフ場に宿泊ホテルも作って、美術館を併設する構想を立てていたのだ。

千葉県市原市に鳳琳カントリー倶楽部がある。あのゴルフ場は私が考えているプランのミニチュア版だった。あそこには加山又造の絵ばかりが展示されている。クラブハウスと、美術館とホテルとセットにしたゴルフ場だ。

レストランやホテルに使う什器も、大倉陶園という皇室御用達の陶磁器メーカーに依頼した。ロゴ入りの別注品を五百セット作成した。ゴルフグッズも注文した。

さつま観光のゴルフ場は、その美術館とクラブハウスとホテルの工事を全部やると、造成を請け負っていた伊藤忠によると、合計六十億円ぐらいはかかるという。

クラブの名前は、私の信仰する不動明王の梵語のアカラからとろうと思って考えていた。したがって、「アカラ・カントリークラブ」と命名したのだ。

九〇％完成で、クラブハウスはこれからというところだった。

その時、大証二部の上場会社、野田産業という香川県高松市が本社の会社が登場する。

元々は農機具メーカーである。

野田産業は高松港の横に一万坪のヤードを持っていた。そこを開発すれば大きな開発ができ、事業になる。そういう利点もあるので、会社の株式八百三十万株の五一％を百二十六億円で買ってほしいという話を持ち込んできた。その五一％の株を持ってるのは、茨城の養豚業者だった。

農機具メーカーは、すでに斜陽産業だった。業容を変えて、開発会社にしようということで、その話を持ち込んできたのは、グループ会社の東京駐在で責任者の吉村だったのである。

「上場会社である限り、ちゃんと仕事をして利益をあげて配当をつけていかなきゃいけない。そのためには、ちゃんとした仕事をしないといけない。買ってくれと言ってきてるんです」

「悪い話やないやないか、面白いな」

私は吉村に質した。

「どういう構想なんや」

「三井不動産建設という子会社があって、そこから持ち込まれた案件なんです」

「野田産業の仕事をしていくうえで、三井不動産建設といっしょにやれば、資金面も不安はない。三井不動産建設で抱えている案件もあるから、これは面白い」

問題は、この野田産業の株を買う百二十六億円の資金をどうするか、である。

それからまもなく、平成二年の二月にイトマンに理事・企画監理本部長として入社していた伊藤寿永光が、たまたまその話を聞いていたのか、私に言ってきた。

「私がイトマンと金をつけるから、自分のところでやらせてくれ」

悪い話ではないし、相手がイトマンならと、と思った。

伊藤は伊藤でゴルフ場の販売手数料なり、企画料なりを取れると思ったのだろう。

ただし、伊藤は条件をつけた。

「その代わり、さつまゴルフ場の会員権を、イトマンが一手に募集出来るようにしてくれないか」

さつま観光のゴルフ場の会員権の募集に加え、クラブハウスの設計施工を担当するという。

私は、すでに工事は進んでいたので、先に会員券を売るよりも、完全に出来上がって限られた人数の会員にすべきだと思っていた。

私は福岡センチュリーゴルフクラブ、福岡県出身の部落解放運動家で部落解放同盟中央執行委員長の上杉佐一郎が作ったゴルフ場はよく知っていた。あそこは、会員券を三千四百万円で売っていた。だから三千万円以下の金額の会員権は、考えていなかった。

ゴルフ場が完成すると同時に高い会員券でヨーイドンで走ったほうが得だと考えていた。内田社長も早く売れとせかしていたが、それまで一口も売ってなかった。

が、伊藤の考えは違っていた。

許可をとっただけで会員を集めて一次募集、二次募集と価格を上げていけばいいいんだ。トータルで平均してこの価格ということになればいいという考えだった。しかし、私は、とにかく安物にしたくなかった。あとからやるんだから日本一のものにしなければ、と思っていた。

要するに、イトマンはその話に噛んで利益を挙げたいということだけだった。私はイトマンと組むという話を決めただけで、あとはうちの東京駐在の責任者の吉村に任せた。

取引を何月何日と決めて、契約書の雛形、原型が届いた。

私は伊藤経由で吉村とのやり取りのため帝国ホテルにも出かけた。

ところが、イトマン側の担当者が不満を口にした。

「二部上場の野田産業の五一％の支配株だと言っても、いつ株価が落ちるかわからない。普通ならば満額の百二十六億円の融資にするのはおかしい。少なくとも時価の六〇％ぐらいにしないと。いまのままだと不良融資になる」

そのうち、伊藤が言ってきた。

「申し訳ないけど、さつま観光のゴルフ場の会員権を早く刷ってもらえないだろうか」

販売権でなしに、会員権そのものをくれというのだ。

しかたがない。伊藤が言ってくるまま、一千万、一千五百万と、とにかく何種類かの価格に分けて、さつま観光のゴルフ場の会員権二百六十億円分を発行してやるよう現場に指示をした。

その代わりに、イトマンは野田産業の五一％の株を返してきた。その時、担保であった野田産業の株価はとても下がっていて、二百六十億円どころか、五十億円にもならなかった。

それで、二百億円、ケー・ビー・エスびわ湖教育センターで私どもと契約し、さつま観光の名で融資を受け取った。

二百億の預手を百二十六億、二十四億、五十億という、三通に分けて持ってきたらしい。

ところが、イトマン側は、五十億円の契約書を持ってきていた。企画料という名目になっている。

イトマンは、その契約書を作ってきて、二百億を貸してそこから五十億をそのままハネて持って帰った。

イトマン側とすれば、利息制限法にも引っかからないようにするため、企画料名目で経理処理して、利益をあげていた。

イトマンが企画料五十億円をハネていることが、のちに全部バレた。絵画の案件も何も、全部要するに企画料名目で利息以外に取っている独特の河村商法だった。

ところが、河村良彦社長のイトマンの弁護人いわく、

「企画料名目で金を取って、何が悪いんだ。商社のプロジェクトファイナンスというのは、ではどうなるんだ。全部の大手商社がやっていることではないか」と言ってきた。

でも、それは主張しても通らなかった。

私は伊藤と違い、イトマンの社員でもないのに、河村が実態のない企画料を取り利益を出した特別背任罪の共同正犯に問われたわけである。

結局、こともあろうに、その契約書を伊藤がイトマンで作らさないで、山口組の宅見勝組長の弁護士にやらせたらしい。

自分のところと関わりのある平和相互銀行を嚙まして、おかしな契約書を作っていた。伊藤はさつま観光を乗っ取るつもりだったのだろうか。

これがなぜ事件になったのか。大阪府警がとにかく私を逮捕しようと思っていたからである。

私がさつま観光に二百億円の融資をさせ、九十六億円を焦げつかせたというストーリーを作ったのだ。

私は平成三年七月二十三日、イトマンの絵画の件で逮捕された。そのまま拘置所へ移されていった。

その後に、もう一回さつま観光案件で再逮捕しようと、大阪府警本部が体を取りに来た。

## 告訴前日、「電話でのせめぎあい」

逮捕を遡ること三カ月前の平成三年四月二十二日、福本邦雄さんのフジ・インターナショナル・アートの事務所で竹下登先生もおられて、私と川崎定徳社長の佐藤茂さんとのやり取りがある。

《（大下・注）佐藤茂は、大正十三年五月二十一日に茨城県石岡町（現・石岡市）に生まれた。東京鉄道教習所普通部を卒業したあと、国鉄、日本に進駐していた米国第八軍、畳屋などを経て、昭和二十九年に、川崎定徳に、運転手として入社した。ちなみに、若いころには、右翼の松葉会にいたともいわれていた。

川崎定徳は、立志伝中の人物の川崎九右衛門が興した一大財閥の管理会社である。

佐藤は、九右衛門の長男である守之介の大番頭として厚い信用を受けた。常務、専務を経て、昭和四十一年三月、川崎定徳社長に就任した。

佐藤は、川崎定徳二代目である川崎守之介から「終身社長をやれ」と言われていた。

じつは、平和相互銀行合併をめぐって影に日向に動いていたのは、イトマンファイナンス社長の河村良彦であった。

その河村が動くのは、古巣・住友銀行（現・三井住友銀行）のためであった。

住友銀行が、駅のそばに数多くの店舗を抱える平和相互銀行と合併できれば、関東へ進出できる。そのことは、ライバルである関西の三和銀行に水をあけ、富士銀行、第一勧業銀行の牙城も崩すことにつながる。

その意味でも、河村ら住友銀行サイドにとっては、佐藤茂ならば、株の引き受け手としては安心であった。住友銀行幹部たちには、佐藤と面識がある者が多かった。

住友銀行には、夜間営業店舗がなく、東京にも店舗が少なかった。平和相互銀行を吸収合併できることによる利が多かった。

平和相互銀行は、住友銀行との合併に向けて舵を切られていく。

資金八十五億円は、元住友銀行常務の河村良彦が社長をつとめるイトマンファイナンスから、平和相互銀行関連企業である足立産業を一度介した形で融資した。

佐藤は、合併反対派の元東京地検特捜部検事で平和相互銀行の顧問弁護士であった伊坂重昭と二十数回も話し合った。

佐藤に株式が渡った時点で、住友銀行による平和相互銀行の合併は決まったようなものだった。いくら伊坂らが抵抗を試みてもそれは変わらない。

いっぽう佐藤が懸念していたのは、ほかでもない。稲川会だった。特に「経済ヤクザ」の先駆けと言われた石井隆匡稲川会二代目会長の存在であった。

筆者は『稲川会極高の絆　二人の首領《ドン》　任侠稲川聖城、経済石井隆匡』を上梓しているが、そのなかで佐藤と石井のからみについて詳しく描いている。

石井と平和相互銀行創業者の小宮山英蔵は、親しい間柄にあったのである。石井が通った海軍通信学校の後輩が小宮山の側近で、その縁で、石井が経営する巽産業に融資を受けるようになった。

じつは、伊坂重昭も、石井に近づいていた。石井が逮捕された韓国賭博ツアー事件の弁護団にも加わっていたのである。

石井は、「闇の世界の貯金箱」と呼ばれた平和相互銀行に押し寄せる右翼、暴力団の防波堤として、目を光らせていた。平和相互銀行事件で、アングラ社会からの攻撃を抑えたのも石井であった。

佐藤は、石井を、伊坂らから切り離しにかかった。石井と東京佐川急便の渡辺広康社長が懇意な間柄であることを知り、渡辺を通じて石井と接触を持った。

佐藤は、石井に「静観してもらいたい」と依頼していた。

石井は、佐藤の言うとおりに動かなかった。

伊坂らも、石井を取り込みにかかった。伊坂、佐藤の両派が入り乱れて、石井をめぐって水面下で動いていた。

石井は、結局、佐藤側に付いた。合併に反対する裏社会を完全に抑えこんだ。

なお、石井が静観したのは、じつは、岸信介元首相から「乗っ取りに協力してほしい」との電話があったともいわれている。

石井は、佐藤と平和相互銀行に大きな貸しを作っていた。

昭和六十年十二月、伊坂系の稲井田社長が降格し、大蔵省ＯＢだった田代一正会長が社長に就任。これをきっかけに事実上大蔵省管理となり、昭和六十一年二月、伊坂も監査役を辞任した。

この間、大蔵省および住友銀行の間で救済合併が進備され、昭和六十一年十月一日、住友銀行に吸収合併されることになる。

さらに佐藤は、この平和相銀事件を機に、竹下登元首相とも太いパイプを築き、「政財界と裏社会を結ぶフィクサー」と言われた。》

佐藤さんが、イトマン事件を円満に収めるために電話で私に言った。

「許さん、あなたが市場で集めたイトマンの四千万弱の株を、全部こちらに渡してください。そうしたら、いま起きているイトマンの問題、すべてこちらで処理しますよ」

「それは出来ない。私の手元に株があれば問題ないが、ない」

渡そうにも、渡すことが出来ない。

「出来るならそうしたい。でも、ワシの手元に無いもの、どうするんですか。その株をすべて渡そうと思ったら、大阪府民信組理事長の南野洋、種子田益夫、アイチの森下安道、彼らと話をつけなくてはいけない。三千数百万株あるので、一株八百円としても全部で三百億円ほど必要や」

私ひとりがイトマンの株を集めたのではない。みんなでなんとか株を集めなければならないと言って、「用意、ドン」で集めた。一番多く集めたのが南野。その次が種子田。アイチは表の名前は出さないようにしていた。

イトマンの株を我々が買い占めたのではない。イトマン社長の河村良彦さんのお願いで株価を維持せねばいけない、ということで、あれよあれよという間に、三千数百万株近く集まった。

その様に買い支えなければいけないから、八百円超えるまでということであった。

佐藤さんは拒否した。

「いやぁ、そんな金は出せない。それだったら、とにかく絵画への融資でイトマンから許さんのところに行ってる金額と相殺ということでどうですか。それなら、それに匹敵する額にはなると思いますよ」

「いや、相殺も何も、とにかく株をお渡し出来ないんやから、無理言わんといてください。他に方法は無いんでしょうか」

佐藤さんは、「いやあ」と否定的だった。

佐藤さんは、電話を私の傍にいる福本さんに代わるように言った。

福本さんに代わっても、別の方法は見つからない。

もう一人竹下登先生も傍にいたが、竹下先生に電話を代わって助けを求めようとはしなかった。

というのは、そのときには竹下先生は、すでに住友銀行の磯田一郎会長と親しく、磯田会長側の人間である。

磯田会長を放逐する勢力、小松康さん、玉井英二さん、西川善文さん一派が連合を組んで動き、前年の平成二年十月十七日には磯田会長はすでに辞任に追い込まれていた。

もうその頃には、竹下先生の力もかなり低下していた。

佐藤さんは、強い口調になった。

「それなら仕方ないですね。明日、あなたを告訴します」

それが、最後の瞬間だった。

実はそこに一つの話が入る。佐藤茂さんがイトマン事件で、私に連絡を取ってきたのは、古川組の古川雅章組長の息子で古川組若頭だった古川恵一が「自分なら許永中とコンタクトをとれる。まとめられる」と佐藤側の間に入ったからだ。古川恵一が佐藤さんに私に会わせると声をかけ、佐藤さんからなにがしかの金銭も受け取ったと聞いた。

佐藤さんはそれで話がうまく運ぶと思ったが、結果は決裂、しかも佐藤さんは、私を告訴してしまった。

「会長！　恵一です。会長は今東京でしょう？　会長にとってものすごくいい話なんです。どこでも行きますので時間を作ってもらえませんか？」

巷間《こうかん》喧《かまびす》しくイトマンの名前が出だした、平成三年一月、松の内が明けた頃、帝国ホテルタワー棟にあった私の東京事務所に、何の前触れもなく古川恵一から電話が入った。秘書室で外部からの電話はチェックしているので、余程のことでないと私に取り次ぐはずのない電話であった。

古川恵一は私の大阪本社である不動産管理会社コスモスから、合計支払総額十億円以上もの金を騙し取り、東京に逃げていた人間であった。

のちに、恵一は土壇場の一番大事な場面で六代目山口組を裏切り、神戸山口組に単身寝返った後、そのケジメとして令和元年十一月二十七日に体中に銃弾を喰らって壮絶な憤死を遂げている。

これも彼が単なる口舌の徒でしかなかったことと、親の威光を笠に着て、平気で嘘八百を並べ立てることで世渡りをして来たことの結果である。

一般社会でも大問題になるが、スジメ、ケジメに最重点を置くヤクザ社会で二足どころか三足も四足も草鞋を履く出鱈目が通じるはずもない。

私は同じ壮絶な殺され方をした終生の兄ともいえる生島さんとは真逆の、次元の違い過ぎるこの古川恵一のために、いわゆるイトマン事件という大きな分岐点で間違ってしまったのである。

川崎定徳の佐藤茂社長と会ってみないかという話は、何度か持ち込まれていた。私はどんな案件であっても、相対する陣営の人物とは事の決着が着くまでは一切の接点を持たないことを信条としていた。

これが仇となってイトマン事件というものが捏造され、河村社長、伊藤寿永光両名が商法の特別背任罪の主犯、私が身分無き立場の共犯として逮捕された。商法の特別背任罪というのは、会社の決定権を持つ役員がその責任を問われる罪である。

《（大下・注）古川雅章が引退したのち、古川組を継ぐことになった。

古川恵一は、一時期、許永中の会社に預けられていたこともあった。古川恵一はもともと家具屋で仕事をしていたが、ある事情で許永中が引き取って、面倒を見ていた。許永中のグループの不動産会社で働いていた時期もあったという。

平成十七年十一月、古川恵一は、二代目古川組組長を襲名し、六代目山口組に参画した。

平成二十七年八月、六代目山口組の直系組長十三名が六代目山口組を離脱し、四代目山健組組長の井上邦雄を組長として神戸山口組を結成する。

二代目古川組は、この年の十二月八日に六代目山口組を離脱し、翌九日、神戸山口組に参画した。

その後、平成二十九年四月三十日、神戸山口組の傘下組織の一部が組の運営方針に異議を唱えて離脱。神戸山口組に反旗を翻すかたちで新組織の任侠団体山口組（のちに絆會に改称）を結成する。

四月三十日の決意表明と称した結成式で、任侠団体山口組は、組織については名目上の「組長」は置かずに、神戸山口組系列の中核団体の山健組の織田絆誠を代表、また、真鍋組の池田幸治組長を本部長とする組織を発表した。

このとき、二代目古川組の山崎博司若頭も離脱し、任侠団体山口組に本部長として参画。

古川組は、神戸山口組と任侠団体山口組とに分裂する。若頭の山崎だけでなく、多くの古川組組員が任侠団体山口組側に移籍したが、古川恵一は、神戸山口組の幹部として残留した。

令和元年十一月二十七日の午後五時過ぎ、神戸山口組幹部の古川恵一は、息子が経営する尼崎市の居酒屋に知人といた。

そこに六代目山口組二代目竹中組を平成三十年十二月五日に破門された元竹中組直参の朝比奈久徳が入ってきた。

朝比奈は古川恵一と言葉を交わし、店の外へ連れ出すや、いきなり自動小銃を取り出した。

「パン、パン、パーン」

朝比奈は、至近距離から古川に向けて銃弾を発砲した。

朝比奈は、さらにその場であおむけに倒れ込んだ古川の上半身に、十八発もの弾丸を発射した。

古川は、平成三十年三月と令和元年七月にも、尼崎市内で襲撃されていた。

犯行後、朝比奈は、軽自動車に乗り込み、猛スピードで逃走。一時間後の午後六時ごろ、京都市内で京都府警に身柄を確保されている。

古川恵一のめくれ上がった上着の腹の部分からは入れ墨が見え、大の字の状態のまま息を引き取ったという。五十九歳だった。》

《(大下・注)平成三年四月二十三日のイトマンからの告訴にもとづき、大阪地検は許の絵画取引をめぐる特別背任容疑などで、関西新聞社、「ウイング・ゴルフクラブ」、雅叙園観光、富国産業など、許や伊藤の関係会社を中心に全国五十七カ所を一斉捜索し、イトマン事件の立件に着手した。

事件発覚後の平成三年八月三十日、衆院証券・金融特別委員会で、参考人として出席した巽外夫・住銀頭取は、七月末現在の住銀からのイトマン・グループへの融資は、五千五百四十九億円あると明らかにした。イトマン事件は、すなわち住銀事件だったのである。

そんななか、捜索が再会されたのはこの年六月四日。大阪地検特捜部が、京都市中京区のKBS京都内に本社を置く、「ケービーエス教育センター」や、「トラスト・サービス」といった京都の許グループ企業を家宅捜索する。

同時に、直前の五月三十日の臨時役員会で、ＫＢＳ京都の社長を辞任することが決まったばかりの福本邦雄が経営する東京の画廊・フジ・インターナショナル・アートなどにも家宅捜索の手が伸びた。同社が許に売った絵画が、イトマンに納入されていたからである。

翌六月五日には、東京の街金融大手アイチ本社や種子田益夫の丸益産業、山段芳春が会長をしていた京都市中京区のキョート・ファイナンスなどにも捜査が入った。いずれも、許の事業活動資金の調達先ノンバンクだった。

さらに、イトマン関係会社や許の取引企業などへの捜索を経て、七月二十三日朝、ようやくイトマン前社長の河村良彦、伊藤寿永光元常務、許永中、イトマン前副社長の高柿貞武、許グループ企業のひとつ関西コミニュテイ社長の佐藤雅光、許の秘書の高和彦の計六人が大阪地検特捜部に逮捕された。

河村と高柿は、イトマン株の買占めによる商法違反、商法は、会社のカネで自社株を買うことを禁止している。

伊藤と許は、実際の評価額の三倍、総額五百二十八億円で買い取らせた絵画取引をめぐってイトマンに約三百億円の損害を与えたとする特別背任容疑。

絵画取引に際して、絵画に添付された西武百貨店発行の鑑定評価書を偽造したとして、許とは昵懇の間柄だった、同百貨店元課長の福本玉樹を指名手配。

なお、福本は、逃亡先の海外から七年後に帰国したところを逮捕される。

河村は特別背任罪で懲役七年、伊藤は、特別背任罪で懲役十年が確定する。

そして、八月十六日、今度は大阪府警捜査二課が、ゴルフ場開発の疑惑解明に着手する。

岐阜県瑞浪のウインク・ゴルフクラブへの融資疑惑で河村と伊藤を、鹿児島県のさつま観光への不正融資で許と伊藤、さつま観光社長の井上豊次、同観光取締役で富国産業社長の田中東治の四人をいずれも商法の特別背任の疑いで逮捕した。

この二つのゴルフ場開発資金としてイトマンから四百三十四億円ものカネが流出し、地上げ資金や許らの仕手株取得に使われていたという疑い。》

## イトマン事件逮捕

私は逮捕されて、そのまま拘置所へ身柄を持っていかれた。

二十日後に起訴されると、次はさつま観光の件で再逮捕しようと、大阪府警が身柄を取りに来た。

天満警察署に帳場が置かれ、大阪府警はそこの留置場で私を拘留しようとした。大阪府警にすれば、そこで私を叩くだけ叩くつもりだったのであろう。

ところが、私の弁護士はそんなことをさせたら絶対に大変なことになると危惧した。もう何をでっち上げられるか、わからない。

弁護士は裁判官にこう訴えた。

「とんでもないことです。今すでに拘置所におるのに、なんでわざわざ動かさないといけないのですか。身体の調子も悪いし、そういうわけにはいきません。勾留場所は、このまま今の大阪拘置所に置いてください」

警察は警察で、なんとかして天満警察署に移したい。

「被疑者には、なんでも、食べたいものも、面会も融通きかします。とにかく……」

それでも私は拘置所から動こうとはしなかった。

結局、事件を警察が作って、検察に調書を上げた。それによると、私がさつま観光の案件でイトマンからお金を借りるにあたって、イトマンにとってメリットがまるでないような一方的な契約書を作ったとされた。

だが、実際には、それはあくまで伊藤寿永光が作ったものだ。イトマンの名古屋支店長でもあった加藤専務をだまして、「契約書は全部こちらの方でちゃんと作りますから、安心してください」と言っていたのだ。伊藤がその契約書を弁護士に作らせたらしいのだが、その弁護士というのが、宅見勝さんの弁護士でもあった。

そこで刑事がその弁護士に聞くと、「いや、自分は知らん」とシラばっくれているという。

〈そんな馬鹿なこと言うて〉

そう思った私は、拘置所に来た刑事に強く伝えた。

「そいつが、間違いなく作っとる」

それから十日ほど過ぎてから、担当検事が警察のケツを叩いたようだ。

警察は東京まで乗り込み、弁護士のところへ行って詰め寄った。

「あんたが作ったんやろ。本当のことを言え」

恐らく「大阪府警をなめたら、えらい目に遭いますよ」ぐらいのことを言って脅したのではないだろうか。

そうなると知らないと言い張るのはさすがに通じないと思ったのか、ついに白状した。

「それは、許永中さんの言うてることのほうが合うてると思うよ」

白旗を振った。

「それは、全部自分が作りました。それを伊藤に届けました」

これは私ではなく伊藤の問題ということになった。

だけど、私を逮捕した限りは、なんとか事件に持っていかなければおさまらない、ということのようだ。私の刑を五割増しにしようとして、結局、イトマンとの絵画の案件とイトマンからのさつま観光への融資について「確実な返済のめども担保もないままにイトマンから二百億円の融資を受けた」として不正融資に持っていくことにされた。それについては、裁判官も呆れていた。

ちゃんと話しておきたい。二百億円の取引は、赤坂にあった森ビルの三十階に大きな部屋を借りていたので、そこでおこなったものだ。私の部屋は廊下を挟んで反対側にあった。取引はその向かいの部屋でやらせた。

野田産業側の担当者の小山に私は会ったこともない。その取引のときに初めて顔をチラッと見ただけである。そして、そこにはイトマンの加藤専務が来ていた。伊藤もである。

ただし、私はそんな二百億円の融資の契約を自分で勘定したこともなければ、立ち会ったこともない。任せたら任せきりで、あとはイトマンとやることだからと思っていた。

終わってから、加藤専務が私の部屋に来て、挨拶をしていった。

「ここ便利やから、ここにイトマンの分室を置きたい」

「それはもう、森ビルは、なんぼでも喜んで借してくれるでしょう」

「さつま観光」を買収した「ケー・ビー・エスびわ湖教育センター」のちゃんとした事務所である。その事務所には、KBS代表の内田和隆の席と、私の席とがあった。

それなのに、大阪府警の顔を立てないといけないからと、私を事件にした。もうこのまま走らなければならないということになっただけである。

この事件はハッキリ言うと、検察にしても、裁判所にしても、何の事件にもならないはずのものが無理やりなった限りは仕方がないか、というなし崩し的な流れに乗ってしまっただけだ。

このさつま観光の事件の新聞発表は「詐欺」となっている。だまし取ったとされたのだ。騙し取ったということであれば、「さつま観光」の経営者だった迫田正男と正高の親子は取られたという被害届を出したというのだろうか。

しかしながら、さつま観光のゴルフ場を詐欺で乗っ取ったという大阪府警の描いた構図が全くあてはまらないから、無理矢理イトマンに火をつけて私をイトマンの河村良彦社長と伊藤寿永光常務の二人の特別背任罪の共同正犯だということにでっち上げた。河村社長や伊藤常務と違って、私はイトマンの社員ではないのに外の人間が背任罪の共同正犯で問われなければいけないのか。

私の裁判上の争点はただ一点。六法全書にある身分無き人間を商法の特別背任罪の共犯として罰するには〝積極的な加工〟があったか否か。この一点に尽きた。最高裁ではこの積極的な加工があったか否かという判決例が明示されている。

その判例は、三越百貨店の岡田茂社長と共に逮捕起訴され、有罪確定、服役した竹久みち氏がある。彼女は「三越百貨店の女帝」とまで言われた。

彼女の場合は、役員会に同席して岡田社長と共にかなり無謀な決定を重ね、会社に多大な損害を与えたとして、身分無き立場での特別背任罪の共犯としての有罪である。

逆に無罪になった共犯の例として、千葉県にある某銀行での事件がある。

これは融資を受けるのに多大な接待をしたり物品を贈ったり、また現金数百万円をお礼として、副頭取や担当専務取締役に渡していたという事件であった。

判例には、お金を借りたい人間が貸してくれる側に金品を渡していたこと自体、それは相手も公務員でもなく、事業が失敗して借入金が返済できなく、銀行に損害を与えたとしても、借り手を特別背任罪の共犯として罰することは出来ないと明記されている。

このイトマン事件なるものも、過去には住友銀行の元日本橋支店の支店長であった国重氏が手記を発表し、住友銀行そのものの事件であったことを内部資料を基に暴露している。

また、事件の主役となった大阪地検特捜部が、いわゆる「村木厚子事件」で大失態をやらかし、地検特捜部の存在そのものを問われることになったこともあった。

イトマン事件をでっち上げた大阪地検の、時の検事正であった人物は、その偽物の手柄で大出世を果たし、後に検事総長にまで上り詰めている。ブラックジョーク以外の何ものでもないと私は今でも思っている。

鬼籍に入ってしまったが、〝関西検察のドン〟と言われ、検察人事まで左右していたと言われる元広島高検検事長の小嶌信勝。この人間だけは私があの世に行ってでもケジメを取りたい人物であった。この男を私が直接手に掛け、その場で私が自決する夢を何十回も見た。

もちろん、本人は本人の国家観、人生観があって、私如きの在日韓国人が住友銀行グループの庭先で跋扈《ばっこ》することを到底許し難いと思ったのであろう。

また、この人間が学生時代に、㈱新井組の長男である新井仁氏の家庭教師をしていたことも災いした。

そして極めつきは、ある日、その新井組の大村専務を友人の岡本醇蔵に案内されて、大阪市北区にある「泉ビル」二階の白水化学工業㈱（当時）本社を訪問したときである。そこで泉さんという代表を紹介された。その時に、名刺も出さず挨拶もせず、泉社長の横で、冷血人間と感じさせる嫌な目つきで黙って座っていた人間がいた。それが小嶌信勝であったことを、事務所を出た時に大村専務から聞いたのである。ヤメ検の弁護士で泉代表の顧問弁護士であるとのことであった。

自身の法曹人生の中で、最初の学生時代のスタートから関わった新井組、そして住友グループの総帥である泉社長の弁護士として頂点になったとき、どちらにも深くコミットしている私のような存在は、到底容認し難いと本人は決めたのであろう。

泉氏とはその後二回、接点があった。二回とも東京行の新幹線の車中である。

自ら席を立ちあがり、私の手を握り、「今晩東京で食事でも」と誘いを受けた。東京で大きな開発プロジェクトをしている、是非手伝ってほしいとのことであった。東京で現場は見たことはないが、それがホテルオークラの横に建つ「泉ガーデンタワー」である。

住友が白水グループとも白水会とも言われるが、泉という字を二つに割れば白水である。

池田保次、伊藤寿永光、南野洋、この三人が新井組を仕掛けた。どうしようもなくなったところで、もう一人の守銭奴である種子田益夫が登場し、池田保次を殺し、池田不在の仕掛かり案件の整理役みたいな役回りが私に来てしまい、成り行き上それらの大口債権者であるアイチの森下さんと話を談判したところからイトマン事件というものの芽が発生したのである。

私の順風満帆である航路に暗雲が漂いだしたのは、この頃からだ。要するに池田保次失踪事件が端緒《たんしょ》である。池田保次を埋めた実行犯もとっくに鬼籍に入り関係者はもういない。宅見さん、岸本さん、種子田、そして五代目。私の眼前におどろおどろしい人間の業が走馬灯のように流れていく。

池田保次事件と並んで、前出の尾崎清光射殺事件というのも、実は種子田益夫も絡んでいる。
ことの真相を誰も知らず、私を徹底してマークしていたのは佐渡賢一である。この人物といい、小嶌信勝といい、検事という職業の業に取りつかれた人間の奥深いところを一度見てみたかった。

小嶌信勝は私に仕掛け、完全に社会から抹殺しようとした人間だが、この東京の元検事は小嶌信勝と全く違い、検事としての正義感から、また自身の信念から私をマークし続けたのだから、ある意味、容認できる面もある。しかし二人に対しての私のイメージは、アラン・ドロン、ジャン・ギャバンが共演し、日本では昭和四十一年に上映されたフランス映画『暗黒街の二人』の鬼検事そのものである。主役のドロンは強盗事件を起こし、懲役に行く。娑婆に戻るが、昔の仲間が誘いに来る。

そのドロンを「こいつは悪いことをする人間だから」と決めつけ、執拗に追い回す検事が登場する。演じたのはマルカ・リボヴスカという俳優だった。

検事はドロンを追い詰める。ついに主人公は踏まなくてもいいヤマを踏まされ、その罪で断頭台に上ることになる。ギャバンが演じたのは、ドロンに力添えをする保護司だった。

## 「ゴッドハンド」大山倍達とカミングアウト

作家梶原一騎によって、一気にブレイクした「ゴッドハンド」こと極真の大山倍達総裁と私の関係のきっかけは、もともと、柳川組初代組長の柳川次郎の紹介だった。柳川組長は、極真会館の相談役に就いていた。

《筆者＝大下は、『小説大山倍達・風と拳』を上梓し、大山総裁の死まで深く接していたと前述した。

大山倍達は、大正十二年（一九二三年）六月四日、旧朝鮮・京城に生まれる。韓国名は、崔永宜。満州・朝鮮で育つ。十六歳で日本軍の兵隊として山梨県の部隊に入隊。のち日本に帰化。

九歳のころから拳法を学んでいたので、十七歳で二段を取得。

昭和二十二年全日本空手道選手権に優勝後、渡米。牛を素手で倒すなどの修業を続ける。

プロレスラー・プロボクサーを相手に二百七十戦負け知らず。手刀でビール瓶を切り捨てる技は〝神の手〟と称された。

昭和三十一年に大山道場を開き、三十九年国際空手道連盟極真会館発足。寸止めではなく相手を直接攻撃するフルコンタクトを取り入れた極真空手を創始した。のち世界百四十カ国に公認支部道場が置かれ、一千二百万人以上の会員を有するほどになる。

五十年には第一回オープントーナメント全世界空手選手権を開催。著書に『秘伝極真空手』『世界ケンカ旅行』『昭和五輪書』『わがカラテ革命』など多数。梶原一騎原作の劇画『空手バカ一代』のモデルとして知られ、今日の空手ブームを築いた立役者である。

この『風と拳』の取材で、大山総裁から百時間近くの時間をもらい、時に三日も地方の宿に閉じ籠もるなどしながら半生を語ってもらうなかで、人間の闘いというものについて考えさせられた。

闘いは、格闘技や武道だけではない。政治も、また戦争である。かつて、中国の革命家毛沢東は言った。

「戦争は血を流す政治であり、政治は血を流さない戦争である」

この世の営みは、たとえそれが風流の道の生け花であろうと茶の湯であろうと、ある意味では、闘いである。闘いの相手が、外部にあるのではなく、わが心の内にあるだけの違いである。

筆者は、大山総裁から、若き修業時代の話を聞くたびに、血を熱くした。空手の話というより、人間のあり方についてもまた学べるからであった。

大山総裁は、特に強調された。

「同じ技を三千回繰り返し練習してこそ、初めてその技が身につく」

頭で理解したつもりでも、体に染みこませておぼえなければ、本物ではない。わかったつもり、身につけたつもり、こそ恐い。本当に技を身につけていないのに身につけたと錯覚すると、つい慢心するため、それからというもの、命がけで学ばなくなるからである。したがって、とっさのときの闘いに、身につけていたはずの技が出ない。本当に身につけた技は、いついかなるときでも、思いどおりに駆使できる。

大山総裁のこの教えは、なにも空手だけに通じることではない。われわれ物書きの世界も、同じである。何十万枚と書きに書いて、初めて心に思っていることが文となってあらわれる。心と技とが一体化できる。間の取り方、メリもハリも身につく。

大山総裁は、かつて極真会館四国支部に入門していた石井和義が正道会館をつくり、「K1」で格闘技ブームを起こし、格闘技日本一をぬけぬけと名乗っていることが、許しがたかった。

銀座の焼き肉屋で、筆者も出席している前で、幹部たちに、発破をかけた。

「日本一は、わが極真をおいてない。それなのに、日本一を名乗らせていいのか。おまえたち、勝負をしろ！　かつて彼もわが極真にいたんだ。堂々と極真の土俵に上がって来るように、呼びかけろ」

幹部たちの中でも、意見は分かれた。

「総裁、いま、彼らと勝負することは、本家である我々にとって、得はない。やつらを利するだけです」

大山総裁は、みんなの意見を聞き終わると、顔から火を噴かんばかりに激怒した。

「君たち、私が極真を起こしたときも、小さいグループに過ぎなかった。それをこの拳で、本流にしたのだ。この拳で！」

大山総裁は、拳を握りしめ、みんなを睨みまわした。

「君たちは、いまやグループが大きくなったからと、守りに入っている。守りに入ったら負けだ。たしかに、いまは大きい。しかし、守りに入ったら、極真の五十年先は、別のグループに取って代わられている。攻め、攻め、攻めだ。攻めを忘れては、いかん！　君たちの今の姿勢なら、君たちは、いずれ石井の正道会館の前に馬をつなぐぞ」

筆者は、大山総裁のすさまじい闘争性に、ただただ驚いた。》

うちの子どもたちは、幼稚園から極真で空手を習っていた。極真の関西本部道場は、もともと南区の在日が経営する商業ビルの半地下にあった。そのときは全然知らなかったが、そこの師範で、関西本部の本部長が大山総裁の長女留壱琴の婿で、津浦伸彦という。彼は日本人だ。大山総裁の本妻の智弥子さんも日本人である。

その関西本部道場がなんとも窮屈そうなので、中崎町の私の自宅の横にあった四十坪くらいの五階建ての私所有のビルに、移転させた。そこの二、三、四階を極真の関西本部道場として使ってもらったのだ。照明のネオンもつけて、道場とさせた。

住み込みの道場生のために宿泊施設やサウナも完備させた。もちろん家賃は取っていない。

そこを関西本部道場とした。

大山総裁は、平成六年四月二十六日に亡くなった。

関西本部の津浦は年がら年中ピーピーしていた。本部から何の手当てもない。「自分で稼げ」ということだった。昇段試験や試験のたびに料金を取って本部への上納もしなければならず、ノルマも課せられていた。そういう実際の裏話というか、本音の話を私が関東本部で聞いていた。

大山総裁ご自身からもいろいろ相談事があった。ぶっちゃけた話、その相談事の中には表に出せない怖い話もあった。柳川組の柳川次郎さんが入っての話だった。ケジメをつけなければならない話を、柳川さんに頼んだみたいだ。

大山総裁は晩年になっても、瞬発力は変わらなかった。本当に怒れば、五人や十人だったら簡単に倒すことができた。それだけ強かった。

私たち在日の社会では、大山総裁が在日であることは、知る人ぞ知る公然の事実であった。でも、「在日のヒーロー」でありながら、最後までカミングアウトしないままだった。

柔道七段、空手五段、合気道は免許皆伝という政界随一の武道の達人で、大山館長を支援していた衆議院議員の毛利松平が、大山総裁にカミングアウトを勧めたこともあった。大山総裁も、一時はその気になったこともあった。

大山総裁とは新宿の十二社の裏の韓国料理屋によく行ったものである。そこでちょっと乱れた場面を私の前で見せたこともある。詳しくはいえないが、カミングアウトをめぐり、本人がものすごく後悔したというか、寂しい思いをしていたのではないだろうか。かわいそうな気持ちになったのを憶えている。

若い時の華やかな武勇伝は別として、晩年の大山総裁は気の毒な晩年だったと思う。

平成六年四月二十六日に七十歳で肺癌で亡くなる三週間ほど前、私は、東京の聖路加病院の病室に大山総裁を見舞った。大山総裁は、ゼイゼイ言いながら呼吸困難な状態で、直接、私に「後継の館長は松井だ」と告げた。私と大山総裁とは、それなりの歴史があった。私は、同じ在日である松井を「フジ・インターナショナル・アート」の福本邦雄さんに紹介し、門人にしている。

ところが、梅田嘉明、黒沢明、大西靖人、養父であった米津稜威雄が顧問弁護士を務めていた資生堂の総務部に勤務していた米津等史、その養父の米津稜威雄の五人の証人による「危急時遺言書」が作られた。

その五人は、大山総裁の奥さんが退出されたところで、「松井章圭を館長とする」という「遺言状」を作った。ただし、大山総裁自身の署名は無い。米津のお父さんで資生堂顧問でもある米津稜威雄弁護士の主導の元に作られた書類である。

結局、大山総裁の遺言だということを証明できるものが何もなかった。署名も無ければ家族、遺族の立ち会いもない。部外者だけで作って、いくら弁護士主導といっても、それはおかしいということだった。結局、その遺言書は、裁判で無効になってしまった。

だけど私には、そんなことは関係無い。私は、そのラインとは、全然関係なく大山総裁に頼まれた。

そうした後継指名とは別に、私は大山総裁から津浦のことをよろしく頼むと言われていた。

大山総裁が亡くなる直前に、平成五年十二月に保釈保証金六億円を払って保釈されていた私は津浦にこう話している。

「総裁は松井でいくということやったから、松井の体勢で協力してやってくれ」

津浦は「わかりました、総裁がそうおっしゃるなら、もちろん私はそれでいいです」と答えていた。

津浦は松井よりも先輩にあたる。しかも、大山総裁の長女の婿でもある。だから、後継になる資格があったとも言える。

しかし、津浦はその後、極真を辞めてしまう。もう空手の世界は一切関わりたくないと言っていたそうだ。津浦には、彼が辞めてからは会っていないが、なかなかの好人物だった。

極真会館の幹部のうち廬山初雄も、私が口説いた。廬山ははなから松井の下につくことを考えてなかったようだったが、最後は分かりましたと了承してくれた。

さて、松井章圭を新館長としてスタートしたが、極真会館は平成七年四月に分裂してしまう。分裂を回避するために私なりに立ち回ったつもりだ。が、松井館長を認められない幹部らは、大山総裁の未亡人の智弥子さんを担いで支部長協議会派（現新極真会）を作った。

大山総裁の墓は池上本門寺にあったが、支部長協議会派の緑健児がそれを「中途半端な形だから自分たちが」と文京区大塚の護国寺に建てた。

緑健児は、平成三年の第五回全世界空手道選手権大会で、身長一六五センチ、体重七〇キログラムという体格でありながら、強豪選手を破って優勝し、「小さな巨人」と称賛された。

平成十五年には「全世界空手道連盟新極真会」の代表理事を務める。

## 吉田司家の宝物を阿含宗へ

平成七年、私はキョート・ファイナンス理事長の山段芳春の仲介で阿含宗の開祖桐山靖雄さんに会った。そこで頼まれたことは、ちょっとややこしいことだった。

阿含宗は年に一度、二月十一日の京都市山科区北花山大峰で「炎の祭典・阿含の星まつり大紫燈護摩供」をおこなっているが、より多くの人を集めたい。

そこで、阿含宗の京都の北花山の境内に吉田司家の宗教法人の社を持ってこようというのだ。

吉田司家の由来は文治二年（一一八六年）、宮中相撲が復興した際、後鳥羽天皇が吉田家次を相撲行司官に選んだのが始まりとされる。寛政元年（一七八九年）以来、同家は歴代横綱に横綱免許状を授与していた。

そうしたことから、同家は後鳥羽天皇や徳川家康から贈られた団扇をはじめ、鎌倉時代の武家相撲の見取り図など約千五百点もの宝物を所持していた。

二十五代目の現当主が事業に失敗して多額の借金を抱え、代々伝わる宝物や文献の大半にあたる約千五百点を担保にとられた。それればかりか、横綱授与の儀式を取り仕切ることも借金問題が解決するまで日本相撲協会に移譲して、家元としての機能は廃止となってしまった。

私はイトマン事件の前の平成二年、知人を通じて当主に紹介された。是非助けて下さいと懇願されたのである。返済は同家が財団法人となってからでいいとし、同家に対して約七億円を融資し、平成五年十二月の保釈後には、同家に保管されていた担保の宝物を借金の抵当に取る形で預かった。

実は、その吉田司家に伝わる宝物もややこしい連中に担保に取られていた。それを私が頑張って取り返した。

ところが、取り返したのはいいが、宝物は保存状態が悪く、せっかくの歴史的な品は、ボロボロになっていた。

例えば、後鳥羽上皇から賜ったという棕櫚《しゅろ》の葉で作られた団扇は、半分くらい虫食いされている。織田信長からもらったという団扇は、漆が剥げて半ば腐っていた。古文書の類も湿気でふやけたり、シミが出来たりで酷い状態だった。

私はそれらを三越に持ち込んで一枚一枚プラスチックで真空保存してもらった。二、三億円はかかっただろうか。現在もしかるべき所に保管している。相撲協会と手打ちが出来れば、横綱の奉納の土俵入りを阿含宗の境内地で奉納、土俵入りをさせることができる。ニュース性も抜群で、宣伝効果は大きい。

私は桐山靖雄さんに提案した。

「宝物を展示する博物館を、造りましょう。財団法人もつくるので、ぜひ理事長になって欲しい」

阿含宗は土俵と博物館、全部込みで、六十億円で引き取ることになった。司家所蔵品も平成七年の後半、トラック一台に積み込んで阿含宗に運び込んだ。阿含宗では金庫に納めたという。

それからというもの、私は週に二回は桐山靖雄さんに会うようになった。よく会っていたのは赤坂のレストランだ。

もちろん桐山さんには、日大相撲部の田中英寿監督（元・日大理事長）も会わせ、相撲協会の理事長も一度会ってもらった。

ところが、イトマン事件になると、桐山さんは、そんな話は知らないと言い出した。阿含宗といえば、元大阪地検のヤメ検がかなりの数、顧問弁護士となっている。

阿含宗は、アンタッチャブルなところがあるのだろう。検察が丸抱えであると同時に、住友本家の泉家の丸抱えでもあった。

泉家累代の供養墓が阿含宗の境内地の一番良いところにある。

阿含宗の大阪道場は、阪急インターナショナルホテルの前のイズミビルにある。

それを取り仕切ったのが小嶌信勝である。彼の愛弟子の土肥孝治が大阪地検の検事正だった時にイトマン事件を立件した。

私は顧問弁護士から阿含宗宛てに内容証明の郵便を送ってもらった。刑務所にいた時のことだ。契約はいいから、預けている宝物を返してほしいと。

すると、そのような事実はないという返事が返ってきた。それを書いてきた弁護士はいずれも大阪地検のOBだ。

とうてい、納得できない。

吉田司家が所有していた多数の相撲関係資料や美術品の所蔵品を私が阿含宗に六十億円で引き取ってもらって、阿含宗が責任を持ってこれを実現するということは公判で全て記録に残っていることだ。

はっきりと法廷で証言し、ちゃんと裏付けのある証拠も申し上げた。にもかかわらず私の申し出は通してもらえなかったのである。

# 第九章　震撼、石橋産業事件

## 話し合いに住吉会福田晴瞭会長も同席

東京と大阪で右翼団体を主催していた男がいた。

東京の上野出身で、不遇な境遇の人間だった。顔に大きなやけどや傷があるうえに、どうにもならない覚醒剤中毒だった。

ただ不思議と、私の言うことだけは、条件反射のように素直に聞いた。

大阪のロイヤルホテルに立てこもり、問題を起こしたこともある。が、私が行くと、穏やかになって言うことを聞き、バリケードを外して、出てきた。

そういうことを繰り返してきた男だが、彼が、平成七年の春、私に言ってきた。

「散々迷惑をかけて申し訳ありません。でも、これは絶対に仕事になる話なんで、ちょっと聞いていただけませんか。会わせたい人がいる。会ってくれませんか」

そう言って連れてきたのが、なんと広島の暴力団共政会三代目の山田久会長の妻の弟である清水潤三だった。

私は清水には、それまで会ったことがなかった。実は、清水の兄の清水毅は共政会三代目の幹事長であった。清水は自分の姉から何まで共政会をフルに活用して使うだけ使い、共政会の関連の右翼まで全て使って、石橋産業、若築建設を追い込んでいた。しかし、どうもうまくいかない。

どうやって私に話を持ち込んできた男と知り合ったのか知らないが、こんな案件は自分ではどうにもならないからと私に持ってきた。

私に話を持ち込んできた男、同席のもと、私は清水潤三と会った。清水は説明した。

「東証一部上場の若築建設社長の石橋克規といえば、石橋産業社長の石橋浩の腹違いの兄である。克規が外の子だ。石橋家は石橋産業のオーナー家だが、初代の建蔵が正妻に産ませた石橋浩というのが出来が良くなかった。かたや、克規は頭のいい男だった。この克規と浩との兄弟喧嘩、骨肉の争いが発端である。石橋克規名義の石橋産業の十四万二千六百五十株を、ワシが手に入れた。福岡県の信販会社の担保として流出していたものだ。その株をワシに名義変更しようとしたところ、石橋産業の取締役会が認めようとせんのじゃ」

清水は、私に訴えた。

「許さん、ワシの持っとる石橋産業株を、五億円で買わないか」

私は、ただちに石橋産業について調べてみた。

石橋産業は、建材や機材、原油・天然ガスなどの卸売りを目的にした非上場の老舗総合商社だ。さらに、中堅マリコンの若築建設や日本最大の濾過剤供給メーカーの昭和化学工業などの持ち株会社である。全体で二十二社からなる石橋産業グループの中核企業でもある。

初代の正妻の息子である石橋浩の妻の兄が林雅三である。浩は林にエイチ・アール・ロイヤルという不動産会社を作らせて、石橋産業から金を回していた。林の妹が里江子だから、林のHと里江子のRでエイチ・アール・ロイヤルという社名にした。

私は新井組で懲りていたから、この骨肉の争いの中に入ったらろくなことはないと思っていた。が、清水の手に入れている株が五億円で買えるなら、悪くはない、と判断し、購入することにした。

だが、清水潤三はしたたかであった。石橋浩と林雅三に接触して、自分の持っている石橋産業の株式を買い取るよう要求していた。私に五億円あまりで売却したものの、より高額で売却できるのであれば、私から買い戻して転売する狙いだったのだろう。

しかし、その動きが私には手に取るようにわかった。

私は清水に釘を刺した。

「私に石橋産業株を売っておいて、ヘンな動きをするんやないで」

清水は図星を突かれた表情をしたものの、新しい情報をもたらした。

「もう石橋浩本人と交渉できることになっとるんじゃ」

案の定であったが、石橋浩側の対応を見極めるため、これを許すことにした。

ただし、清水ひとりで石橋浩と交渉させると、清水のことだ。どのようなことを引き起こすかわからない。

親しい弁護士の田中森一を同席させることにした。

平成七年十二月二十日、清水潤三に田中森一をつけて、東京・下目黒の石橋産業本社に行かせた。

そのときに、社長の石橋浩とエイチ・アール・ロイヤル社長の林雅三の横にいたのが住吉会二次団体の小林会幹事長のA。そのAは、田中森一のことを知っていたから、そのまま田中と清水に名刺だけ渡して、黙ってじーっと横で聞いていた。

石橋は田中に訊ねた。

「いくらなら、売ってくれますか」

田中は、株の預かり証を取り出して答えた。

「このように、株券の方は私が責任を持って預かっている。帰ってから検討しよう」

清水の義兄の広島共政会三代目の山田久会長と、小林会のバックである住吉会の堀政夫総裁とは兄弟分である。

Aが石橋に田中森一についてささやいた。それは石橋がのちに法廷で証言した通りだ。

「弁護士のバッジをつけていても、あの田中森一は、五代目山口組若頭の宅見勝の弁護士です。ヒシ型のバッジをつけているといわれている奴です」

いっぽう田中は田中で、帰ってくるなり、私に興奮気味にこう言った。

「これで、この事件は終わった。勝った。上場会社の若築建設会長でもある石橋浩が、弁護士の私が行ってるのに、そこに現役の暴力団を置くなんて。脅かされたということでいけるで。これで、石橋浩は終わりや。代紋入りの面識切ってるわけやないか。これは事件にしよう。すぐに、こちらが脅かされた、怖かったというて出す。これで徹底的に攻めるから」

私は、田中を制した。

「いや先生、ちょっと待って。この件、先生は上がっといて。私が直接、Aに連絡取って話す。もうこれ以上、攻めるのはやめといて」

実は、石橋浩社長は、なにかとうるさい清水が来るというので、住吉一家小林会二代目会長の福田晴瞭会長に相談した。すると、福田会長が、それだったらAを行かすから安心して会いなさいと言われ、Aが石橋の傍にいたというわけである。

石橋社長と福田会長との関わりができたのは、たかだかその一カ月ほど前のことであったという。

実は、岡村吾一会長の紹介である。岡村会長は、上州共和一家や埼玉県、群馬県の博徒を糾合して結成した北星会の会長を務めていた。東宝や阪急宝塚グループのボディガードでもある。

岡村会長は、石橋に言ったそうだ。

「会社の関係で何か揉めごとがあったら、福田君に相談しなさい」

岡村会長にとっても、東京を中心にした住吉会の福田会長との縁は望ましいと考えていたのだろう。とにかく福田会長をとてもかわいがっていた。そういう縁から岡村会長が石橋を福田会長に紹介したようだ。

そこにさっそく、清水が迫ってきた。石橋は、すぐに福田会長のとこへ連絡を入れた。こうこうこうで、清水潤三なる男に面会を求められているんですと打ち明けた。

福田会長は応じた。

「わかりました。とにかくうちの幹部を行かせますから、安心して会いなさい」

そこで、Aが同席したという経緯だった。

私は田中がもらってきたAの名刺を見て、さっそくAに電話をかけた。

「これ、なんでや？　何のこっちゃ」

「いや、親父に言われて」

「ああ、そうか。わかったわかった」

それで福田会長に電話をかけ、事のいきさつを説明した。実は、私は福田会長と兄弟分であった。

かくかくしかじか、こういうことだけど、これは私の案件である。田中先生は私が行けないので行ってもらっただけのことだ、と説明した。

平成八年が明けて、一月五日か、六日に福田会長から、連絡があった。

「兄弟、会わせたい人間がいるから、ちょっと会ってくれんか。林さんという人だ」

それで銀座七丁目にあった福田会長の事務所に向かった。

福田会長の事務所に入ると、林がいた。実は、顔見知りだったのである。

林に「ああ」と挨拶して応接間に座った。

実はこの林のことを、私はすでに知っていたのである。平成五年十二月に私が保釈された際に福田会長が労いの会を東京の向島でやってくれた。その席に林がいたのだ。私は紹介を受けたが、全然、気にも止めていなかった。

だからこの時も福田会長が林と会わすというが、どこの林と会えと言うのかなと思ったくらいだ。

私は林の顔ジロジロと見て、声をかけた。

「福田会長が会わせたいというとる林さんて、あんたのことかいな」

林も驚いた。

「石橋産業の株券を持っているというのは、あんたのことですか」

「ちょっと待ってえな。なんや、あんたかいな」

私は、つい声をあげて笑ってしまった。

福田会長がそこにやって来て、私に正式に紹介した。

「こちらが兄弟に会わせたいと思って呼んだエイチ・アール・ロイヤル取締役の林雅三さんだ」

福田会長は私に頼んだ。

「石橋産業は、自分が世話をしているところでもあるし、のっぴきならない人からの依頼でもある。両方がうまくゆくように、話をきいてやってもらえないか」

「兄弟、わかったわかった」

私はそう答えて、林に言った。

「とにかく林さん、それやったら、ここ福田会長の事務所やないですか。ちょっとここでもあれやから、ここでする話と違う。日も変えて、場所も変えて、そこで話しよう」

福田会長を巻き込むわけにもいかないし、お互い立場が違うのである。

## 石橋家の内紛事情

それからまもなく、帝国ホテルタワー十階の私の事務所で話し合った。

すると、林がいろんなことを話して訴えた。

「とにかく、助けてください」

恨みがましい話を滔々《とうとう》と語った。公判記録には、その時林が私に語った話が次のように記載されている。

『石橋浩は、石橋グループに属する若築建設の会長という地位にはあるが、若築建設の経営陣からは馬鹿にされていて実力がないので若築建設の株も買い増しして発言力支配力を増大させたいと考えている。石橋浩の腹違いの兄弟で昭和化学工業の代表取締役社長の石橋俊一郎を排除したいと考えているので力を貸してほしい。

自分と石橋浩の内妻である里江子の惨めな生い立ちを、血統関係を示すメモまで書いて示しつつ説明し、石橋浩の父親である石橋健蔵が林らの母親を愛人とし、その母親が経営することとなった飲食店に石橋浩が来訪するようになって歌手志願であった右里江子を愛人にしたもので、親子二代に亘って林の母娘を弄んだのであって許せない。

それ故何としてでも右里江子を石橋浩の正妻にしたいと考えており、それによって自分も石橋産業の中で確たる地位を築けるという希望を持っている。

自分は、石橋に力をつけさせて、妹を正妻にして、石橋グループの中でナンバーツーの立場を築ければ十分であるが、できれば自前のゴルフ場を経営したいと思っている』

このような事実は、林雅三本人が語らなければ私が知り得るところではない。脅迫とはほど遠いのである。その後、私は、林と数回会い、私が入手していた石橋産業株式十四万二千六百五十株は、石橋浩に無償で提供すると決めた。

公判記録には次のように載っている。

『石橋産業は、将来において、新井組株式一千五百万株を単価三千円で引き取り、石橋産業傘下にあって海上建設請負を業務の中核としていた株式会社若築建設と新井組の提携を図る。

被告人許、石橋浩及び林は協力して、右一千五百万株と被告人許が支配する現有の新井組株式一千百二十万との差である不足分の約四百万株を買い増し、且つ、新井組と若築建設の提携や合併の根回しができて環境が整えば、新井組株式の値段は上がるだろうし単価三千円まで持ってゆく。

石橋産業において二、三年後の将来において、右一千五百万株を単価三千円で引き取る資金合計四百五十億円の内、二百五十億円程度は石橋産業において自力調達するが、不足分の二百億円については、他の金融機関から石橋グループが融資を受けられるよう被告人許において支援する。

右新井組株式の石橋産業による四百五十億円での引取により、第三企画即ち被告人許は約百五十億円の利益を得る。

以上の見返として、石橋個人に裏金三十億円を被告人許から贈与する。

林雅三にも、ゴルフ場経営などの事業を主催できるよう取り計らって利益を与える。

そのほか、石橋産業、若築建設グループにおける石橋浩の地位立場を不動のものとして確立するため、石橋産業又は石橋浩個人の若築建設株式の買増取得、石橋浩が若築建設に陸上建設業界での受注を取得して実績を築くことに協力すると共に、石橋浩のグループ内における地位立場確立に障害となっている同グループ所属の昭和工業代表取締役である石橋俊一郎をグループから排除するべく協力する。』

この時点での合意は、石橋産業グループに属する企業において、二、三年を目処として、直接第三企画から、新井組株式およびキョート・ファイナンスの株式を引き取るというものであった。

また、石橋浩個人への裏金三十億円の贈与金の重要な使途の一は、石橋浩が内妻の林雅三の妹「里江子」との正式婚姻をおこなう前提として、その時点での妻に離婚慰籍料四億円を支払わねばならないということであった。

ところが、合意の成立に関し、林雅三の検察官調書の記載によれば、林雅三に対し、次のように脅したというのだ。

『石橋産業株式を百五十億円で引き取れ。石橋産業を攻めるために、あちこちの組織に声をかけて、既に二五億円ほど使っているワシのことは知っとるか。世間の奴らはワシのことを殺し屋と言っとるんや。コスモポリタンの社長も邪魔になったのでワシが消したという噂になっとるんや』

しかも、私の申し入れは、次のようになっている。

『その保有する新井組株式の受皿になってもらいたい。今の時価は千六百円くらいだが、これを三千円で買うたことにして名義をかりたいんや。それを担保と言うことにして、石橋産業の名前を貸して貰うて、ワシが京都信用金庫から金を借りたいんや。この条件を呑んでくれれば、石橋産業株十四万二千六百五十株を返すことができるし、サンデンの十万株もワシが取り返してくる』

それでいて、石橋浩が裏金三十億円の交付などを要求した件については、まったく触れられていない。

しかしながら、この脅迫文言はあまりにも陳腐で形式的でありすぎる。とうてい信用するに足りない。

石橋産業と私の間に基本的合意が成立したが、なにより石橋浩はその時私とはまだ会っていない。

この合意にいたる過程で両者の仲介の労をしてくれた小林会二代目の福田会長に対する謝礼の必要もあって、私は酒食の一席を設けることにした。平成八年二月五日、銀座の中華料理店「維新号」で開いた。

その日の出席者は、私のほかに福田会長、その幹部のA、佳矩正和、そして石橋浩、林雅三であった。そのほかに、林の飲み友達でパチンコ店を経営しているという米本という人物も同席していた。私にとっては、そのメンバーの内、石橋浩だけが初体面であった。

ところで、この会食の後、全員が銀座のクラブへ足をのばした。

そこで、石橋浩は、私が石橋側の要望を大きく取り入れたことに礼を述べてきた。

「ぜひ、石橋産業本社にお越しください」

私はその二、三日後に、林雅三の案内で、石橋産業の社長室に石橋浩を訪問した。

この時、私はルイ・ヴィトンの大きいバッグに現金一億円を入れて持参し、石橋浩に渡している。密約の裏金三十億円の第一回目履行分である。

また、この日に石橋浩は、私に対し、頼んできた。

「石橋産業傘下の若築建設の業務拡大のために有力政治家を紹介してほしい」

石橋浩は、さらに依頼してきた。

「石橋産業にヤクザの吉田政夫が取り付いてきて困っている。そいつを排除してもらいたい」

私はこうした経緯を折に触れて、キョート・ファイナンスの山段芳春理事長に報告していた。

平成八年二月中旬には、石橋浩と林雅三の二人を、キョート・ファイナンスと同じビル内にあった京都自治協議会理事長室に案内して山段に引き合わせることもした。

## 私による石橋産業の乗っ取りはなかった

「石橋産業グループを大きくするために、どうか力を貸してほしい」

私は、石橋浩からそう要請され、ひとつの事業計画を立てた。

私の悩みの種のひとつ兵庫県西宮市にある中堅ゼネコンの新井組と石橋産業グループの若築建設を合併させることであった。港湾工事など海に強い若築建築と、ビル建設など陸に強い新井組の合併により、いままで以上に大型プロジェクトを受注できる体制となる。当時は関西空港の第二期工事などが控えていた。

新井組の株は、私はイトマン事件の頃にすでに獲得していた。合併をスムーズに進めるために、まず私がキョート・ファイナンスに担保として預けていた新井組の株を、石橋産業に引き渡した。その代わりに、石橋産業の裏書きがあるエイチ・アール・ロイヤル二百億円の手形をキョート・ファイナンスに納めた。

事前に浩と林側、キョート・ファイナンスの湊和一社長、そして私との間で「三者協定」を結んでいた。この協定書作成をしたのが田中森一弁護士であった。

さらに、私や石橋浩、林雅三は、キョート・ファイナンスと山段芳春理事長に、石橋グループによる新井組株式の取得のために不足していた二百億円の資金を調達することに協力を仰ぐ必要があった。

山段も、この構想に意欲を燃やし、融資についても最大限の協力を約束した。

私は石橋浩に、井手野下秀守さんを将来若築建設と新井組との合併が成立した場合に派遣すべき人材として推薦した。井手野下さんは、住友信託銀行から当時全日空ビルディングに出向していた。

井手野下さんには、私が豊国信組を引き受ける時相談に乗ってもらっていた。当時は、住友信託銀行の難波営業部長であったが、その後、本店開発事業部長を歴任し、昭和六十三年には取締役に就任。平成四年二月からノンバンク・日本モーゲージの社長を務めた。その後、全日空ビルディングの専務として出向していた。

その準備として、井手野下さんをまず若築建設の取締役に就任させることを提案し、帝国ホテル地下の日本料理店「伊勢長」で石橋と井手野下さんを引き合わせた。

これについては、石橋浩も基本的に了解した。

石橋は住友信託銀行の早崎博会長に井手野下さんをもらいうけるための依頼もした。

だが、断られた。

「井手野下は、全日空ビルディングへの出向後、まだ一年しか経っていない。時期尚早だ」

結局、取りあえずは、井手野下さんを非上場の石橋産業の取締役として就任させることに同意した。

石橋産業傘下の若築建設と新井組の合併に向けた構想については、このように実際に検討を進めていた。私がひとりだけで勝手に進めていたものではなく、石橋浩もその実現に意欲をもって取り組んでいたことは明らかだ。

検察が主張するような、私による石橋産業の乗っ取りなどなかったのである。

私と石橋浩との間にはこのように基本的合意が成立したものの、まだ具体的な手順や実施への着手時期は確定していなかった。

だが、平成八年三月初めに、キョート・ファイナンスの山段理事長は、私にこう申し入れてきた。

「石橋産業による新井組株式の引取を、金融機関に対して表明してもよいか」

そこで私と山段は、協議をおこなった。

その結果、石橋産業の名を表に出すことは出来ないので、とりあえず林社長のロイヤルを石橋産業のダミーの受け皿とする。ロイヤルがキョート・ファイナンスの株を引き取ってオーナーになる。新井組の株式一千百二十万株も引き取る。

キョート・ファイナンスの社長に、ロイヤルの社長林雅三を据える。

そうすれば、新井組株式の引取資金も最終的に単価三千円の総額四百五十億円の予定だ。石橋産業が用意できる資金は二百五十億円程度であるが、この時点におけるロイヤルの引渡価格は時価で、二百億円程度だ。石橋グループで賄うことができる。

ロイヤルは、石橋産業の受皿として現在時価で新井組株式一千百二十万株を抱えておいて、さらに約四百万株を買い増して一千五百万株を集める。

これと平行して、時間をかけて新井組と若築建設の提携や合併の話の環境作りをする。そうすることによって、新井組株式を単価三千円まで持ってゆく。その時点で不足分の資金二百億円くらいについては、京都銀行や京都信用金庫から石橋産業なり若築建設への融資を取り付ける。

そうすることによって、私の影も消すことができるというわけだ。

私は直ちに、山段とのこの協議内容、キョート・ファイナンスの財務内容、さらに、新井組株式一千百二十万株の権利関係と現実の占有支配関係を林雅三に伝えた。

林はこの具体的構想に全面的に賛成した。

そこで、林に頼んだ。

「石橋浩さんの意思を確認して下さいね」

林からはただちに連絡があった。

「石橋は、全面的に同意承認すると言っている」

こうして、私、石橋浩、林雅三の間の、さらに山段理事長が支配するキョート・ファイナンスも当事者とする、具体的合意が成立した。

林は、石橋浩からの催促も伝えた。

「約束どおり、三十億円の裏金をもらいたい。石橋産業株式十四万二千六百五十株を、早く引き渡してほしい」

そこで、私は林に説明した。

「石橋産業株式十四万二千六百五十株がキョート・ファイナンスの担保に入っている。これを引き出す資金、裏金を捻出するための金と、私の運転資金等の調達が必要です。そのためにも、新井組株式を担保にして石橋産業から百億円程度融資してほしい」

その私の要求に対し、石橋産業の資金繰りの都合もあり、とりあえず、平成八年三月二十九日に新井組株式百八十万株を担保として二十五億円の融資を受けた。なお、石橋産業側では、これをすでに新井組株式の単価三千円による買取として実行しようとしていた形跡がある。

検察官主張と石橋浩、林雅三の「新井組株式の買受は、被告人許永中のためのダミーとしての名義貸与に過ぎず、手形振出と裏書の必要のない見せ手形であった」との供述は、この点からも根拠が認められないものである。

実は、私は、二十五億円の融資金の中から林に一億円を贈与している。

構想が現実化してきたことから、私は若築建設に諸々の請負工事を紹介している。

石橋浩を、経済界の重要人物に引き合わせる活動もはじめた。

林雅三もキョート・ファイナンスの社長就任やゴルフ場経営についての準備のため、大阪の高級ホテルに常駐するようになった。

ロイヤルの大阪事務所を設置する必要もあり、これらの資金を賄うためであった。

このように、石橋浩、林雅三とキョート・ファイナンスの間の合意が成立したので、三月三十日には、キョート・ファイナンスが京都市内の料亭「なかむら」に設営した懇親会がおこなわれた。

出席者は、私のほか、キョート・ファイナンス側から理事長の山段、湊和一社長、川辺莞二専務、石橋側は、石橋浩、林雅三らであった。

このように関係者全員の顔合わせも終了したので、私は四月八日には、林雅三を京都銀行の副頭取と専務に引き合わせた。

事実経過を報告し、今後における石橋産業グループへの資金援助の申し入れをおこなった。

新井組株式処理は、京都銀行も無縁ではない。将来石橋産業グループが新井組株式の引取を実行する際に京都銀行から融資を仰ぐことも予定に入っていたからである。

三月三十日の「なかむら」における懇親会の後、キョート・ファイナンスでは、債権者たる金融機関に対して、ロイヤルによるキョート・ファイナンス株式の取得による経営移行と新井組株式の時価引取の説明を始めた。

ところが、知名度がまったくなく信用性も低いロイヤルについて説明をおこなったところ、理解や承認を得ることができなかったのである。

キョート・ファイナンスでは、ロイヤルから受け取る新井組株式一千百二十万株の代金としての手形に、一部上場企業の海上関係総合建設業者である若築建設を傘下に持つ石橋産業の裏書を求めることを望むようになる。

四月十日、山段は私にこう要請してきた。

「石橋産業の裏書取付を頼む」

私としては、独断で諾否を決することはできない。

急遽、山段の事務所に林雅三を呼び出した。

キョート・ファイナンスの山段理事長と湊社長は、石橋産業による裏書を要望してきた。特に湊社長は懇願するという状態であった。

これに対し、林は、はっきり口にした。

「問題ありません。私がキョート・ファイナンスの社長になるのは、石橋の代理みたいなもので、石橋が協力するのはあたりまえのことです。文句は言わせません」

石橋産業の代表者石橋浩から、ロイヤル振出の手形への裏書を自分の責任で取り付けると確約したのである。

ただ、そのとき、林は言った。

「新井組株式一千百二十万株の時価代金は、約二百億円に上る。その資金は若築建設の方で調達してもらうことになると思う。直ちに総額を一回で決裁することは難しいかも知れない」

林のこの言い分は、至極当然とも言えるものである。それ故手形については期日を白地としておき、金融機関に対しては改めて説得する対応を採ることとなった。

さらに、その際の打ち合わせでは、林が代表を務めるロイヤル振出の手形の所持人となるのは、やはり林が代表取締役に就任するキョート・ファイナンスであり、取立については安全であろうという結論となったものである。要するに、手形は林の右ポケットから左のポケットへ移動しただけで、期日も白地も、何のリスクもないのである。

かくて、新井組株式一千百二十万株の買取代金としてロイヤルが振り出す手形については、林が石橋産業から裏書を取り付けることが確認された。かつ、現実の決済時期は延期されることがあるとしてもロイヤルと石橋産業が決済責任を負うものであることは当然のこととして了解されていた。

このとき、キョート・ファイナンスからは、その手形の差入と引換に石橋産業株式十四万二千六百五十株の担保解放も承認されている。それは、明言されていないが、石橋産業裏書と引換との意味合いも込められていたものである。

そして、この席の当事者全員が共通に面識を有する弁護士である田中森一に契約方式の相談と文書作成を依頼することに合意した。

翌日、林が田中の大阪経済法律事務所に赴いた。そこでその趣旨を伝えて依頼した。

その際、林は田中にこう説明している。

「私の第三企画が持っていたキョート・ファイナンスと新井組の株式の権利をロイヤルに『スイッチ』することになったが、すでに株式の一部を第三企画が受け取ったうえ、金融の担保に使ってしまっている。そこで、ロイヤルの手形には石橋産業の裏書をつけてもらいたい。キョート・ファイナンスからは、石橋産業株式を返還してもらいたい」

田中森一は自分の意見を言った。

「第三企画からの株の受け取りさえ間違いなければ、第三企画が有している契約上の地位の承継という形をとればよい」

これに対して、林は言った。

「許永中の第三企画からの株の受け取りについては、許永中との間で了解がついている」

林は、過去のキョート・ファイナンスと第三企画の関係について、書面のコピーは持参していた。が、十分な説明をすることができなかった。

「キョート・ファイナンスの方に確認してほしい」

そう言い残して、三十分ほどで去って行った。

田中森一は、ただちに、キョート・ファイナンスに連絡して、詳しい説明を求めた。

翌日、キョート・ファイナンス社長の湊和一と専務取締役川辺莞二が、田中の大阪経済法律事務所を訪ねた。

資料提供、改めての事情説明と契約書作成依頼をおこなった。

田中は説明した。

「契約上の地位の承継という法律形式を踏むことによって、キョート・ファイナンスは第三企画へ引渡済の新井組株式についての引渡責任は免れます」

田中は、二人に念を押した。

「山段にも同様の説明をして欲しい」

二人は、二日後に、京都の山段の事務所を訪問し、改めて同様の説明をおこなった。

ロイヤル振出手形に石橋産業が裏書をするということは確認されている。

山段の事務所での説明の後、調印は平成八年四月十八日に、田中の事務所でおこなうことが決定された。

調印当日、田中森一の大阪経済法律事務所には、キョート・ファイナンスからは湊社長と川辺専務が、ロイヤルからは林社長と事務職員が、第三企画からは私と尾崎稔らが集合した。

ここで、田中は、起案していた協定書草案を提示して、契約上の地位の承継という法律構成について説明した。

ところが、林ロイヤル社長は、手形用紙を持参していたものの、石橋産業の裏書は未だ付されていなかった。

キョート・ファイナンスの湊社長と川辺専務は、食ってかかった。

「約束違反だ。取引は出来ない」

林は、懸命に弁解した。

「私は、大阪に滞在したままで、石橋産業の本社に出向いて裏書を取り付けてくる暇がなかった。明日には、かならず石橋産業の裏書をつけて届ける」

元々この調印に当たって新井組株式の授受をおこなうものではなく、協定調印と石橋産業の裏書を付した手形の交付と引換にキョート・ファイナンスから石橋産業株式十四万二千六百五十株の担保解放がおこなわれるのも明日以降の予定であった。それゆえ、手形は翌日田中を経由してキョート・ファイナンスへ届けることとなり、協定書の調印のみがおこなわれた。ロイヤルの林雅三、キョート・ファイナンスの湊和一社長、川辺莞二専務その他の検察官調書の記載によれば、この日、私が電話で石橋浩を説得して裏書についての了解を取り付けたということになっている。が、そういう事実は存在しない。

翌日の四月十九日には、ロイヤル振出にして石橋産業の裏書がおこなわれている。すでに私の第三企画に引渡済の新井組株式の代金としての百三十億八千四百五十万円の手形と、未だ引渡がおこなわれていない新井組株式の売買予約代金分として七十二億四千九百五十万円の手形が、田中の事務所を経由してキョート・ファイナンスに届けられた。

四月二十三日には、キョート・ファイナンスから石橋産業株が担保解放されて石橋産業に届けられた。他方、石橋産業からロイヤルを経由した形で金六十億円の私に対する融資が実行されている。

私は六十億円の融資のなかから、石橋浩に裏金を渡すとの約束どおり、平成八年五月十日に十億円を、五月二十日に五億二千万円を交付した。その一部は、石橋の離婚の慰謝料の支払いなどで、私的な用途にも使われている。

これについて、石橋浩と林雅三は、検察官調書において、私から政治家などへの工作資金であるとして予め預託されたものであるかのごとき供述をしているようだ。マスコミもそのような趣旨の報道をおこなった。そのようなことがありうるはずがない。私でなくとも、十億円もの金を、誰にどのような趣旨で渡すのかも定かでないのに、前もって誰かに預託するなどということがあり得ない。

石橋は、一切、このような事実を否定してきた。

平成八年の三月三十日の京都の料亭「なかむら」での会合で私は、石橋、林、それにキョート・ファイナンスの幹部たちと会っている。それなのにキョート・ファイナンスの専務とか実務の担当の部長とかみんな、「いや知りません」と会合を否定した。

それが通ってしまい、その証言調書は、そのまま認定されてしまった。

## 検察の狙いは「闇社会の守護神」田中森一弁護士

私は、高裁の、控訴審における最終弁論で反論した。

「これ、ペテンやないですか」

私はまくしたてた。

「検察までが事件を仕組む。挙句の果てに裁判所が、最後の拠《よ》り所である法の番人であるはずなのに、検面調書をこんなアバウトなもんにするんですか。検面調書というのはそういうもんやないでしょう、常識的に」

この他の認定も、裏金にしても、石橋が一切裏金をもらってないと言っていたことを私がこれも正直に申し上げた。

しかし、検察は「三者協定はなかった」としてその存在を否定し、「許永中と田中弁護士が石橋産業を騙して手形を裏書させた上で詐取した」という絵を描き、詐欺容疑での立件を図った。

私を特別背任にすると、併合罪で最高で五年しか打てない。重い詐欺罪にするしかなかったのである。

なぜ検察はこれほど躍起になって立件を目指したのか。そこには巨大権力内の〝私怨〟が渦巻いていた。

実は検察の本当の敵は田中弁護士だった。石橋産業事件の捜査は、東京地検特捜部時代、田中弁護士の上司だった石川達紘検事とそれまで私を追いまわしていた佐渡賢一が執念を燃やしていた。

田中弁護士が検察現役の時、ある事件が原因で上司の石川とぶつかった。それで問に挟まれた副部長がノイローゼになって自殺したという。

加えて田中はかつて特捜のエースと呼ばれながら、弁護士に転身してヌケヌケとカネを儲けている。退官後は宅見組長をはじめ、いわゆる闇社会の守護神となっていた。石川はそれがどうしても許せなかったのだろう。

すべては検察組織による意趣返しだったということだ。

石川、佐渡から見れば、田中が何か尻尾を出せば、身柄を取ろうと狙っていたのだろう。

そんなところに、ネギを背負ったカモが現れた。何を隠そう、この私である。田中と私の身柄をいっしょに押さえられる。こちらにとっては一向にありがたくない話だが、佐渡にしてみれば、千載一遇のチャンスに思えたことであろう。

平成十二年三月、私は石橋産業から手形詐取の疑いで東京地検特捜部に逮捕された。

平成八年の四月と六月に私と田中森一弁護士が共謀して石橋産業に計百七十九億円の約束手形に裏書きさせたうえで交付させ、これを詐取したものとされている。

私が二十億の裏金をもらっていたという疑いもかかっていたが、事実無根も甚だしい。弱みのある石橋浩と林は検察から罪の軽減をちらつかされ、検察が思うままの供述をしたのだろう。

結局、石橋産業事件において、私は懲役六年。田中森一は懲役三年の判決が確定した。

## 逮捕された中尾栄一建設大臣と竹下登元首相の思惑

この石橋産業事件で逮捕される中尾栄一建設大臣と私の関係について語ろう。

私は、福本邦雄さんの紹介で中尾栄一先生に昭和六十二年に、初めて港区六本木の人目につかない料理屋で会った。

そのときに、私は三千万円用意して、帰る時、同席していた中尾先生の秘書に

「よろしくお願いします」と渡した。

私は、礼を失してはいけない人には、一切落胆させたことはないし、負担もさせない。

中尾先生の「建設大臣就任祝い」は、平成八年五月二十二日、向島の料亭「波むら」で開かれた。

竹下登先生もそのメンバーに入っていた。竹下先生の当時秘書をしていた実弟の竹下亘（元竹下派会長）、建設省からは、藤井治芳事務次官、伴襄官房長、豊田高司建設技監、他十人の建設官僚が顔を並べた。

その時、私は福本さんにお願いをした。

「ちょっと若い人入れてくれませんか」

そうして石橋浩と林雅三の二人を入れた。

そこで中尾先生の建設大臣就任を祝った。

このとき、若築建設の石橋浩会長は、帰り際にあらかじめ紙袋に入れた現金三千万円を中尾先生に差し出したという。

それで味をしめたのか、結局、中尾先生は調子に乗ってしまったのである。これは美味しいと思ったのだろう。

私は、中尾先生がさらに、こともあろうに大臣室で若築建設の石橋浩会長から七千万円を受け取ったことを、あとで知った。そのことについて中尾先生は、私に弁解した。

「いや、ちょっと選挙資金で要るから貸してくれといって借りたんだ。だけど、問題無いと思っていた」

さすが、私は中尾先生に文句を言った。

「先生、何言うてんですか」

よく聞いたら、七千万円は預手（預金小切手）だという。

中尾先生も、慢心したのであろう。一応、石橋浩が会長をしている若築建設も上場会社である。だから、中尾先生とすれば、ちょっと安心、慢心があった。若築建設が上場会社でなければ、あんなことしないと思う。上場会社は上場会社の立場がある。それゆえ贈賄であってもやられてしまうから、まさか、疑われるような事は起こり得ないと思ったのではないだろうか。

中尾先生は、それまでに、私から、初対面のときと、向島の料亭「波むら」で二回キャッシュをもらっている。何の裏付けもなしに、挨拶という形で。やっぱり美味しいと思ったのであろう。

しかし、渡すほうも渡すほうなら、受け取るほうも受け取るほうではないか。

中尾先生は、石橋や林を、福本さん経由なしに私経由でダイレクトに自分のスポンサーにしたかったようだ。

中尾先生は、平成十二年、若築建設からの七千万円の賄賂を受け取った受託収賄容疑で東京地検特捜部に逮捕、起訴された。

平成十六年九月、中尾先生に対して懲役一年十カ月追徴金六千万円の実刑判決が確定した。が、病気のため刑の執行を受けることのないまま、平成三十年十一月十八日に病没した。

この若築建設事件では、中尾栄一先生だけでなく、平成十二年に「フジアート」の福本邦雄さんも、特捜部に逮捕されてしまった。

私は、取調べの二十日間、福本さんといっしょだった。処分保留か、起訴猶予か、二十日で決まることになっていた。

実は、福本さんが逮捕されるのも、彼が検察に仕掛けたせいと思う。

福本さんと親しい保岡興治さんが法務大臣だった。

検察から、福本さんに言ってきた。

「ちょっと先生、お話おうかがいさせてくれませんか」

そしたら、福本さんは頭から噛み付いた。

「貴様らごときに、調べを受ける僕じゃないんだ。バカにするな！」

検事にえらく怒鳴ったらしい。

竹下登先生の実弟で、料亭「波むら」での「中尾建設大臣就任祝い」に竹下登先生とともに同席していた竹下亘さんは、ハッキリ「もらいました、預かりました、三千万」と言っている。どういう方法かわからないが、ちゃんと処理したのだろう。それで何の事件性も無いから、収賄にならなかった。

しかし、福本さんだけが、罪に問われてしまった。ご自身の沽券に賭けて勝負したのではないだろうか。しかしそれで検察に反感を買ってしまった。

福本さんは、それでもしぶとくまた二度、三度そういうことを検察に繰り返し、挙句の果てに
「保岡（法務大臣）に言うぞ！」と脅した。

「僕を、何だと思ってるんだ！」

竹下先生をはじめ、政界の大物と深く繋がっている福本さんにしてみれば、保岡は自分が法務大臣にしてやった、自分が推薦したのだというふうな自負があっ

た。

それで、検察がついにプチッと切れてしまったらしい。

「どうぞ、保岡大臣に、言うてください。うちは、いつでも、あなたの身柄を取れるんですよ！」

結局、福本さんは、特捜部に中尾先生が若築建設から受け取った七千万円のうち一千万円を仲介した疑いで受託収賄罪の容疑で逮捕されてしまった。

大騒ぎして生意気なことを言わなければ、逮捕にはなってないと思う。福本さんも、逮捕という痛い目に遭って初めて高飛車に出過ぎたまずさがわかったのではないだろうか。

しかし、福本さんは、起訴猶予処分で釈放となる。

## 野中広務は虫唾が走るくらい嫌い

私は、政治家では野中広務は虫酸が走るくらい嫌いだ。実はこれは、竹下登先生の側近の人物から直接私が聞いた話だが、野中はキレイごとを言っていたが、竹下先生をずっと脅かしてきた人物である。

《筆者は、事ある度に野中広務に取材し、彼の死後『野中広務・権力闘争全史』を上梓した。

野中広務は、大正十四年十月二十日、京都府園部町（現・南丹市）に生まれた。旧制京都府立園部中学を卒業後、大阪鉄道局に勤務。昭和二十年一月に陸軍に召集。高知県で終戦を迎える。帰京し、青年団活動に身を投じる。同じく各地の青年団運動をおこなっていた竹下登と知り合う。園部町議会議員、園部町長を歴任。

昭和四十二年に京都府議会議員に当選し、社会党および共産党などを与党とする蜷川革新府政と対峙しつづける。

七期二十八年にもおよぶ革新府政の蜷川知事引退によって、昭和五十三年には、革新から府政を奪還した林田悠紀夫府政のもとで、副知事に就任する。

昭和五十八年の衆院補選に当選し、国政進出。当選後は、田中派に所属し、竹下登を担ぎ創政会の旗揚げにも参加する。

金丸信の不祥事スキャンダルによる議員辞職に端を発した竹下派分裂の際に、反小沢一郎のグループの急先鋒として名を知られるようになる。

自民党が下野し、細川政権、羽田政権と続き、平成六年には、村山富市内閣で自治大臣、国家公安委員長に就任し、初入閣を果たす。

橋本内閣では、加藤紘一幹事長のもと、幹事長代理に就任し、党務に尽力する。

平成十年七月に発足した小渕恵三内閣では、官房長官に就任する。「陰の総理」とまで言われた。

森喜朗内閣で加藤紘一が野党と組み不信任案を出そうと、いわゆる「加藤の乱」を起こす。加藤と「魂を交わせ合う仲」とまで言っていた野中は、幹事長という立場上、「加藤の乱」を潰す。

森喜朗総理退任に伴う平成十三年の自民党総裁選では、「野中総理」待望論が上がったが、野中自身「たとえ推薦されても、受けることは二〇〇パーセントない」と出馬を否定した。この時の総裁選の結果、野中が激しく対立することになる小泉純一郎政権が誕生する。

国会議員としては「被差別部落出身」を公言し、反戦を主張し続けた。

平成十五年十月に、小泉再選反対に動くが失敗し、政界を引退した。

野中は政界を引退後も、小泉総理との対決がさらに続いた。

筆者は、『郵政大乱！　小泉魔術』でその戦いを描いた。

京都四区は郵政選挙を象徴する重要な選挙区だった。郵政民営化法案に強硬に反対したのが、「郵政族のドン」とも呼ばれた野中広務の後継だった京都四区選出の田中英夫だった。

小泉は、ＪＡ京都会長である中川泰宏をぶっつけたのだ。

許永中とも懇意な中川は、昭和二十六年九月十九日、京都府船井郡八木町に生まれた。園部高校を卒業後、不動産業、金融業を経て、酪農経営を手がける。この間、昭和六十二年八木町（現・南丹市）の町議を経て、平成四年より町長に当選し、三期町長を務めた。京都府農業協同組合四連会長も兼務した。平成十四年には京都府知事選に立候補し、敗北した。

中川と田中の背後にいる野中広務とは、深い因縁があった。

中川の生まれた八木町は、野中の出身地である園部町と隣接している。そのため、中川は早くから野中と付き合いがあった。

最初に中川が野中を知ったのは、昭和四十五年の十九歳の終わりだという。

当時、中川は不動産業を始めたばかりで、八木町の交通安全協会の会長を務める父親から野中を紹介されたのがきっかけであった。

のちに激しく対立することになる二人だが、当時の中川は十九歳。大正十四年生まれの野中は、すでに四十代半ばであり、仰ぎ見る地元の先輩であった。

その後、中川は野中と徐々に親しくなっていく。

きっかけは、麻雀好きの野中が賭け麻雀でつくった借金を中川が仲介に入り、帳消しにしてやったことだという。

あるとき、中川のもとに野中から電話があった。

「実は麻雀で暴力団相手に借金を作ってしまったんやけど、うまいこと踏み倒してくれんか」

話を聞くと、野中は山口組系列の暴力団員と賭け麻雀をして、百五十万円ほどの借金を作ってしまったようだった。当時で言えば、家が一軒建つほどの金額だ。

野中の麻雀狂いは当時から有名であった。園部町の町長時代にも役所でしょっちゅう麻雀をしていたほどだ。

中川はその話を聞き、相手方に電話をしてやった。

「お前ら、ええ加減にせえ。どうせイカサマしたんやろう」

中川の電話一本で野中の負け分はチャラになった。それほど中川の顔はアウトローの世界にも効いた。

この一件以来、中川と野中の仲はさらに深まっていく。野中からは、中川のもとに地元がらみのややこしい案件の処理が持ち込まれるようになった。

中川は、昭和六十三年に八木町議会議員に初当選し、その後、町長選に出馬し、野中が応援する候補と戦って勝ち、平成四年から平成十四年まで八木町長を務めた。

ところが、中川が京都の農協の会長になる際、野中は大反対した。

中川は野中にズバズバ言いたいことを言うので、その強烈な反骨精神を見込まれて、中川のもとには野中の政治手法を嫌う人たちが集まってきたという。

「いま考えると、自分が野中さんに歯向かっていたことによって周りから気骨のある奴として、信頼されたところもあったと思う。ある意味では、野中さんには感謝せなあかんなと思っているよ」

中川は、かつて参議院議員選挙への出馬を視野に入れていたことがあった。

その際、世田谷区の代沢にある竹下邸に呼ばれたことがあった。竹下は当時、かつて佐藤栄作が住んでいた家を借りていた。

竹下は、中川に言った。

「君ね、選挙に出るなら参議院ではなく衆議院に出ろ。きみのような性格ならば衆議院が向いている」

だが、もし中川が衆議院に出馬する場合、中選挙区時代の京都二区にはすでに竹下と同じ派閥の現職議員である野中がいる。激しい選挙になることは必定だった。

竹下は、野中についても語った。

「おれは彼が言っているように、彼と親戚ではないんだ」

野中は、自分の妻と竹下が親戚関係にあると周囲に語っていた。が、当の竹下は親戚関係にあることをはっきりと否定した。

中川は、竹下と四時間近く話し込んだ。

その後、竹下は周囲にすぐさま中川と会談したことを広めていた。

中川が振り返る。

〈竹下さんにしてみれば、私と深い関係にあることを示して野中さんを威嚇したかったのかもしれない〉

さて、中川は、野中の後継の田中を破り、当選を果たす。一期務め、現在はJAグループ京都会長を務めている。

野中と生涯を通じて戦うことの多かった元衆院議員の中川泰宏が野中の凄まじさを振り返って語る。

「野中さんは、相手の弱みや傷を見つけて、刺すことが抜群に上手かった。だから、永田町でもあそこまで出世したと言える。野中さんは刺すことを仕事にしていたから、紳士でもないし、ヤクザでもない。ヤクザは刺したらあかん。正々堂々と相手を殺さないといけない。

政治家もいっしょだ。倒す時は倒しにいかないといけない。小泉総理が加藤さんを倒しに行った時には、自分の派閥の会長の森さんを助けるためにおこなった。でも、野中さんは加藤紘一さんに幹事長代理までさせてもらっていたのに、最後は裏切って加藤さんを刺してしまうんだから。そこはあかんと思うよ。そこがあの人の悪いところだよ」

さらに中川泰宏は、野中の晩年について語る。

「野中さんは、晩年は寂しそうでした。攻撃するどころか相手を刺す仕事が多かったから。相手をとことん追いつめたら、やっぱり相手の恨みをかってしまう。そのため結局、信頼できる友だちが周りには少なかった。その様子は見ていて可哀相でしたね。聞いた話ですが、野中さんの娘さんがお父さんは最後は孤独だったと言っていたらしいですから」》

私が直接話を聞き、付き合ってきたのは元総理・竹下登先生である。野中広務にすれば仰ぎ見るほどの大親分である。

その竹下先生をずっと脅してきたのが何を隠そう野中広務だった。

野中広務は私に敷居を跨《また》がせることがついになかった。

野中の張り巡らせた人間関係の中には、私も入ったことがない。

ついに野中と、一度も会う機会がないまま、向こうが平成三十年一月二十六日にこの世からいなくなってしまった。

## 幻に終わった大阪国技館

大阪国技館問題はマスコミにずいぶんとスキャンダラスに報じられたが、あくまで行きがかり上の問題である。別に国技館が大阪になかったらいけないということでもなかった。せっかく関西を復権させたいとみんなが頑張ってるし、私自身もたまたま大阪生まれという縁もあった。

大阪に、あれだけの埋立地の舞洲、大阪府大阪市此花区にある人工島もある。それなのに、それらを生かすテーマが何もない。

大阪市も、借金ばかりでどうにもならない。

住友銀行や大和銀行、金融機関から含めて全部本社を東京に移転してしまって、一極集中になってしまった。地方復権なんていうけど、具体的なアイデアはない。関西を復権させたいと思っても、関西出身の政治家は何をしているんだ、という苛立ちが私にあった。

というのは、在日にとって最も重要なのは大阪である。関西の復権イコール我々在日の復権でもある。

関西が地盤沈下して、経済が全部一極集中になってしまって、どうにもならない状態なわけだ。

平成二十年夏季オリンピックがおこなわれる。私は、その大阪招致活動をおこなった。竹下登元総理の所にも陳情に行った。

じつは、国内では横浜への招致が最有力だった。横浜市長は建設省の事務次官をやった高秀秀信さんであった。竹下先生は建設省に睨みが効いていたから、最終的に候補地を大阪に推薦してもらった。

招致委員会のトップには、元ダイヤモンド社社長の坪内嘉雄さんを据えて、私も招致活動に携わった。

大阪でオリンピックが出来るということは、推薦種目で相撲が入ることも可能だった。大阪の府立体育館で大相撲をやっているけど、年に一回。しかも、老朽化している。もうどうにもならない。

だからこそ、それを建て替えする話が出てきた。ところが、府立体育館なのに肝心の大阪府には金もない。

たまたま、その時、日本相撲協会に二百億円ほど現金が余ってるという。ちょうど七万坪ある国鉄の貨物のヤードを地下に持ってくるとか、離れたところへ持っていくとかいう話があった。

私の子供時代の遊び場である。建設省と府と市と絡んで七万坪の再開発をやるという。オリンピックは都市開催で国ではない。とにかく地権者、権利者である、府、市を巻き込んでやるのだ。

だから私は、「大阪市のオリンピックということにしましょう」と申し出ることにした。

当時の市の筆頭助役の佐々木伸さんがなかなか有能な人だった。

「是非、やってくれ、有り難い、出来る協力は全部する」

府の方も、全部協力しますという。

それは私が直接動くよりは、と全日空ビルの当時の副社長で、元住友信託銀行の役員をしていた井手野下さんにお願いした。

私は井手野下さんとは、古い。二十年にわたる付き合いがあった。立派な方で私の恩人の中の一人だ。私も住友信託銀行のために裏で動いていたこともある。

国技館を作ろうという話では、彼は一応、大阪ではそれなりに人間関係もある。かっては、住友信託の役員であったことから、大阪市と大阪府とも、当然繋がりがある。人間関係もやっぱりいろいろあった。

住友銀行は特に行政にも食いこんでいた。三和、大和よりもたくさん金を扱おうとしていた。色んな下工作をしていたし、ロビイング活動もしていたから。

やはり大きなインパクトのあるイベントを持ってこなければいけない、ということで、たまたま私、日大の田中英寿相撲部監督との人間関係もあった。田中理事長は、JOC（日本オリンピック委員会）元理事・副会長でもある。

日本相撲協会の境川尚当時の理事長（元横綱佐田の山）との人間関係もあった。硫黄島での戦後五十周年記念行事「日米戦没将兵鎮魂のための横綱土俵入り」に同行した深い思い入れもある。

平成八年三月中旬、私はエイチ・アール・ロイヤル社の林雄三社長を大阪市北区中崎町の私の自宅に招いた。その会食には、日本相撲協会の境川理事長、田中英寿や関取を呼んでいた。

私は熱っぽくぶち上げた。

「境川理事長、じつは私は大阪に国技館をつくろうと思うてます。横綱を認定する熊本の吉田司家は私が管理してるんです。二〇〇八年のオリンピック候補地は大阪が一番強力なはずです。ＩＯＣ（国際オリンピック委員会）の副会長をしている韓国の金雲竜氏とは私も昵懇の仲で、今度韓国のオリンピック委員になるようになっとるんですわ。その隣に日韓文化交流センターをつくろうと思ってます。何より大切なことは、国技である相撲をオリンピック種目に加えることが一番の目玉と思うてます。幸い今日はプロの相撲のトップとアマチュア相撲のトップで、しかも日本オリンピック委員の田中監督がいらっしゃるので、おふたりのお力を借りることが可能であれば鬼に金棒ですわ」

林社長も共感していた。

「国技館はともかく、オリンピック種目に相撲を加えることは大いに賛成ですし、私で役に立てることがあれば協力しましょう」

その翌日、私は林社長を連れ、ＪＲ大阪駅北側にある七万坪の旧国鉄清算事業団跡地を案内した。

「ここが、国技館を造ろうと思うとる場所ですわ」

広大な跡地を指さし、私はこう説明した。

「こんだけの場所はありませんやろ！　もちろん建築するにはゼネコンが必要なんやが、若築さんにも参加してもらうように段取りするし、ごっつい話でっしゃろ」

さらにこうも言った。

「もちろん国技館が建てば大型のホテルが必要だし、それについてはアシアナ航空（韓国）が日本に進出する基盤として大阪の一等地にホテルを建てたがってますんや。それに三越がここにデパートを建てたい思うて、すでに手を上げてるんですわ。ホテルについては、全日空も今の新地のホテルは手狭やし、ここやったら、いうてるみたいです」

私は、大阪オリンピック誘致の構想に関連して、石橋産業側に「社交クラブ」の設立もこう持ちかけていた。

「大阪オリンピックを実現するには、世界からＶＩＰに準ずる（ＩＯＣ委員たち）を招待する場所が必要や。そのため大阪帝国ホテルの隣にあるインテリジェントビルの二十八階から三十階までの三フロアを借りてある。発起人には著名人を連ねてある。個人会員三百万円、法人四百万円の会員になってもらう。下請けに大林組になってもらうが、大林のプライド上、発注者は若築にやってもらう。会員権は工事が完成してからの方がいいので、若築の立替工事が必要や」

《(大下・注) ここでいう大阪オリンピック誘致のための「社交クラブ」とは、「大阪アメリカンクラブ」のことで、石橋産業の石橋社長が代表取締役会長、ロイヤル社の林社長が専務に就任した。他の役員には、元衆議院議員の大野明、「ダイヤモンド社」の元オーナー・坪内嘉蔵や岐阜県の繊維会社「カワボウリカ」の川島国良社長、許の側近がなった。

その際、大阪北区の帝国ホテル横のOAPタワーの事務所保証金として、約四億九千万円を石橋産業側が出資。社交クラブ・大阪アメリカンクラブは設立された。》

大阪の国技館の話も、石橋産業事件がなければうまくいったと思っている。

やっぱり、私を社会的に抹殺したいと、検察を中心とした意図的な力が働いたことを分かる人にはわかってほしい。

亀井静香先生は、わかっていると思う。だから、その時期はしっかり応援もしてくれた。

私は、大阪に相撲の国技館を造ろうと動いたとき、結果、日大の田中さんに迷惑をかけた。彼に対しては本当にすまないと思っている。

私は、平成八年十二月のこの時期、大阪市北区中崎町の私の「迎賓館」の前にいわゆる神社を造営している。他の人は「許永中神社」と言っていた。

その神社には、多くの石碑や石灯籠が並んでいる。その碑には、その当時の関係者の名前が以下のように刻まれている。

「田中森一弁護士、山段芳春会長、吉永透弁護士、井出野下秀守元住友信託銀行役員、境川尚親方、田中英寿、金雲龍ＩＯＣ（国際オリンピック委員長）副会長、川島国良カワボウリカ社長」

# 第十章　どこまでも男でありたい

## 中野太郎会長襲撃事件の裏側

山口組では身体を壊していた宅見勝若頭の跡目争いで、七人いた若頭補佐の間はギクシャクしていた。その中でも有力であったのが、中野会の中野太郎会長であった。

中野会長としては豊富な資金を持つ生島久次元組長を手元に引き寄せたいと思い、生島元組長も中野会長を男にしてやろうという気持ちがあった。中野会長と生島元組長は急速に接近してゆく。生島久次元組長が抱えていた兵隊のうち、行動力のある男たちは中野会に参加してそれなりの存在になっていた。

だから、生島久次さんも中野会の特別相談役ということになった。

実は、生島久次さんは、中野会長のところに行く前から、私にこう言っていた。

「中野は、ものすごくワシのことを心配しとんのや」

私は生島さんが中野さんと縁を持つことに反対だった。

私は生島さんに話した。

「それならば、古川組長と先に会うてくれませんか。私が安心出来る人間ですから」

私は生島さんを古川雅章組長と引き会わせた。

でも、会わせた途端に、生島さんは「あかん、あれはダメだ！　違う」と言い出した。

あそこで生島元組長が、中野会長と縁を持ったことが、もう運命の分かれ道だったのだ。

生島さんはもう稼業で生きていく気はないが、いろいろ問題があったこともあり、中野会の特別相談役というよりも、私に言わせると指導者のような存在だった。ものが違ったからだ。

体は小さいが、それはもう、大した根性の持ち主だった。

中野会長だけでも、とんでもない圧力なのに、そこに生島久次という最強の人間がついた。もう、マグニチュード7や8の激震である。

この中野会長と生島久次元組長の二人の関係をご破算にするために仕掛けられたのが、生島元組長の襲撃事件であるとみる説がある。

中野会長は、崇仁地区の開発に関わり京都へと進出するようになったが、京都に勢力を持つ会津小鉄会との抗争に発展していた。

そのような中で、平成八年七月十日、中野会長は京都の八幡市の理髪店で会津小鉄会の組員の襲撃を受けた。いわゆる「八幡事件」である。

この事件の根は、一般に考えられているより、ずっと深いものがある。

平成八年八月二十六日、生島久次元組長は、大阪駅前第三ビル前の路上で、山口組山建組太田興業侠友会若頭補佐の武田信夫と同組員坂本和久の二人に銃撃された。

ボディガードをしていた古市朗元生島組組員が迎撃して、坂本組員を射殺した。が、襲ったもう一人の武田は、そのまま体をかわした。

生島元組長は、肝臓に弾が当たったものだから、内臓破裂で出血し、即死の状態だった。

武田の弾いた拳銃には、当然ながら、指紋がついてる。それをポンと放ってそるような人間だ。しかも、殺人未遂で以前からキップ手配になっており特定も出来のまま逃げた。

生島元組長は、他の者には厳しかったが、私に対してはものすごく情があった。大事な場面、場面で私にアドバイスをくれたり、助けてくれた人だった。

宅見勝五代目山口組若頭はすごく感受性の強い人で、その世界でのセンスもある人だったから、生島元組長と中野会長の接近に巨大地震並みの衝撃を受けたのではないだろうか。

大阪駅前の第三ビルで生島さんが射殺された時にボディガードとして迎撃した古市朗は、彼が十八のときから知っているが、ずっと生島さんの横について離れない男だ。生島元組長がアメリカに行っている間以外は、ずっと生島さんと行動を共にしていた。

生島元組長がアメリカに行ってる間は、古市を一人きりにさせるわけにもいかず、あちこち預けなくてはならない。私が頼み、会津小鉄会の高山登久太郎会長などにお世話になった。

古市は、部屋でじっとしていられない。気分転換になるよう、ゴルフの練習場など、お日さまの当たるところでストレスを解消させた。たまには酒の一杯も飲まさないといけない。私がそんなことといちいち出来ないので、誰かをつけて一緒に風呂に行かせたりしたものだ。

中野太郎中野会会長は、私にヤキモキしているようだった。

私がヤクザでもなく、カタギの事業家なのに、自分の頭ごなしに山口組五代目の渡辺芳則組長と話を付けてしまう。

さらに、付き合う相手も、京都では会津小鉄会のトップの高山登久太郎会長、東は住吉会のトップの小林楠扶会長、西の酒梅組のトップとそれなりの人たちばかり。

自分たちにすれば、命を賭けて、体を賭けて、若い衆たちを皆、懲役に行かせてシノギを守って、今日まで来てる。それなのに、私は何のヤマも踏まず、組への上納金を持ってくるわけでもない。「なんでや」ということだろう。

私だけが特別、やりたいように人生を生きているではないか、と思われたわけだ。

そうすると、中野会長は、私に対して当然面白くないという感情が出てくる。私を型にはめて、自分の傘下に置くか、消してしまう以外にないと、そういう思考になってしまう。

中野会長からノックはあった。生島さんのもとから中野会に行った者を通じてである。

「うちの親分に、会いませんか」

そう言われたが、私は相手にしなかった。

そうしたなかで、宅見勝若頭がぐんぐん力を持ちはじめた。

宅見五代目若頭のところには、実際に行動力のある人間が多かった。宅見さんは、上手な人で、事件で刑務所から帰ってきた人間や、菅谷組解散後、どこの組にもいかないけど、能力の高い人間達をすべて自分の組に迎えた。しかも、本部長なり代行なりで処遇していた。

彼らが力をつけると、一本立ちさせて、出世もさせる。位を上げて、直参にも取り立てていた。

そうやって山口組内に宅見さんの息のかかった直参組長を増やしていったわけだ。

宅見若頭は、力で押すだけでなく、経済力もあった。直参といっても、皆が皆、カネがあるわけではない。

直参のなかに経済的に困っている組長がいれば、自分の方から声を掛けて、マメに面倒を見ていた。

「金がなかったら、言うてこいよ」

そのように気軽に声を掛け、利息も取らないで貸してあげる。五代目の時代、宅見さんに世話になっていない直参組長は、ほぼいなかったのではないか。

そうなってくると、外堀どころか内堀まで全部埋められて、五代目の渡辺組長自身が追い詰められていったのであろう。

五代目体制の発足した当時から、宅見若頭が主導していた面がある。

「五代目はあんたや」

そう言って擁立した。

「その代わりに、五年間は、ワシと岸本（才三）本部長に、現場は任せてくれ」

そういう条件をつけた。そういう約束の元に、五代目体制ができていた。

ところが、約束の五年が経っても、その流れは変わらない。若頭の宅見さんが組を動かしている。

五代目は面白いわけがない。ブツブツ文句を言い出した。

「宅見ばっかりシノいでる。どこに行っても全部、宅見宅見や」

それを横で聞いている中野会長は、五代目と同じ山健組出身。

「五代目を蔑《ないがし》ろにしやがって」

そういう思いを強めた。

ところが、イトマン事件や石橋事件もそうだが、私の事件には私は全く預かり知らぬが宅見若頭が絡んでいたわけだ。

宅見若頭と関係の深い伊藤寿永光とも私が絡んでいるということになる。

中野会長が渡辺五代目に「オヤジ、ちゃんと、この件で許と会ったんですか」と訊くと、渡辺五代目は、「いや、何もない」と言っていたそうだ。

実際には、私は五代目に直に話を通していた。

とにかく、やればやるほどやっかみと妬《ねた》み嫉《そね》みを受けるのがこの世界である。組織に対して何の貢献もしてない、何であのカタギである人間がみな、ポイント、ポイントで出てきて、大事なところでみんな噛んでいるのか。見返りは宅見勝若頭がみんな取っているのではないか、そう見られるようになった。

挙句の果てに、平成八年七月十日の京都府八幡市の理髪店で中野会長が、会津小鉄会の組員に襲撃された。

中野会長は無傷だったが、その日のうちに会津小鉄の図越利次若頭が指を飛ばして、山口組若頭補佐の桑田謙吉さんにともなわれて山口組総本部を訪れ、詫びを入れた。

山口組若頭の宅見さんは、その謝罪を受け入れ、中野太郎会長と協議することなく和解した。

中野会長の親であるはずの渡辺五代目も納得してしまい、事件にできなくなった。

中野会長にすれば、恨みに思って当たり前のはずである。自分と協議することなく間髪入れず和解したわけだから。

ところが、そうならざるを得ない状況は中野会長が作ったとも言える。

中野太郎会長が襲撃を受けた京都府八幡市というのは、もともと会津小鉄会の二次団体の寺村組の二代目丸岡鉄太郎さんの地盤だ。初代の宮崎清親さんが引退して、高山登久太郎会長よりちょっと先輩の丸岡鉄太郎さんが寺村組の二代目を継いだ。

そこへ北河内の枚方まで攻めてきた中野さんが、京都に入る機会をうかがうようになった。

そうしたなかで誰が間に入ったのか分からないが、中野さんと丸岡さんは仲良くなり兄弟分の縁を結んだ。

二人で毎晩宴会をするうちに、中野会長独特の手法だが、酒を呑んで酔っ払って何も覚えてないという状況の中で、丸岡鉄太郎さんをぐちゃぐちゃシメてしまい、引退を迫った。

そして次は京都市内である。円山公園内の訳あり物件に中野会の京都事務所を構えたのだ。

八幡市は京都と大阪との境だったからまだいい。京都市内、それもあの象徴的な円山公園の中にあった、ある在日の一人が占有する立派な建物に、その占有者が懇願する形で連絡事務所を作ったのである。

これをどうするのか。中野組長に攻め込まれた形の会津小鉄会とすれば、当然、危機感を持った。これはダメだ、どうにもならないと。

結局、中野会長を狙うことになった。中野会長のボディガードが拳銃で応戦し、会津小鉄系組員二人を射殺した。

ところが、その日の内に手打ちになった。そのため、中野会長は憤懣《ふんまん》の思いを持っていくところがない。それですべて宅見さんに絵を書かれたと思い込むようになった。

もとは自分が作ったのに、宅見若頭に逆恨みしたわけだ。

## 矛先が私に向けられた

そういう中で、中野会長は、何がなんでも桑田兼吉さんと宅見さんを取らないといけないと思い込み、私にまで矛先を向けることになる。

それに加えて、会津小鉄の高山会長は私の在日の先輩。高山さんと私が普通の関係でないことは皆、知る人ぞ知る話だ。高山さんが図越利次前会長を動かして素早く和解を実現したものだから、中野会長はまた許永中が動いたのかと逆恨みを募らせた。

だが、私はイトマン事件以来、裁判を月に二回も抱えていた。

公判中には、体調が悪くて、入院したこともあった。

担当の裁判官Kさんは、本当に立派な裁判官だった。私の理解者というか、ありがたい人だった。

K裁判官に、十日間、二十日間入院したいと訴えて、その都度、許可を貰っていた。ところが、オール外泊である。五時まで病院にいて、夜は外泊してしまう。

ついに裁判所から呼び出しがきた。

医者から診断書を取ってきて体調が悪いと訴えたところ、河上裁判官からこう諭された。

「許さん、体調が悪いときは、ちゃんとした理由があれば、いくらでも外出させます。裁判所としては、ちゃんと許可を出します。そういう無理をしないように遠慮せずに堂々とやってください」

平成五年十二月の年末近くに保証金六億円払って保釈が認められた。

ようやく社会に出たと思ったら、毎月二回、朝十時から昼の休憩をはさんで夕方四時半までの全日の裁判が続いた。

これだけのスケジュールで裁判に出廷しようと思えば、ほぼ毎日、弁護士と調書を読まなくてはならない。とにかく自分の時間が無い。

京都の弁護士に依頼していた。大阪から朝九時に京都に向かい、夕方までずっとかかりきりだ。

またこの弁護士が、京都地検の検事正を経た立派な先生である。こんな先生はいないぐらい立派な方だった。

ものすごい緻密な先生で、隅から隅まで全部資料、調書を読み込んでいる。それをもとに、私の前でいちいちわからないことを質問し、私の答えをちゃんと用意しなければ納得しない人だった。

この人は山段芳春の代理人弁護士でもあった。

この自由な時間がまるでないという状況は、非常に厳しかった。とりわけ、中野会との対決という状況になっていただけにそうである。


古川組長が満期出所で出てきてからというもの、目を悪くして、静岡にある日本一と評判の眼科に通っていた。静岡と大阪を月に一回、新幹線で行ったり来たりしていた。

ある日、新大阪駅に着いて迎えの車に乗り、尼崎の古川組の事務所へ向かおうと出発すると、助手席に乗る組員がささやいた。

「後ろから、ようわからん車が尾いて来てます」

すぐに山口組本部に連絡をとった。

「捕まえる段取り、せえ」

古川組長の車は、ゆっくり尼崎に向かった。

古川組の事務所の前に着いて降りる寸前に、連絡を受けて用意している者が、古川組長の車を尾けていた車をガチャーンと挟み、そのまま車に乗っていた連中を事務所に連れ込んだ。

すると、彼らの乗っていた車の中から、出てくるわ、出てくるわ。古川組長の家から、立ち回り先、電話番号、さらにスケジュール表まで出てきた。もちろん銃器も携帯していた。

そのあと事務所ではやつらをシメて、謳《うた》わせようとした。

が、謳わない。

「どこの者や」

「……」

「何で、尾けとった？」

「違う。たまたまや」

そう言って言い逃れする。

「ほならお前ら、これらの資料を、何と説明するのか」

そう問い詰めても、あくまでシラを切る。

「知らん。今日初めて乗った車や」

山口組本部からも連絡があった。本部に言ったところで、宅見若頭がどうこう出来る問題ではない。そこまで痛めつけているのなら、それはもう放さないと仕方がないのではないかという私の意見もあって、放してやった。

中野会長を襲撃した京都の八幡での事件の後にこうしたことが起き、当時はかなりの緊張状態だった。

実は、平成九年八月二十七日に、本当にニアミスで私も狙われていた。大阪の裁判所の裏側にある老松町のビジネスホテルで、山口組執行部の使用者責任の対策会議があった。そこで宅見若頭も中野会長も、もちろん執行部の幹部がそこで打ち合わせをやっていた。

私はその時刻の前に東京からそこに着いた。古川組長に用事があったが、こう言われていた。

「ちょっと会議があるさかい、その会談の後、会いましょうや」

古川組長も若頭補佐として執行部にいたので、その会議に出席していた。

山口組本部での執行部の会議では、実は中野組長本人と古川組長が揉めたのである。それも、宅見若頭をめぐって。

中野会長の宅見若頭に対するものの言いようがあまりにも酷かった。古川組長がそれをたしなめたのだ。

「お前、頭に向かって、その物言いは何や」

「それが、どうしたんや」

宅見若頭の前、それも山口組執行部が居並ぶなかでのことだ。だが、その場では中途半端な終わり方になった。

そこまで言うのであれば、そこで答えを出さないといけない。

もちろん、私はその場にはいなかった。だが、後から聞いた話ではそうだった。

そしてその直ぐ後に、宅見若頭が襲われ殺されたのである。

なお古川組長は、のち平成十八年一月に死去。もういない。私と関わり合ったことで彼の運命も変わった。

「許永中と付き合ったお陰で、面白い人生を送れた」

そんなふうに思っていてくれれば、私も救われるというものであるが……。

## 山口組若頭宅見勝射殺事件

《(大下・注) 八月二十八日、宅見若頭は、山口組の他の最高幹部二人・岸本才三総本部長と野上哲男副本部長と共に、昼食を摂るため、JR新神戸駅に隣接する新神戸オリエンタルホテルのティーラウンジに向かった。

三人がティーラウンジの一番奥まったテーブルに着いた直後のことである。襲撃犯が38口径と45口径の拳銃で宅見若頭を銃撃した。宅見若頭は七発の銃弾を受け、救急車で神戸市立中央病院に緊急搬送された。

が、約一時間後の午後四時三十二分にその病院で死亡した。宅見と同席していた岸本・野上の二人は無事であった。

襲撃の際、ラウンジの隣のテーブルに座っていた歯科医師の男性が流れ弾に当たって負傷。病院へ運ばれたが、事件から六日後の九月三日に死亡した。

私は、宅見若頭射殺の第一報を電話で聞いた。その時も、ああ、やっぱり起きたなという印象を持った。

宅見若頭の告別式は、八月三十一日に執りおこなわれた。同じ日に五代目山口組の渡辺芳則組長は、中野を破門に処した。

九月三日に流れ弾に当たった歯科医師の男性が死亡したため、渡辺芳則組長は中野の処分を破門からさらに重い絶縁に変更した。

一般的には、絶縁されたものはヤクザの世界に残ることはできない。組織を解散してカタギに戻らざるを得なくなる。

中野会はその後、絶縁理由に納得できないとして解散せず、独立組織となった。宅見若頭の事件の実行犯だった中野会の四人のうち三人は捕まり、残り一人は病死した。捕まった三人とも懲役二十年の判決を受けた。が、そのうちの一人の中保喜代春は、『ヒットマン―獄中の父からいとしいわが子へ』という手記を出版した。

これは警察公認なのか、彼は家族のことは一切表に出ないようにしながらも真実をしゃべった。》

## ヒットマンに狙われる

私も中野会から狙われていると感じていた。宅見若頭の事件の二年前からずっと狙われつづけていた。当然ながら、私も自分の身を守らなければならない。こちらが先乗りさせて裁判所の周りもぐるぐる回って警戒させなければならない。裁判も昼になると休憩がある。裁判所の周りの食堂へ行くか、近くにある弁護人の事務所へ歩いて行く。その時も警戒を怠れない。

私が捕まってからは法廷に防弾ガラスをするようになった。そういうことをするのは初めてではなかったか。

でも、法廷に防弾ガラスをしても意味はない。法廷に入るまでに裁判所にはいっぱい隙がある。

むしろ、そうすることによって、裁判官に恐怖感や先入観を与えるだけだ。検察のやることはむちゃくちゃだとしか言い様がない。

法廷では殺られる可能性はない。だが、裁判所の外で車を止め、裁判所の玄関に入るまでに五〇メートルはある。ここが危険だ。

表から入ろうが、裏から入ろうが、車を停めることができる場所から玄関まで五〇メートルはある。殺そうと思えば、スーッと歩いて近づき、そこでドンと撃てば、それでおしまいである。

暴力団の手法というのは、ヒット・アンド・アウェイである。自分たちの仕事をしてから、逃げる段取りをちゃんと考えている。それゆえ、相手がヒットのあとに逃げられない状況にすれば、ヒットされない確率が高い。

だから迎撃体制をこちらも作って、「逃がせへんで、来るなら来い」という構えがあれば、暗殺部隊はそう簡単には実行に移せない。ポイントはそこである。

だから、こちらも「来たらあなたも終わりだよ」という姿勢を示せばいい。そういう態度をきちっと示して、実際に見せないといけない。

こちらが逃げたりしたら、そこでヒットされる。だから、「いらっしゃい」と。その代わり、「腹くくっておいでよ」というわけである。

それで、実際に親方の中野太郎さんもそうだが、「来るヒットマンもしっかりと腹くくっておいでよ、逃げられないよと。こっちも終わるかも知らないけど、お前さんも終わるんやで」と腹をくくっていた。

実際に走るヒットマンは、やっぱり、良い仕事したら、その後に見返りがほしいから仕事をしに来るんであって、暗殺後に自分が死んだら意味がない。

やっぱり、暗殺に走る兵隊も、勲章がほしいし、見返りがほしいと思っている。だからこそ、走る。ムショに入ったり、あの世へ行く思いをしたりしてまで、誰が仕事をしようとするだろうか。

捕まって一度ムショに入ったら二度と出てこられないような仕事だったら、誰もそんなことをやらないだろう。たとえ五千万円、一億円をもらっても、それでは割が合わない。外国人とか使ったら、五百万、一千万で来るが。

ということは、とにかく、もうヒット・アンド・アウェイしかない。これは、やった者でないとわからない。一回でも二回でも経験した者でないとわからない。

だから、来るなら来いと覚悟はしていた。

私自身は、別に、山口組を利用して金儲けをしたことはない。結局、私が馬鹿だから脇が甘いというのか、アバウトだから、誤解される要因を、自分で作ったようなものだった。

だから、私はそれなりに責任がある。百対ゼロはこの世にないのだから、それが一％であろうが二％であろうが、一〇％であろうが、やっぱり自分にも原因と、責任はある。そう思えたからこそ、私は腹をくくれてた。

狙われたのは、気配ではない。実際に私を獲りに来て、私は狙われたこともあるし、狙わせたこともあるからわかるのだ。

向こうも情報取るけど、それ以上にこっちも取る。

だから、どこに襲撃班の基地があって、どのメンバーを主体にどういうシフトで計画しているのかの情報を先手、先手で取りにいく。

宅見若頭が射殺された後すぐに開かれる裁判、平成九年九月の裁判は、出廷したら裁判所前で襲撃の勝負をかけてくるはずだと思っていた。

当時の私にどんな選択肢があったか。まずひとつは、襲撃に来たやつらを迎撃する。仮に、私の部下が迎撃して相手を殺したとする。その自信はあったが、そうした場合、私は殺人教唆になる。相手はひとりで来ないだろうから、複数を返り討ちすれば、いったいどれだけの刑となるのか。

万に一つも、私が命を取られる可能性もなきにしもあらずだ。

どちらにせよ、これは選択肢のうちに入らない。

一方で、時間が経てば経つほど中野自身が終わることがわかっていた。こちらにもそれくらいの情報はきちんとあった。

当然ながら、山口組として黙っているわけがないのだから。だから、時間を稼ぐ。それ以外の選択肢はなかった。したがって、裁判所に診断書を出して、とりあえず一カ月は時間の猶予を取った。

だが、その一カ月の猶予期間が切れた後はどうするか。

裁判に出廷しなければ、保釈条件違反となる。そうなれば、収監されてしまう。収監されればかえって安全だというわけでもない。収監されても、間違いなく拘置所の中で事件が起きるからだ。

昔、チャールス・ブロンソン主役のマフィア映画で『バラキ』という映画があった。

マフィアのバラキは、刑務所内でも命を狙われていた。看守に独房に入れてくれるよう頼んだが、無駄だった。

こういう状況は、日本でも一緒である。簡単に殺られてしまう。

例えば、二枚刃のカミソリのあの薄い一枚でも人を殺せるのだ。拘置所も刑務所もそうだが、エイズの感染が問題となった上に、B型肝炎やC型肝炎の感染のリスクもあるので、カミソリの使い回しをしなくなった。個人にカミソリを配り、月に一度、刃を変えていた。

宅見若頭の射殺事件は、私が失踪した大きな理由である。中野さんも切羽詰まり、宅見若頭の命を取ったからには、すぐにでも私の命も取らないと、向こうは安心できないはずだ。

私は、二番目の妻である申順徳の実家の法事という名目で大阪地裁の許可を得て、平成九年九月二十七日に韓国に渡った。

次の公判に間に合うよう十月一日までには帰る渡航予定であった。

ところが、その公判の直前、帰国間際に、私は宿泊先のソウル新羅ホテルのサウナで狭心症の発作に倒れてしまった。

ただちに市内の延世大学校附属病院に運び込まれた。心臓内科病棟の一二〇八号室に入院した。

十月七日の公判の前日の十月六日夜、私の弁護団は、「狭心症・不整脈」との医者の診断書を添え、公判の延期と旅行期間延長の申し入れを大阪地裁におこなった。

そのいっぽうで、私は病院をそっと抜け出した。ソウルの金浦空港に向かったのだ。

空港へ着くと、搭乗前の一時間前までにチェックインを済ませなければならない。それを離陸直前に済ませ、そのまま飛行機に乗り込み出発した。

飛行機の中では、露見しないよう出来る限りの防御策をとりながら福岡空港に到着した。ついに日本に入国したのだ。

なぜ、福岡空港だったのか。

大阪の空港でも、東京の羽田空港でも、命を狙われている私にとって、事件は絶対に起きる。向こうは私の情報を取って当たり前だ。大阪や東京の空港に降りたら、空港から車に乗るまでに射殺されてしまう。だからこそ、裏をかかないといけない。それであえて福岡の空港へ降りた。

福岡空港からそのまま国内線で東京へ入った。国際線が着かない時間に降りるようにした。

検察官は、私がこの時に福岡から入国したことを疑い、パスポートを改ざんしているのではないかと、想像をたくましくされていたようである。が、それは私のパスポートの再入国スタンプを見れば、疑う余地がない。事実は動かし難い。

私は十月六日夜に東京で宿泊した。翌朝の法廷へと向かうかどうか、生命をかけて一夜逡巡《しゅんじゅん》していた。

〈さあ、どうしよう。明日の裁判、出ようか出まいか。せやけどまあ、今回は日本に帰ってないことになっとる。出なくても問題ないやろ〉

まだ韓国にいることにした。

だが、実は、入管は法務省の管轄だから、検察はその情報を全部持っていたはずだ。東京にいるのか、それともどこにいるのかは分からずとも、日本に入国したことは把握していたのだ。

それなのに、「韓国で消えた」とか、「逃げた」とか、「北朝鮮に行った」とか、「殺された」とか騒がれた。

もう終わった話だから打ち明けておこう。実は、それから平成十一年十一月五日に逮捕されるまでのかくれんぼ中、私は複数回も、出入国を繰り返していたのだ。

基本的には船を使った。国内の航路でいくらでも沖縄に行ける。

沖縄や横田といった米軍基地のあるところは、基地内は治外法権なのだ。ただ、米軍の飛行機を使ったとは言わない。

## 『週刊文春』中野会長会見記事によって自首をやめた

私は自首して出るタイミングを計っていた。

〈そろそろ潮時や〉

まさにその矢先、『週刊文春』の平成十年三月二十六日号の記事『宅見若頭射殺事件から二〇〇日、中野太郎（中野会会長）単独会見記』が出てしまう。

ジャーナリストの須田慎一郎が書いたこの記事は、中野太郎会長本人と中野会のナンバー2の弘田憲二副会長、ナンバー3の山下重夫若頭のトップ3が直接出てきて喋り、写真まで撮らせたものだ。

中野太郎会長は、にっちもさっちもいかなくなり、挙句に須田をつかまえて、

「宅見射殺事件は、ワシらやない、あれは宅見若頭と許永中との問題だ」と言いだし、宅見若頭の命を取ったのは許永中だという記事を作らせた。

記事では、宅見若頭の射殺事件について、山下若頭がこう語っている。

「ワシらは真犯人については、徹底的に調べあげた。その結果、宅見と何百億円もの金銭トラブルを抱えておった、ある山口組系の企業舎弟に行きついた。こいつは宅見が殺される一週間前に、〝追い込み（取立て）〟をかけられとったんや。今、所在がつかめんようになっとるんやけど、なんで執行部は、こいつに説明を求めんのか。証拠もあるんやで」

その企業舎弟とは、私のことを指すのは明白だ。

さらに、弘田副会長は、中野会長の絶縁に異を唱えている。

「結局、宅見の射殺事件に関わり、中野会長にそのヌレ衣を着せた、執行部の連中が、今回、会長の絶縁を強引に本家親分に迫った。しかも、『中野が無実とわかっても、あいつはイケイケや。帰したら酷い目にあうぞ』と恐怖にかられて、絶対、復帰を認めようとせんのや」

実のところ、その『週刊文春』の記事が出なかったら、あのタイミングの前に、本当は、三人の内の少なくとも頭の山下重夫組長とナンバー2の弘田憲二は命を取られていただろう。

なかなかタイミングが合わずに、彼らは運が良く、延び延びになっていた。本当のことを言えば、私が姿を消したと言われた瞬間から、その報復劇は始まっていた。

誰がいつ殺るかというだけのことだった。全部シフトを組んで狙いを定めていた。

時間の問題で答えが出る。だから私はかくれんぼを続ける必要もないのではないかと思っていた。親にも心配をかけていたし。

もう世間に出ようという、本当にギリギリのところで、『週刊文春』のその記事が出た。

実は、その記事が出る直前のことだ。宅見組で副組長を務め、そのあと直参に昇格した天野組組長となった天野洋志穂さんから、私に電話があった。

「専務！　信じてええんやろ！　間違いないんやろ！」

天野さんは私のことを専務と言う。天野さんだけでない。親しい人間はそうだ。かくれんぼ中とはいえ、ホットラインはあった。至急連絡くれということだったので、公衆電話から天野さんに電話すると、のっけからそういう。

いった。

「何を言うてんですか」と言うと、

「専務、殺ってないねんやろ？　間違いないねんやろ？　信じてええんやろ？」

私は、そろそろ自首しようと思っていたのに、あらぬ疑いをかけられたので、ふたたびかくれんぼを続けざるを得なくなってしまった。

いっぽう『週刊文春』に出た中野会の二人は、追い詰められ、やがて消されていった。

　中野会山下若頭は、平成十一年九月一日、大阪市生野区の麻雀店で二代目宅見組幹部部組員ら四人に射殺された。

　弘田副会長は、平成十四年四月二十日に沖縄の那覇市内で知人女性に自分の自動車を運転してもらっていたところを、オートバイに乗っていた天野組組員に拳銃で胸部を撃たれた。弘田福会長は病院に搬送されたが、死亡した。

　宅見若頭のところにいた天野組が『週刊文春』で、中野会の二人が「宅見を殺ったのは自分らじゃない」と挑発的な嘘八百を並べたために、「とんでもない」ということで殺った。

　トップの中野会長だけは、死を免れたが、平成十五年一月、脳梗塞で倒れる。その後、隠居生活を送り、令和三年一月十日に死去した。

中野会は独立組織となったとはいえ、それだけの犠牲を受け、平成十七年八月七日に、ついに解散届を大阪府警に提出、解散する。

私のかくれんぼ中に、東京神田のアクアハウス江戸遊のスーパー銭湯に行ったときのこと。

サウナに入って、もちろんメガネも外してるし、頭からタオル半分かぶって座ったら、ジーッと私を見てる者がいた。パッと見たら、私の知ってる浜田靖一の私設秘書ではないか。

赤坂の佳境亭で私は、かつて浜田靖一とその靖一の秘書と食事したことがある。靖一は、平成五年には父幸一の引退にともない、衆議院議員になっていた。のちに防衛大臣にもなる。

その同席した秘書は、実は野村周史会長のとこで運転手をやっていた男だった。野村会長の葬儀の後、浜田幸一さんに近寄っていって、結局私設秘書で、コソコソしていた。

私はかくれんぼ中だから、知らん顔しようと思った。ところが、パーッと寄ってきて、

「会長!」

大声でそう言うから、「おう」と言った。そこでびっくりしたような顔など出来ない。

「どないしたんや、お前」

「いや、顔、会長やからびっくりしましたで」

「びっくりも何も、どないしとんねん。お前、あいかわらず、車乗っとんのか」

浜田靖一の運転手をやっているのかと訊いたのである。

「いや、車乗ってません」

「事務所どこや」

「まだパレ（ロワイヤル）の靖一の事務所に詰めてまして」

それで困った表情になってぼやいた。

「靖一の議員宿舎に今おるんですけど、出て行けって言われてまして。はよう出ないかんのです」

ひとしきり、靖一への苦情とか、実情とか、こと細かくしゃべった。

こすい男なので、「何かお手伝いが出来ることがあったら……」と言いながら、結局小遣い稼ぎで小遣いでももらえないかな、という狙いだった。

こいつは口がうるさい奴だから、すぐに「許永中に会った」と、その晩からでも宣伝カーみたいに吹聴するに決まっている。

そのため、かくれんぼ中の私としては、さすがにもうそれ以来二度と江戸遊には行かないようにした。

かくれんぼ中は、帽子をかぶって通した。

ただ、ひそかに千代田区永田町二丁目のパレ・ロワイヤル永田町に入るときなんかは、さすがに人に見つかるとまずいので、カツラをかぶらないといけなかった。

あそこは、エレベーターで地下の駐車場から部屋に上がれる。金丸（信）先生も、渡辺（美智雄）先生も、あのマンションに事務所を構えていた。村上正邦さんとは、かくれんぼ中も一回エレベーターでバッタリ乗り合わせたこともあった。

かくれんぼ中、意外と私とわからなかった。検問も受けたし、職務質問も運転手が受けたし、車のトランクのチェックを受けたりもした。

さて、平成十一年十一月五日の夜、私は連れ合いの女性と六本木で極真会館の松井章圭と食事をし、台場のホテル・グランパシフィック・メリディアン（現グランドニッコー東京台場）に戻った。

深夜、突然警視庁の捜査共助課の捜査員がそのホテルに乗り込んできた。捜査員たちは、私の部屋に置いてあった荷物も押収した。

私は犯人蔵匿隠秘の共犯という全く無理筋といい、とんでもない容疑者として逮捕収監された。

二年一カ月にわたる長いかくれんぼの末の幕引きだった。

担当する東京地検は、悪名高き許永中だから、とことんやろうということだったのだろう。

どうしても私と田中森一をやりたいとずっと狙っていた。

田中森一と許永中を持っていくには石橋事件だということになり、また調書をとりなおしたようである。

中尾元建設大臣は石橋と林に貶《おとし》められたとはいえ、自ら請求して七千万円のガチガチの賄賂を受け取っていた。しかも銀行保証小切手という、完全に事件師のすることであるが、中尾先生も阿呆というか世間を舐め切っていたのであろうか。

中尾先生は平成十二年に逮捕されるが、東京地検は石橋と林の事件を捏造し、私と田中を詐欺で立件する代わりにこの贈賄を立件せず、公訴時効である三年間の後に中尾大臣だけを収賄で挙げる取引をしていたのである。

石橋と林の取り直した調書というのはまったくのデタラメで、私と田中で立件するため、林の言い分を担当の山口正光元検事が作成し、署名していたのである。この検事は後年、痴漢で捕まり退官している。

私を収監するとともに押収したクレジットカードなどから、私の手助けした人物をいもづる式に割り出した。十一人を犯人蔵匿容疑で次々と逮捕し、起訴した。

東京地検は東京で事件を作ることで、大阪地検と切り離した。東京地検の点数にしようとしたのだ。

私にはイトマン事件の裁判もあり、大阪地検にも世話になっていた。東京と大阪で一人二役をしなければいけなくなり、行ったり来たりすることになった。その度にフル装備の護送車がついてきた。とにかく検察というところは怖いものだ。何でもありである。

平成二十年二月十日に上告棄却決定され、イトマン事件の刑期が加算された。石橋産業事件で六年にイトマン事件の七年半を加えて、合計で十三年半の懲役を私は科された。

私は、日本や韓国などが加入する受刑者移送条約に基づいて受刑者本人が移送を希望し、条件を満たすと判断され、平成二十四年十二月十四日に服役先の栃木県の黒羽刑務所から韓国に移送された。韓国なら、仮釈放に必要な反省文を提出する必要もなく、残刑二年余りを仮釈放として外に出されることから申請したものである。

これにより日本における特別永住者の立場を喪失した。

なぜ、私はあえて早期の仮釈放を強く求めたのか。

なんとしても年老いた産みの母に会いたかったからだ。

母は、大阪の老人福祉施設に入居していて体調が思わしくないと聞いていた。母は認知症にかかっていて、誰の顔を見ても私の永中の名前を呼んで、「永ちゃん、よう帰って来た！　よう帰って来た！」と言っていたのである。

私は、完全なマザコンかどうかわからないが、とにかく母親の泣き顔ばかりずっと頭に浮かぶ。刑務所の中にいる間も、母親が泣いてるということを考えるだけで辛かった。

一刻も早く韓国で自由の身となり、兄貴や姉に頼んで母を韓国に呼び寄せたい。たとえ一週間、十日でも、母親と母の郷里である慶尚南道の同じ屋根の下でいっしょに暮らしたかったからだ。

が、ソウル南部矯導所から出所したその日の晩に、実は母はすでに亡くなっていたことを知らされた。母は、三カ月前の七月二十四日に亡くなっていたのだ。私が動揺しては、と伏せていたのである。

私の刑期満了日は、平成二十六年九月であるが、その一年前の平成二十五年九月三十日午前、服役していた韓国の刑務所・ソウル南部矯導所から仮釈放された。私の刑は日本への上陸拒否事由に該当し、訪日は難しいことになってしまった。私は好きなことをし、好きなように生きてきた。この人生哲学は死ぬまで変えようがない。ごくありきたりな家庭生活など、送れるはずもない人間である。家には帰らない。そんなことは百も承知の上で最初の妻は私といっしょになった。子供も設けた。

やがて、「他の家」もできた。三つの「家」ができた。いまだに一般的な家庭生活がどういうものか、理解できないままでいる。

私には娘が三人いる。息子も三人いる。みんな、私の子だということで普通ではない人生になってしまった。

## どこまでも男でありたい

東邦生命六代目社長の太田清蔵さんは、私が二十八歳の時、私に対して、おっしゃった。

「とにかくあなたは、日本と韓国のブリッジビルダー、つまり、架け橋を作る人を目指しなさい」

太田さんとの出会いは、私にとっても大きな出会いであった。私にとっては、神様や仏様と同じだ。「一生の恩師」である。

太田さんとの出会いは、私にとって人生観を百八十度変えるほどの影響があった。

今日の私がこんな立場で、何の勉強もしてないのに、ワン・コリアへの道に少しでも貢献したいという気持ちを持ちつづけているのは、太田社長の影響だ。

朝鮮半島の分断の歴史は、このままでは股裂きの刑を受けて、そのまま裂けてしまうようになってしまう。

今後の北朝鮮と韓国についてだが、私が生きている間は、南北の統一は、限りなく不可能であろう。ただ、連邦制の国家にすることは、アリだと思う。私は、そこへ至るまでのタイムラグとして、これからの十年に全力を傾注したい。今のままではよくないと強く思っている。その二つ三つのカードを生ある限り使いきりたいと願っている。そのために、私なりにカードを持っている……。

私の裁判で論告求刑のときに検事が、私のことを暴力団だと決めつけたことがあった。

だから私は、最終陳述でこう言った。

「私は暴力団とは違います。私はヤクザになりたいとは思いましたが、暴力団とは違うんです」

すると、裁判長からこう問われた。

「ちょっと被告人、教えてほしい。ヤクザと暴力団は、どう違うんでしょうか？」

私は、裁判長にわかりやすくこう返した。

「裁判長、弱きを助け、強きを挫くのが、ヤクザです。その逆が、暴力団と思ってください。それでご理解いただけるでしょうか」

裁判長は、ウーンと唸っていた。それはちゃんと公判記録に載っている。

明治・大正時代にかけて活躍した歌人与謝野晶子の夫であり、自身も歌人である与謝野鉄幹に「人を恋うる歌」という歌がある。私が大好きな歌である。

妻をめとらば才たけて
みめ美しく情《なさけ》ある
友をえらべば書を読みて
六分《りくぶ》の侠気《きょうき》四分の熱

私はこの歌のように侠気《おとこぎ》を持って、熱をもって生きたいと思ってきた。人生意気に感じて生きたい。意気に感じて死にたい。損得と利害ではない。男の勝負というのは、そうしたものを超越したものにある。

男の侠気をどこまで持てるか。そして、それを貫き通すことこそ、男である。私のことを、仕掛け人のように言ったり、詐欺師と言ったりする人がいる。が、まったく納得ができない。

イトマン事件であろうが、その前の日本レース事件であろうが、何であろうが、私は自分から仕掛けたことはない。乗っ取りをかけたこともない。株も仕手もしたこともない。第一、株の差額で、儲けようと思ったこともない。

お金を借りて利息を払ったことはあるが、お金を貸して利息をとったこともない。

利息で稼ぐというのは、男のやる仕事ではないと思う。大きいところから稼ぐのは良いが、困ってる人間から稼ぐのは好きではない。

だから、医者と弁護士と僧侶は余り好きではない。病気になったり、死にかけている人間からお金をとるような仕事は、良いとは思わない。

私は半生以上を、表社会と裏社会で過ごし、神に与えられた運命に従いひたすら懸命に生きてきた。そして、血と闇の中で、生き抜く知恵を学んだ。

また私は力を持つために、暴力というものを意識してきた。

「力」という字を真ん中に置き、三六〇度、まんべんなく力を持ちたいと思っていた。知力、体力だけでなく、暴力というものも否定せずに来た。

その暴力に対して、自分が打ち勝つだけの力を保たないといけない。そのためには、暴力を持つ組織に対して、対等もしくはそれ以上に物を言える立場でなければならなかった。

思えば、淀川のそばに生まれ、世に出てからというもの、今日まで好きなことばかりやってきたのかも知れない。

「どこまでも、男でありたい」

今もそう思いつづけている――。

## 大下英治（おおした えいじ）

1944年、広島県に生まれる。68年3月、広島大学文学部仏文科卒業。70年、週刊文春の記者となる。記者時代「小説電通」（三一書房）を発表し、作家としてデビュー。さらに月刊文藝春秋に発表した「三越の女帝・竹久みちの野望と金脈」が反響を呼び、岡田社長退陣のきっかけとなった。83年、週刊文春を離れ、作家として政財官界から芸能、犯罪、社会問題まで幅広いジャンルで創作活動をつづけている。著書は『新総理 石破茂』（河出書房新社）、『政権交代秘録』（清談社Publico）、『ハマの帝王　横浜をつくった男　藤木幸夫』『任侠映画伝説　高倉健と鶴田浩二（上・下）』（以上、さくら舎）、『安倍晋三・昭恵　35年の春夏秋冬』（飛鳥新社）、『ショーケン　天才と狂気』（祥伝社）、『ダイエー中内㓛とダイソー矢野博丈』『「政権奪取」　小沢一郎、三度目の挑戦』（以上、東峰書房）など、500冊以上にのぼる。

## 許永中（きょ えいちゅう）

1947年、大阪府大阪市大淀区（現北区）中津に生まれる。在日韓国人2世。大阪工業大学在学中から不動産や建設など様々な事業に関わり、在日同胞や極道関係者の人脈を培う。大学中退後、大谷貴義や福本邦雄らの知己を得て「戦後最大のフィクサー」の異名を取る。91年にイトマン事件、00年に石橋産業事件で逮捕。保釈中の97年9月、ソウルで失踪。99年11月に都内ホテルで身柄を拘束された。12年12月、母国での服役を希望し、ソウル南部矯導所に入所。13年9月に仮釈放。現在はソウル市内に住み様々な事業を手掛ける。著書に『海峡に立つ 泥と血の我が半生』（小学館）、『悪漢の流儀』（宝島社）がある。

本書は2021年１月に青志社から刊行された同名の書籍を
改訂し、文庫化したものです。

カバーデザイン／OKADESIGNOFFICE
写真／山本皓一
本文DTP／山本秀一・深雪（G-clef）
編集／橋詰久史、小野瑛里子

撮影／山本皓一

撮影／山本皓一

## 宝島SUGOI文庫　好評既刊

# 老人たちの裏社会

新郷《しんごう》由起《ゆき》

65歳以上の高齢者人口が約3600万人、総人口の28・7%を占める世界一の超高齢社会。万引き、ストーカー、暴行など犯罪行為に走る、また、社会とつながりを失いホームレスになるといった高齢者の多さが深刻な問題となっている。長寿社会の「闇」を抉る衝撃のルポルタージュ!

定価　858円(税込)

宝島
SUGOI
文庫


# 許永中独占インタビュー「血と闇と私」

(きょえいちゅうどくせんいんたびゅー 「ちとやみとわたし」)

---

2024年12月18日　第1刷発行

---

著　者　大下英治　許永中

発行人　関川 誠

発行所　株式会社 宝島社

〒102-8388　東京都千代田区一番町25番地
電話：営業 03(3234)4621／編集 03(3239)0928
https://tkj.jp

印刷・製本　株式会社広済堂ネクスト

---




First published 2021 by Seishisha Co.
ISBN 978-4-299-06180-5